ESPRIT

DU

CODE DE PROCÉDURE CIVILE.

Se vend, à Paris,

CHEZ P. DIDOT L'AÎNÉ, RUE DU PONT DE LODI, N° 6.

ESPRIT

DU

PROCÉDURE CIVILE,

OU

ı Code de Procédure avec les Discussions
les Observations du Tribunat, les Exposés
's Discours des Orateurs du Tribunat, les
des autres Codes, etc. etc.

ÉDIÉ A SA GRANDEUR

CHANCELIER DE FRANCE,

AR LE BARON LOCRÉ,

GÉNÉRAL DU CONSEIL D'ÉTAT ET DU ROI, AVOCAT À LA COUR
, OFFICIER DE L'ORDRE ROYAL DE LA LÉGION D'HONNEUR.

te est conforme à la nouvelle édition du Code.)

TOME QUATRIÈME.

A PARIS,

DE L'IMPRIMERIE DE P. DIDOT L'AINÉ.

MDCCCXVI.

CODE

DE

PROCÉDURE CIVILE.

DEUXIÈME PARTIE.

PROCÉDURES DIVERSES.

NOTIONS GÉNÉRALES.

L'orateur du Conseil a dit sur l'ensemble de cette seconde partie :

« Le projet que nous sommes chargés de vous présenter fait partie de ceux qui doivent entrer dans la composition du Code de la procédure civile.

« Déja vous connoissez la partie de ce travail qui s'applique au mode ordinaire d'instruire et de juger les contestations qui s'élèvent entre les citoyens.

« L'on vous a donné connoissance aussi de ce qui regarde l'exécution des jugements.

« Mais l'instruction des procès, dans le sens attaché à ce mot, et l'exécution des jugements, sont loin d'embrasser toutes les actions judiciaires que comportent les besoins de la société.

« C'est, d'après cette pensée, que les hommes qui, les premiers, s'étoient occupés du grand et utile projet de donner à la France un Code civil, se proposoient d'y insérer un livre intitulé : *des Actions*, dans lequel la procédure eût été comprise, comme l'espèce l'est dans le genre, et où se fussent réunies toutes les autres actions judiciaires.

« Si ce premier plan n'a pas été suivi, et si l'on a renoncé à un titre, plus exact peut-être, mais dont la généralité eût rendu l'acception plus vague, le fond de la pensée est resté, et va se réaliser aujourd'hui, en insérant dans le Code, dit *de la Procédure*, toutes les actions, même celles qui, sans constituer essentiellement des procès, peuvent intéresser le ministère du juge, ou celui des officiers de justice.

« Sous ce point de vue, le Code qui vous est soumis aura l'avantage d'avoir réglé beaucoup d'objets que n'embrassoit point l'ordonnance de 1667.

« En effet, cette ordonnance, dont plusieurs dispositions ont mérité d'être maintenues dans la partie du nouveau Code, qui traite de la procédure ordinaire, n'en offre qu'un bien petit nombre d'analogues aux titres qui vont vous être présentés.

« C'est dans des édits ou déclarations du Roi, dans des statuts locaux et dans la jurisprudence, que se trouvent la plupart des règles qu'on appliquoit aux procédures diverses, et il est inutile de dire qu'il y avoit, sur plusieurs points, très-peu d'uniformité.

« Ces sources ont été consultées; l'expérience a

été respectée, non en maître qui commande, mais en guide qui éclaire.

« Si l'on a adopté d'assez graves changements en quelques parties, ils ont été, ou indiqués par les vices reconnus de ce qui se pratiquoit autrefois, ou prescrits par le besoin de mettre les nouvelles procédures en harmonie avec les règles posées par le Code civil; car le but seroit manqué, si le nouveau Code n'avoit pas toujours en vue la loi fondamentale dont il doit être l'appui, et quelquefois le développement » (1).

LIVRE PREMIER.

TITRE PREMIER.

DES OFFRES DE PAIEMENT, ET DE LA CONSIGNATION.

Notions générales.

L'orateur du Conseil d'État a dit sur l'ensemble de ce titre :

« Déja le Code civil (articles 1257 et suivants), a posé les principes propres à ce mode d'extinction des obligations, et il ne s'agit pas aujourd'hui de les

(1) Exposé des motifs, p. 156, 157 et 158.

remettre en discussion, mais de régler tant la forme du procès-verbal d'offres, que la procédure à suivre pour faire statuer sur les offres et la consignation » (1).

SOMMAIRES

DES ARTICLES QUI COMPOSENT CE TITRE.

1. *Désignation, dans le procès-verbal d'offres, de l'objet offert* (art. 812).
2. *Comment est constatée la réponse du créancier à qui les offres sont faites* (art. 813).
3. *Consignation en cas de refus* (art. 814).
4. *Manière de former la demande, soit en validité, soit en nullité des offres ou de la consignation* (art. 815).
5. *Ce que doit ordonner le jugement qui déclare les offres valables* (art. 816).
6. *Du sort des oppositions formées sur la consignation* (art. 817).
7. *Renvoi au Code civil pour les autres règles de la matière* (art. 818).

ARTICLE 812.

Tout procès-verbal d'offres désignera l'objet offert, de manière qu'on ne puisse y en substituer un autre; et si ce sont des espèces, il en contiendra l'énumération et la qualité.

ARTICLE 813.

Le procès-verbal fera mention de la réponse, du

(1) Exposé des motifs, p. 158.

refus ou de l'acceptation du créancier, et s'il a signé, refusé ou déclaré ne pouvoir signer.

Ces deux articles ont été adoptés sans discussion ni observations.

ARTICLE 814.

Si le créancier refuse les offres, le débiteur peut, pour se libérer, consigner la somme ou la chose offerte, en observant les formalités prescrites par l'article 1259 du Code civil.

I. La rédaction communiquée étoit ainsi conçue: *En cas de refus, le débiteur pourra, en vertu de permission du juge, assigner à bref délai, à fin de réalisation à l'audience, sans qu'il soit besoin de citer en conciliation; et si les offres sont incidentes à une instance déja pendante, la réalisation sera poursuivie sur un simple acte d'avoué* (1).

La section du Tribunat a proposé la rédaction qui se trouve dans le Code. Elle a ainsi motivé sa proposition :

« L'article du projet est à supprimer. Il tend à maintenir une réalisation d'offres, dont l'usage s'étoit introduit au Châtelet, et qui n'entraînoit que des frais sans aucun but d'utilité. La réalisation ne prouve pas plus que les offres, que les deniers représentés par le débiteur sont réellement à lui : la consignation seule le prouve; et, d'après l'article

(1) Réd. comm. art. 832.

1257 du Code civil, c'est la consignation seule qui libére le débiteur; on a cru devoir substituer à l'article du projet une autre disposition qui est en harmonie avec le Code civil » (1).

II. Voyez les réflexions de l'orateur du Tribunat dans les notes sur l'article 816.

ARTICLE 815.

> La demande qui pourra être intentée, soit en validité, soit en nullité des offres ou de la consignation, sera formée d'après les règles établies pour les demandes principales : si elle est incidente, elle le sera par requête.

I. L'article avoit été communiqué en ces termes: *La demande en validité et consignation des offres sera formée dans les formes prescrites pour les demandes principales : si elle est incidente, elle le sera par requête* (2).

La section du Tribunat, en proposant la rédaction qui a passé dans le Code, a dit :

« On a pensé que le projet ne devoit pas se borner à parler de la demande en validité des offres ou de la consignation, mais qu'il devoit également comprendre dans la disposition la demande en nullité » (3).

(1) Proc. verb. de la sect. de lég. du Trib. Observ. sur l'art. 832 de la réd. comm. — (2) Réd. comm. art. 833. (3) Proc. verb. de la sect. de législ. du Trib. Observ. sur l'art. 833 de la réd. comm.

II. L'orateur du Tribunat a ajouté :

« Il est sensible que l'offre et la consignation sont deux actes distincts successifs, et assujettis, chacun de son côté, à des formes particulières.

« La demande en validité ou en nullité de ces actes peut être intentée et même jugée séparément.

« Elle doit, selon sa qualité, être formée d'après les règles établies pour les demandes principales ou incidentes » (1).

ARTICLE 816.

Le jugement qui déclarera les offres valables, ordonnera, dans le cas où la consignation n'auroit pas encore eu lieu, que, faute par le créancier d'avoir reçu la somme ou la chose offerte, elle sera consignée; il prononcera la cessation des intérêts, du jour de la réalisation.

I. L'article avoit été communiqué en ces termes : *Le jugement qui déclarera les offres valables, ordonnera que la somme offerte sera consignée; faute par le créancier de la recevoir, il prononcera la cessation des intérêts, du jour de la réalisation* (2).

La section du Tribunat, en proposant la rédaction qui a passé dans le Code, dit :

« L'article, pour ne pas être en contradiction avec le Code civil, ne doit être relatif qu'au cas où la consignation n'a pas été effectuée volontaire-

(1) Disc. de l'orat. du Trib. p. 192 et 193. — (2) Réd. comm. art. 834.

ment. Tel est le motif du changement de rédaction » (1).

II. L'orateur du Tribunat a dit sur cet article :

« Dans le cas où l'on agitera la validité des offres, avant que la consignation ait eu lieu, le projet a cru devoir tracer la formule du jugement qui les déclarera valables. Il devra ordonner que, faute par le créancier d'avoir reçu la somme ou la chose offerte, elle sera consignée, et prononcer la cessation des intérêts du jour de la *réalisation*.

« Il est aisé de comprendre que la *réalisation* dont parle cet article est celle du dépôt. L'article 1259 du Code civil, qu'il ne s'agit nullement de réformer, dit textuellement que les intérêts sont dus jusqu'au jour du dépôt. D'un autre côté, les offres, quoique déclarées valables, ne pouvant éteindre la dette, ne peuvent non plus arrêter le cours des intérêts jusqu'à la consignation, qui seule consomme la libération » (2).

ARTICLES RETRANCHÉS.

Le projet communiqué contenoit les deux articles suivants :

835. *Le créancier sera sommé à personne ou domicile, avec un jour d'intervalle, de se trouver à*

---

(1) Proc. verb. de la sect. de lég. du Trib. Observ. sur l'art. 834 de la réd. comm. — (2) Disc. de l'orat. du Trib., p. 193.

jour et heure fixes, pour voir faire la consignation.

836. *La consignation sera valable, encore que la quittance n'en ait pas été signifiée* (1).

La section du Tribunat dit :

« L'article 835 du projet est inutile, d'après l'article 1259 du Code civil. L'article 836 est même contraire au Code. On a supprimé ces deux articles » (2).

ARTICLE 817.

La consignation volontaire ou ordonnée sera toujours à la charge des oppositions, s'il en existe, et en les dénonçant au créancier.

I. L'article avoit été communiqué en ces termes : *Lorsque la consignation aura été ordonnée, s'il survient des oppositions, le débiteur sera toujours tenu de consigner, à la charge des oppositions, et en les dénonçant au créancier* (3).

La section du Tribunat a dit que « l'article devoit être rédigé de manière que la disposition fût commune à la consignation volontaire et à la consignation ordonnée, vu qu'il y a parité de raison » (4).

De là la rédaction qu'on trouve dans le Code.

(1) Réd. comm. art. 835 et 836. — (2) Proc. verb. de la sect. de législ. du Trib. Observ. sur l'art. 835 et 836 de la réd. comm. — (3) Réd. comm. art. 837. — (4) Proc. verb. de la sect. de législ. du Trib. Observ. sur l'art. 837 de la réd. comm.

II. L'orateur du Tribunat a dit sur cet article :

« Un créancier peut arrêter, dans la main d'un tiers, les sommes dues à son débiteur. Cette opposition ne doit cependant pas empêcher ce tiers de prendre la voie de la consignation pour se libérer, dès qu'il ne peut y parvenir autrement. Il pourra donc consigner sa dette, soit volontairement, soit à la suite d'une autorisation, mais il devra dénoncer les oppositions au créancier au préjudice duquel elles ont été faites : la charge des oppositions subsistera sur la somme consignée » (1).

ARTICLE 818.

Le surplus est réglé par les dispositions du Code civil, relatives aux offres de paiement et à la consignation.

I. Cet article a été ajouté sur la demande de la section du Tribunat, qui, en le proposant, a dit : « Article de précaution qui met en garde contre toute surprise » (2).

II. A cet article se rattachent les dispositions suivantes du Code civil, qu'on a eu soin de faire imprimer en note dans l'édition officielle du Code de procédure civile, d'après la délibération dont il est

---

(1) Disc. de l'orat. du Trib. p. 193. — (2) Proc. verb. de la sect. de législ. du Trib. Observ. sur l'art. 837 *bis* de la réd. comm.

rendu compte dans les notions générales sur le titre IV du livre I.er de la deuxième partie:

Code civil. Article 1257. *Lorsque le créancier refuse de recevoir son paiement, le débiteur peut lui faire des offres réelles, et, au refus du créancier de les accepter, consigner la somme ou la chose offerte.*

Les offres réelles suivies d'une consignation libèrent le débiteur; elles tiennent lieu à son égard de paiement, lorsqu'elles sont valablement faites; et la chose ainsi consignée demeure aux risques du créancier.

Article 1258. *Pour que les offres réelles soient valables, il faut,*

1.° *Qu'elles soient faites au créancier ayant la capacité de recevoir, ou à celui qui a pouvoir de recevoir pour lui;*

2.° *Qu'elles soient faites par une personne capable de payer;*

3.° *Qu'elles soient de la totalité de la somme exigible, des arrérages ou intérêts dus, des frais liquidés, et d'une somme pour les frais non liquidés, sauf à la parfaire;*

4.° *Que le terme soit échu, s'il a été stipulé en faveur du créancier;*

5.° *Que la condition sous laquelle la dette a été contractée soit arrivée;*

6.° *Que les offres soient faites au lieu dont on est convenu pour le paiement, et que, s'il n'y a pas de convention spéciale sur le lieu du paiement, elles soient faites ou à la personne du créancier, ou à son domicile, ou au domicile élu pour l'exécution de la convention;*

7.° *Que les offres soient faites par un officier ministériel ayant caractère pour ces sortes d'actes.*

Article 1259. *Il n'est pas nécessaire pour la validité de la consignation, qu'elle ait été autorisée par le juge; il suffit,*

1.° *Qu'elle ait été précédée d'une sommation signifiée au créancier, et contenant l'indication du jour, de l'heure et du lieu où la chose offerte sera déposée;*

2.° *Que le débiteur se soit dessaisi de la chose offerte, en la remettant dans le dépôt indiqué par la loi pour recevoir les consignations, avec les intérêts jusqu'au jour du dépôt;*

3.° *Qu'il y ait eu procès-verbal dressé par l'officier ministériel, de la nature des espèces offertes, du refus qu'a fait le créancier de les recevoir, ou de sa non-comparution, et enfin du dépôt;*

4.° *Qu'en cas de non-comparution de la part du créancier, le procès-verbal du dépôt lui ait été signifié, avec sommation de retirer la chose déposée.*

Article 1260. *Les frais des offres réelles et de la consignation sont à la charge du créancier, si elles sont valables.*

Article 1261. *Tant que la consignation n'a point*

été acceptée par le créancier, le débiteur peut la retirer; et s'il la retire, ses codébiteurs ou ses cautions ne sont point libérés.

Article 1262. *Lorsque le débiteur a lui-même obtenu un jugement passé en force de chose jugée, qui a déclaré ses offres et sa consignation bonnes et valables, il ne peut plus, même du consentement du créancier, retirer sa consignation au préjudice de ses codébiteurs ou de ses cautions.*

Article 1263. *Le créancier qui a consenti que le débiteur retirât sa consignation après qu'elle a été déclarée valable par un jugement qui a acquis force de chose jugée, ne peut plus, pour le paiement de sa créance, exercer les priviléges ou hypothèques qui y étoient attachés; il n'a plus d'hypothèque que du jour où l'acte par lequel il a consenti que la consignation fût retirée aura été revêtu des formes requises pour emporter l'hypothèque.*

Article 1264. *Si la chose due est un corps certain qui doit être livré au lieu où il se trouve, le débiteur doit faire sommation au créancier de l'enlever, par acte notifié à sa personne ou à son domicile, ou au domicile élu pour l'exécution de la convention. Cette sommation faite, si le créancier n'enlève pas la chose, et que le débiteur ait besoin du lieu dans lequel elle est placée, celui-ci pourra obtenir de la justice la permission de la mettre en dépôt dans quelque autre lieu.*

TITRE II.

Du Droit des propriétaires sur les meubles, effets et fruits de leurs locataires et fermiers, ou de la saisie-gagerie et de la saisie-arrêt sur débiteurs forains.

Notions générales.

I. L'orateur du Conseil a dit sur l'ensemble de ce titre :

« La saisie-gagerie, ou, en d'autres termes, la saisie à laquelle les propriétaires et principaux locataires de maisons ou bien ruraux font procéder, pour loyers et fermages à eux dus, sur les effets et fruits étant dans leurs bâtiments, ou sur leurs terres, a toujours été considérée comme une action digne de la plus grande faveur.

« Cette faveur est due à l'origine de telles créances ; elles ont toujours été privilégiées, et l'article 2102 du Code civil leur a conservé ce caractère.

« Ainsi, les effets mobiliers qui garnissent une maison, ou les fruits qui proviennent de la terre, sont le gage naturel du propriétaire de la maison ou du champ.

« Mais ce gage est mobile et pourroit échapper, si la loi n'en permettoit pas l'appréhension par des voies promptes et faciles.

« La saisie-arrêt sur débiteurs forains n'a pas sans doute la même faveur d'origine ; mais la présence accidentelle du débiteur devient pour le créancier un juste motif de pourvoir à ses intérêts par des mesures promptes ; car il y a péril dans le retard.

« Dans l'une comme dans l'autre de ces espèces, il y a lieu de subvenir au créancier, en dégageant les saisies de quelques unes des formalités ordinaires, sans néanmoins les en rédimer à tel point qu'elles puissent devenir vexatoires.

« Ce sont ces vues qui ont présidé à la rédaction des sept articles qui composent le titre II, et leur simple lecture convaincra sans doute que leur objet a été rempli » (1).

II. L'orateur du Tribunat s'est exprimé ainsi :

« La saisie-exécution, ce moyen rigoureux, mais nécessaire pour contraindre le débiteur à remplir ses obligations, a été organisée sous un titre précédent. La saisie-*gagerie* et la saisie-*revendication* sont des voies qui, quoique indirectes, tendent cependant au même but. Il étoit donc tout simple d'appliquer, comme le fait le projet, à ces deux genres de saisie les formes déja déterminées pour la saisie-exécution, en y portant quelques modifications que leur caractère et leur importance réclamoient de concert.

---

(1) Exposé des motifs, p. 159 et 160.

« Le Code civil a accordé au propriétaire un privilége sur les fruits de la récolte de l'année et sur le prix de tout ce qui garnit la maison ou la ferme, pour l'entière exécution du bail, s'il a une date certaine; ou pour l'exécution de l'année courante et de la suivante, lorsque le bail n'a ni authenticité, ni date certaine.

« Ce privilége s'étend jusques aux meubles et aux fruits du sous-fermier ou du sous-locataire; mais seulement à concurrence du prix de la sous-location, distraction faite de ce qui a été payé sans fraude et sans anticipation.

« Ce privilége, enfin, se conserve sur les meubles déplacés sans le consentement du propriétaire, pourvu que la revendication ait été faite dans le délai prescrit.

« Il étoit juste d'assurer de plus en plus l'efficacité de ce privilége, en donnant au propriétaire des moyens prompts et faciles de l'exercer.

« Ces moyens se trouvent dans la saisie-gagerie, qui annonce au détenteur et à tous ceux qui peuvent y avoir quelque intérêt, que les objets saisis forment le gage privilégié des loyers ou fermages dus au propriétaire.

« A l'instar de la saisie-gagerie, le projet propose d'autoriser celle des meubles appartenant à un débiteur forain, et trouvés dans la commune qu'habite le créancier » (1).

(1) Disc. de l'orat. du Trib. p. 194 et 195.

SOMMAIRES

DES ARTICLES QUI COMPOSENT CE TITRE.

1. *Comment les propriétaires et principaux locataires peuvent saisir-gager les choses sur lesquelles ils ont privilège* (art. 819).
2. *Droits du propriétaire sur les effets des sous-fermiers et sous-locataires* (art. 820).
3. *Forme de la saisie-gagerie* (art. 821).
4. *Droits de tout créancier sur les effets de son débiteur forain* (art. 822).
5. *Du gardien des effets saisis* (art. 823).
6. *Comment les effets saisis peuvent être vendus* (art. 824).
7. *Renvoi aux règles sur la saisie-exécution, la vente et la distribution de deniers* (art. 825).

ARTICLE 819.

Les propriétaires et principaux locataires de maisons ou biens ruraux, soit qu'il y ait bail, soit qu'il n'y en ait pas, peuvent, un jour après le commandement, et sans permission du juge, faire saisir-gager, pour loyers et fermages échus, les effets et fruits étant dans lesdites maisons ou bâtiments ruraux, et sur les terres.

Ils peuvent même faire saisir-gager à l'instant, en vertu de la permission qu'ils en auront obtenue sur requête du président du tribunal de première instance.

Ils peuvent aussi saisir les meubles qui garnissoient la maison ou la ferme, lorsqu'ils ont été déplacés sans leur consentement, et ils conservent sur eux leur privilége, pourvu qu'ils en aient fait la revendication, conformément à l'article 2102 du Code civil.

I. L'article avoit été communiqué en ces termes: *Les propriétaires et principaux locataires de maisons ou biens ruraux, soit qu'il y ait bail, soit qu'il n'y en ait pas, peuvent, un jour franc après commandement, et sans permission du juge, faire saisir-gager, pour loyers et fermages échus, les effets et fruits étant dans lesdites maisons ou bâtiments ruraux, et sur les terres* (1).

La section du Tribunat dit:

« 1.° Il pourroit arriver que le débiteur profitât de l'intervalle qui lui est laissé depuis le commandement, pour détourner les effets et les fruits. Il a paru à la section que le propriétaire devoit être autorisé à faire saisir-gager à l'instant, à la charge toutefois d'en obtenir la permission de la justice.

2.° La section ne croit pas que l'intention des auteurs du projet soit qu'on puisse, dans ce cas, s'adresser au juge de paix qui ne connoît pas de l'exécution;

« 3.° L'article ne parle que des effets et fruits étant dans les maisons, bâtiments ruraux et sur les terres.

« L'article 2102 du Code civil avoit déja réglé, dans la dernière partie du numéro 1.er le droit que le propriétaire peut exercer sur les meubles qui gar-

(1) Réd. comm. art. 835.

nissoient sa maison ou sa ferme, lorsqu'ils ont été déplacés sans son consentement.

« La section pense que cette disposition doit être textuellement rappelée, pour que l'article soit complet » (1).

A la suite de ces observations, la section proposa une rédaction, qui ne diffère de celle du Code que sous le rapport purement grammatical.

II. L'édition officielle du Code de procédure rapporte en note sur cet article, le sixième alinéa de l'article 2102 du Code civil, qui est ainsi conçu :

Code civil. Article 2102, sixième alinéa. *Le propriétaire peut saisir les meubles qui garnissent sa maison ou sa ferme, lorsqu'ils ont été déplacés sans son consentement, et il conserve sur eux son privilége, pourvu qu'il ait fait la revendication; savoir, lorsqu'il s'agit du mobilier qui garnissoit une ferme, dans le délai de quarante jours; et dans celui de quinzaine, s'il s'agit des meubles garnissant une maison.*

ARTICLE 820.

Peuvent les effets des sous-fermiers et sous-locataires, garnissant les lieux par eux occupés, et les fruits des terres qu'ils sous-louent, être saisis-gagés pour les loyers et fermages dus par le locataire ou fermier de qui ils tiennent; mais ils obtiendront main-

(1) Proc. verb. de la sect. de législ. du Trib. Observ. sur l'art. 835 de la réd. comm.

levée, en justifiant qu'ils ont payé sans fraude, et sans qu'ils puissent opposer des paiemens faits par anticipation.

Ces mots : *et sans qu'ils puissent opposer des paiements faits par anticipation*, ont été ajoutés sur la demande de la section du Tribunat, qui a dit : « Ce sont les termes employés par l'article 1753 du Code civil. Au reste, le même article explique ce qu'il faut entendre par *paiements faits par anticipation* » (1).

ARTICLE 821.

La saisie-gagerie sera faite en la même forme que la saisie-exécution ; le saisi pourra être constitué gardien ; et, s'il y a des fruits, elle sera faite dans la forme établie par le titre IX du livre précédent.

Cet article a été adopté sans discussion ni observations.

ARTICLE 822.

Tout créancier, même sans titre, peut, sans commandement préalable, mais avec permission du président du tribunal de première instance et même du juge de paix, faire saisir les effets trouvés en la commune qu'il habite, appartenant à son débiteur forain.

La rédaction communiquée portoit : *mais avec permission du juge* (2).

(1) Proc. verb. de la sect. de lég. du Trib. Observ. sur l'art. 836 de la réd. comm. — (2) Réd. comm. art. 838.

La section du Tribunat dit :

« La section pense que les juges de paix doivent être autorisés aussi à donner ces permissions. Il s'agit d'effets qui peuvent échapper à l'instant. Dans la plupart des cas, il n'y aura que le recours au juge de paix qui puisse être efficace » (1).

A la suite de ces observations, la section proposa la rédaction qui est dans le Code.

ARTICLE 823.

> Le saisissant sera gardien des effets, s'ils sont en ses mains, sinon il sera établi un gardien.

Cet article a été adopté sans discussion ni observations.

ARTICLE 824.

> Il ne pourra être procédé à la vente sur les saisies énoncées au présent titre, qu'après qu'elles auront été déclarées valables : le saisi, dans le cas de l'article 821, le saisissant, dans le cas de l'article 823, ou le gardien, s'il en a été établi, seront condamnés par corps à la représentation des effets.

L'article avoit été communiqué en ces termes :

Il ne pourra être procédé à la vente, sur les saisies énoncées au présent titre, qu'après qu'elles auront été déclarées valables : le saisi, ou le gardien,

---

(1) Proc. verb. de la sect. de lég. du Trib. Observ. sur l'art. 838 de la réd. comm.

si un tiers a été établi, sera condamné par corps, à la représentation des effets » (1).

La section du Tribunat dit:

« Il faut bien aussi parler du saisissant qui, aux termes de l'article 839 (823 *du Code*), est gardien des effets, s'ils sont en ses mains » (2).

A la suite de ces observations, la section proposa la rédaction qui a passé dans le Code.

ARTICLE 825.

> Seront au surplus observées les règles ci-devant prescrites pour la saisie-exécution, la vente et la distribution des deniers.

Cet article a été adopté sans discussion ni observations.

TITRE III.

DE LA SAISIE-REVENDICATION.

Notions générales.

I. L'orateur du Conseil a dit:

« Il ne s'agit pas ici de cette revendication qui, en matière de commerce, s'exerce sur la chose ven-

---

(1) Réd. comm. art. 840. — (2) Proc. verb. de la sect. de lég. du Trib. Observ. sur l'art. 840 de la réd. comm.

due et livrée, mais restée intacte dans les mains de l'acheteur.

« Ce sera une question peut-être que de savoir si un tel privilége doit exister, et s'il n'engendre pas plus de fraudes que de réels et justes avantages ; mais cette question est réservée à la discussion qui s'ouvrira sur le Code de commerce, et notre projet a pris un soin extrême de ne rien préjuger sur les questions de cette nature *.

« La saisie-revendication, objet de ce titre, est celle que le propriétaire exerce sur sa chose non aliénée et détenue par un tiers » (1).

II. L'orateur du Tribunat s'est exprimé ainsi :

« L'article 2102 du Code civil autorise le locateur à revendiquer contre le possesseur les meubles déplacés qui garnissoient les bâtiments loués, et qui formoient son gage.

« L'article 2279 accorde le même droit au propriétaire de meubles volés ou perdus.

« L'acte par lequel ils exercent ce droit est appelé *saisie-revendication*. Les procédures qui concernent ce genre de saisie, sont puisées dans son objet, qui est d'arrêter, dans la main d'un tiers possesseur, un meuble sur lequel le saisissant a le droit de propriété, ou celui d'un gage privilégié » (2).

---

(1) Exposé des motifs, p. 160. — (2) Disc. de l'orat. du Trib. p. 196.

* *Voyez* l'Esprit du Code de commerce, tome VII, p. 235 et suiv.

SOMMAIRES

DES ARTICLES QUI COMPOSENT CE TITRE.

1. *Nécessité d'une ordonnance sur requête pour saisir-revendiquer, et peine de la contravention à cette règle* (art. 826).
2. *Désignations que la requête doit contenir* (art. 827).
3. *Jours où la saisie-revendication peut être permise* (art. 828).
4. *Référé en cas de refus de porte, ou d'opposition* (art. 829).
5. *Forme de la saisie-revendication* (art. 830).
6. *A quel tribunal est portée la demande en validité de la saisie* (art. 831).

ARTICLE 826.

Il ne pourra être procédé à aucune saisie-revendication, qu'en vertu d'ordonnance du président du tribunal de premiere instance, rendue sur requête, et ce, à peine de dommages-intérêts tant contre la partie que contre l'huissier qui aura procédé à la saisie.

L'orateur du Conseil a ainsi exposé les motifs de cet article :

« Comme, dans une telle position, et en matière mobilière sur-tout, le détenteur de la chose aura ordinairement pour lui la présomption de propriété, si elle n'est pas détruite par un titre qui fasse voir que sa possession n'est que précaire, une grande circonspection sera souvent nécessaire pour permettre la saisie; non pourtant qu'il faille toujours l'exhibition d'un acte, mais du moins un examen judiciaire.

« Ainsi, nulle saisie-revendication ne pourra procéder que d'une permission accordée par le président du tribunal, et sauf même, s'il y a, après cette permission, refus d'ouvrir les portes ou opposition à la saisie, à en référer au juge, pendant lequel temps il sera sursis aux poursuites » (1).

ARTICLE 827.

Toute requête à fin de saisie-revendication désignera sommairement les effets.

ARTICLE 828.

Le juge pourra permettre la saisie-revendication, même les jours de fête légale.

ARTICLE 829.

Si celui chez lequel sont les effets qu'on veut revendiquer, refuse les portes ou s'oppose à la saisie, il en sera référé au juge; et cependant il sera sursis à la saisie, sauf au requérant à établir garnison aux portes.

ARTICLE 830.

La saisie-revendication sera faite en la même forme que la saisie-exécution, si ce n'est que celui chez qui elle est faite pourra être constitué gardien.

---

(1) Exposé des motifs, p. 160 et 161.

Ces quatre articles ont été adoptés sans discussion ni observations.

ARTICLE 831.

La demande en validité de la saisie sera portée devant le tribunal du domicile de celui sur qui elle est faite; et, si elle est connexe à une instance déja pendante, elle le sera au tribunal saisi de cette instance.

La section du Tribunat a dit sur cet article :

« La section a pensé que le sens de ces mots : *sur qui elle est faite*, qui, au premier coup-d'œil, pouvoient présenter quelque incertitude, se trouvoit suffisammeut expliqué par le rapprochement de l'article 846 (830 *du Code*), où l'on trouve ces mots : *celui chez qui elle est faite*.

« Celui chez qui la saisie-revendication est faite, est toujours le détenteur actuel; mais le détenteur actuel n'est pas toujours celui sur qui la saisie est faite. Par exemple, si celui chez qui la saisie est faite ne prétend avoir aucun droit sur la chose, ce n'est point avec lui que la demande en validité de la saisie aura besoin d'être jugée. Cette demande ne devra être faite que contre celui qui prétend avoir un droit, et qui, conséquemment, ne peut être assigné que devant les juges de son domicile » (1).

(1) Proc. verb. de la sect. de législ. du Trib. Observ. sur l'art. 847 de la réd. comm.

TITRE IV.

DE LA SURENCHÈRE SUR ALIÉNATION VOLONTAIRE.

ARTICLES DU CODE CIVIL

QUI SERVENT DE FONDEMENT A CE TITRE.

L'édition officielle du Code de procédure rapporte ici en note les articles du Code civil qui servent de fondement à ce titre.

Ce sont les suivans :

Art. 2108. *Le vendeur privilégié conserve son privilége par la transcription du titre qui a transféré la propriété à l'acquéreur, et qui constate que la totalité ou partie du prix lui est due : à l'effet de quoi la transcription du contrat faite par l'acquéreur vaudra inscription pour le vendeur et pour le prêteur qui lui aura fourni les deniers payés, et qui sera subrogé aux droits du vendeur par le même contrat : sera néanmoins le conservateur des hypothèques tenu, sous peine de tous dommages et intérêts envers les tiers, de faire d'office l'inscription sur son registre, des créances résultant de l'acte translatif de propriété, tant en faveur du vendeur qu'en faveur des prêteurs, qui pourront aussi faire faire, si elle ne l'a été, la transcription du contrat de vente, à l'effet d'acquérir l'inscription de ce qui leur est dû sur le prix.*

Art. 2109. *Le cohéritier ou copartageant conserve son privilége sur les biens de chaque lot ou sur le bien licité, pour les soulte et retour des lots, ou pour le prix de la licitation, par l'inscription faite à sa diligence, dans soixante jours à dater de l'acte de partage ou de l'adjudication par licitation; durant lequel temps aucune hypothèque ne peut avoir lieu sur le bien chargé de soulte ou adjugé par licitation, au préjudice du créancier de la soulte ou du prix.*

Art. 2123. *L'hypothèque judiciaire résulte des jugements, soit contradictoires, soit par défaut, définitifs ou provisoires, en faveur de celui qui les a obtenus. Elle résulte aussi des reconnoissances ou vérifications, faites au jugement, des signatures apposées à un acte obligatoire sous seing privé.*

Elle peut s'exercer sur les immeubles actuels du débiteur et sur ceux qu'il pourra acquérir, sauf aussi les modifications qui seront ci-après exprimées.

Les décisions arbitrales n'emportent hypothèque qu'autant qu'elles sont revêtues de l'ordonnance judiciaire d'exécution.

L'hypothèque ne peut pareillement résulter des jugements rendus en pays étrangers, qu'autant qu'ils ont été déclarés exécutoires par un tribunal françois; sans préjudice des dispositions contraires qui peuvent être dans les lois politiques ou dans les traités.

Art. 2127. *L'hypothèque conventionnelle ne peut être consentie que par acte passé en forme authentique devant deux notaires, ou devant un notaire et deux témoins.*

Art. 2128. *Les contrats passés en pays étranger ne peuvent donner d'hypothèque sur les biens de France, s'il n'y a des dispositions contraires à ce principe dans les lois politiques ou dans les traités.*

Art. 2183. *Si le nouveau propriétaire veut se garantir de l'effet des poursuites autorisées dans le chapitre VI (titre XVIII du livre III du Code civil), il est tenu, soit avant les poursuites, soit dans le mois, au plus tard, à compter de la première sommation qui lui est faite, de notifier aux créanciers, aux domiciles par eux élus dans leurs inscriptions,*

1.° *Extrait de son titre, contenant seulement la date et la qualité de l'acte, le nom et la désignation précise du vendeur ou du donateur, la nature et la situation de la chose vendue ou donnée; et, s'il s'agit d'un corps de biens, la dénomination générale seulement du domaine et des arrondissements dans lesquels il est situé, le prix et les charges faisant partie du prix de la vente, ou l'évaluation de la chose, si elle a été donnée;*

2.° *Extrait de la transcription de l'acte de vente;*

3.° *Un tableau sur trois colonnes, dont la première contiendra la date des hypothèques et celle des inscriptions; la seconde, le nom des créanciers; la troisième, le montant des créances inscrites.*

Art. 2184. *L'acquéreur ou le donataire déclarera, par le même acte, qu'il est prêt à acquitter, sur-le-champ, les dettes et charges hypothécaires, jusqu'à concurrence seulement du prix, sans distinction des dettes exigibles ou non exigibles.*

Art. 2185. *Lorsque le nouveau propriétaire a fait cette notification dans le délai fixé, tout créancier dont le titre est inscrit, peut requérir la mise de l'immeuble aux enchères et adjudications publiques; à la charge,*

1.° *Que cette réquisition sera signifiée au nouveau propriétaire dans quarante jours, au plus tard, de la notification faite à la requête de ce dernier, en y ajoutant deux jours par cinq myriamètres de distance entre le domicile élu et le domicile réel de chaque créancier requérant;*

2.° *Qu'elle contiendra soumission du requérant, de porter ou faire porter le prix à un dixième en sus de celui qui aura été stipulé dans le contrat, ou déclaré par le nouveau propriétaire;*

3.° *Que la même signification sera faite dans le même délai au précédent propriétaire, débiteur principal;*

4.° *Que l'original et les copies de ces exploits seront signés par le créancier requérant, ou par son fondé de procuration expresse, lequel, en ce cas, est tenu de donner copie de sa procuration;*

5.° *Qu'il offrira de donner caution jusqu'à concurrence du prix et des charges.*

Le tout à peine de nullité.

Art. 2186. *A défaut, par les créanciers, d'avoir requis la mise aux enchères dans le délai et les formes prescrits, la valeur de l'immeuble demeure définitivement fixée au prix stipulé dans le contrat, ou déclaré par le nouveau propriétaire, lequel est, en conséquence, libéré de tout privilége et hypothèque, en payant ledit prix aux créanciers qui seront en ordre de recevoir, ou en le consignant.*

Art. 2187. *En cas de revente sur enchères, elle aura lieu suivant les formes établies pour les expropriations forcées, a ladiligence, soit du créancier qui l'aura requise, soit du nouveau propriétaire.*

Le poursuivant énoncera dans les affiches le prix stipulé dans le contrat, ou déclaré, et la somme en sus à laquelle le créancier s'est obligé de la porter ou faire porter.

Ces articles étoient d'abord compris dans le titre: ils furent ajoutés en note d'après la délibération suivante:

1. « M. le Président pense qu'il suffit de rappeler les articles du Code civil auxquels le titre se réfère; que les laisser textuellement, ce seroit les soumettre à un vote nouveau.

2. « M. ** dit que la section s'étoit proposé de réunir en un seul corps toutes les dispositions corrélatives; qu'on a suivi cette forme dans d'autres

lois, mais que peut-être il est préférable de se contenter de les citer.

« La proposition de M. *le Président* est adoptée » (1).

SOMMAIRES

DES ARTICLES QUI COMPOSENT CE TITRE.

1. *Comment les notifications et réquisitions prescrites par le Code civil sont faites, et de ce qu'elles doivent contenir* (art. 832).
2. *Du cas où la caution est rejetée* (art. 833).
3. *Comment les créanciers privilégiés ou hypothécaires peuvent surenchérir lorsqu'ils ne se sont pas fait inscrire avant l'aliénation* (art. 834).
4. *Des obligations du nouveau propriétaire dans le cas de l'article précédent* (art. 835).
5. *Formalités pour parvenir à la vente sur enchère* (art. 836).
6. *Notifications qui doivent être faites au nouveau propriétaire* (art. 837).
7. *Minute de l'enchère et enchère* (art. 838).

ARTICLE 832.

Les notifications et réquisitions prescrites par les articles 2183 et 2185 du Code civil, seront faites par un huissier commis à cet effet, sur simple requête, par le président du tribunal de première instance de l'arrondissement où elles auront lieu; elles contien-

(1) Discuss. du C. d'État. Séance du 15 prairial an 13.

dront constitution d'avoué près le tribunal où la surenchère et l'ordre devront être portés.

L'acte de réquisition de mise aux enchères contiendra, à peine de nullité de la surenchère, l'offre de la caution, avec assignation à trois jours devant le même tribunal, pour la réception de ladite caution, à laquelle il sera procédé sommairement.

I. Dans la rédaction communiquée, cet article étoit réduit à sa première partie (1).

II. Le second alinéa a été ajouté depuis par des raisons que l'orateur du Conseil a exposées en ces termes :

« D'après le Code civil, les créanciers hypothécaires peuvent surenchérir et requérir une nouvelle mise aux enchères du fonds vendu par le débiteur, sous diverses conditions, notamment sous celle de *donner caution jusqu'à concurrence du prix et des charges.*

« Mais le délai pour remplir cette condition n'est point indiqué, et ce silence a donné lieu ou du moins fourni le prétexte de douter si cette obligation devoit s'effectuer avant la nouvelle adjudication, ou s'il suffisoit d'offrir à cette époque la caution prescrite.

« La seule raison indiquoit sans doute que la caution devoit être fournie avant la seconde adjudica-

(1) Réd. comm. art. 868.

tion; un nouvel article l'exprime formellement, et désigne l'acte dans lequel cette offre doit être faite, ainsi que le délai pour la réaliser » (1).

ARTICLE 833.

Si la caution est rejetée, la surenchère sera déclarée nulle, et l'acquéreur maintenu, à moins qu'il n'ait été fait d'autres surenchères par d'autres créanciers.

Cet article a été également ajouté, comme complément nécessaire du précédent.

ARTICLE 834.

Les créanciers qui, ayant une hypothèque aux termes des articles 2123, 2127 et 2128 du Code civil, n'auront pas fait inscrire leurs titres antérieurement aux aliénations qui seront faites à l'avenir des immeubles hypothéqués, ne seront reçus à requérir la mise aux enchères, conformément aux dispositions du chapitre VIII du titre XVIII du livre III du Code civil, qu'en justifiant de l'inscription qu'ils auront prise depuis l'acte translatif de propriété, et au plus tard dans la quinzaine de la transcription de cet acte.

Il en sera de même à l'égard des créanciers ayant privilége sur des immeubles, sans préjudice des autres droits résultant au vendeur et aux héritiers, des articles 2108 et 2109 du Code civil.

(1) Exposé des motifs, p. 161.

ARTICLE 835.

Dans le cas de l'article précédent, le nouveau propriétaire n'est pas tenu de faire aux créanciers dont l'inscription n'est pas antérieure à la transcription de l'acte, les significations prescrites par les articles 2183 et 2184 du Code civil; et, dans tous les cas, faute par les créanciers d'avoir requis la mise aux enchères dans le délai et les formes prescrits, le nouveau propriétaire n'est tenu que du paiement du prix, conformément à l'article 2186 du Code civil.

I. Ces deux articles méritent une attention toute particulière. En validant les inscriptions prises depuis l'aliénation jusqu'à la transcription de l'acte, et même dans la quinzaine, ils décident implicitement que cette transcription est nécessaire pour purger les hypothèques antérieures, quoique non encore inscrites, en d'autres termes, pour consommer vis-à-vis des tiers la transmission de propriété.

On a reproché à cette décision de changer, pour un intérêt purement fiscal, le système du Code civil. Telle a été sur-tout l'opinion du Conseil d'État. Aussi n'avoit-il point inséré ces articles dans le Code de la procédure : ce Code étoit terminé; il alloit être présenté au Corps législatif, lorsque tout-à-coup une autorité à laquelle rien ne résistoit, obligeant le Conseil de revenir sur l'avis négatif qu'il avoit d'abord donné, fit ajouter les deux articles.

Tout cela a produit de longs débats, dont je vais

retracer l'histoire et mettre les pièces sous les yeux du lecteur.

Ces débats se rattachent aux articles 2108, 2109 et 2186 du Code civil, que, dans l'édition officielle du Code de la procédure, on a rapportés en note sous les articles qui nous occupent. J'en ai donné le texte en tête de ce titre.

Voici comment les choses se sont passées.

M. *Grenier*, dont l'esprit solide et les lumières sont connus de tout le monde, et se sont manifestés dans des ouvrages universellement estimés, et dans les hautes fonctions qu'il a remplies, M. *Grenier*, alors tribun, fut chargé du rapport sur le titre VI du livre III du Code civil, *des Priviléges et Hypothèques*. Il le fit le 26 ventose an XIII (17 mars 1804).

En parlant des effets de la transcription, définis par les articles du Code civil qui ont été indiqués ci-dessus, M. *Grenier* s'exprima ainsi :

« Cette transcription n'est plus nécessaire aujourd'hui pour la transmission des droits du vendeur à l'acquéreur, respectivement à des tiers, ainsi que l'avoit voulu l'article 26 de la loi du 11 brumaire an VII. Elle n'ajoute rien à la force du contrat, dont la validité et les effets sont subordonnés aux lois générales relatives aux conventions et à la vente ; en sorte qu'elle n'est pas nécessaire pour arrêter le cours des inscriptions, qui auparavant pouvoient toujours être faites sur l'immeuble vendu, même après la vente » (1).

Dans quelques exemplaires imprimés de ce discours, on avoit fait dire à M. *Grenier :* « La transcription ne peut avoir d'autre effet que d'arrêter le cours des inscriptions qui, sans cela, pourroient toujours être faites pour des hypothèques établies sur l'immeuble vendu, et de réduire les hypothèques dont il doit être grevé à celles antérieures à l'acte translatif de la propriété, et qui auront été inscrites jusqu'à la transcription ».

M. *Grenier,* s'apercevant de l'erreur, courut à l'imprimerie la faire corriger. En outre, il en avertit dans une note ajoutée à l'édition définitive. Cette note porte : « Le changement qu'on pourroit remarquer en cet endroit, relativement aux premiers exemplaires distribués, qui porte sur cinq ou six lignes, est fait sur un *errata* donné par l'auteur du rapport, pour faire disparoître un louche échappé dans la rapidité de l'impression. (*Note de l'auteur du rapport*) ».

Cependant la régie de l'enregistrement avoit adressé à ses préposés une instruction conforme à la première version, et s'étoit appuyée de l'autorité de M. *Grenier.*

---

(1) Disc. de l'orateur du Trib. sur le titre *des Privilèges et Hypothèques.*

L'errata ayant dérangé son système, elle en écrivit, le 4 fructidor an XII (22 août 1804), au Ministre des finances.

Après avoir rendu compte des faits, elle continue ainsi :

« Sans doute la vente transmet à l'acquéreur la propriéte ou les droits du vendeur, de manière qu'actuellement il ne peut plus, par une vente subséquente transcrite aux hypothèques, dépouiller le premier acquéreur qui n'auroit pas rempli cette formalité, abus que la loi du 11 brumaire an VII autorisoit, et auquel le Code civil a remédié.

« Mais la propriété ou les droits du vendeur ne sont transmis qu'avec *les priviléges et hypothèques* dont les biens étoient grevés (article 2182). Or, l'acte notarié ou une condamnation judiciaire donne l'hypothèque (articles 2116, 2123 et 2127).

« Cette hypothèque grève donc l'immeuble, lorsque l'acte ou le jugement est antérieur à la vente. A la vérité, elle ne prend rang que par l'inscription (article 2134); mais il doit être permis au créancier de requérir et d'obtenir cette inscription, même postérieurement à la vente, et jusqu'à la transcription, puisque l'immeuble est grevé de l'hypothèque, et qu'il ne s'agit que de lui assigner un rang.

« En admettant l'avis contraire, on priveroit des créanciers légitimes, et par actes en forme, des droits que leurs titres doivent leur assurer : on les spolieroit de leurs propriétés ; car les créances sont aussi une classe de propriétés que la loi doit protéger : et cependant, le retard à requérir l'inscription peut ne pas provenir de leur négligence : souvent il dépend ou de l'éloignement, ou de l'oubli d'un homme d'affaires, ou d'autres circonstances, qui ne doivent pas empêcher le créancier d'obtenir une inscription utile, tout le temps que le titre de la mutation n'est pas transcrit. Le Code ne peut avoir consacré cette spoliation.

« S'il ne s'agissoit que de créanciers par actes sous seing privé, comme leurs créances, même antérieures à la vente, n'auroient pas grevé l'immeuble, puisqu'ils n'ont point d'hypothèque, je conviens que la faculté d'obtenir une inscription valide après la vente leur seroit interdite, même en faisant reconnoître en justice, ou devant notaires, les signatures. La raison en est que l'immeuble étant sorti des mains de leur débiteur, l'hypothèque tardive qu'ils acquerroient ne pourroit plus grever cet immeuble.

« En me résumant, j'estime que les créanciers ayant hypothèque *avant la vente, sont fondés* à requérir et à obtenir une inscription valide sur l'immeuble *vendu, tout le temps que le titre n'a pas été transcrit;*

« Que les créanciers qui acquerroient l'hypothèque, *postérieurement à la vente, ne sont pas fondés* à obtenir une inscription légale sur l'immeuble *vendu*.

« Je prie Votre Excellence de déférer la question que fait naître l'*errata* de M. *Grenier* à S. Exc. le Grand-Juge Ministre de la justice, et de vouloir bien l'inviter à statuer le plus tôt possible, pour éviter que les conservateurs ne compromettent leur responsabilité dans la délivrance des certificats négatifs ou des états d'inscription qu'ils auront à délivrer sur ventes d'immeubles.

« Je vous serai obligé de me faire connoître la décision que le Grand-Juge aura prise à cet égard ».

Le 24 vendémiaire an XIII (16 octobre 1804), le Ministre des finances, en transmettant la lettre du directeur de la régie de l'enregistrement au Grand-Juge, lui écrivit :

« Je ne vois pas sur quoi ce directeur a pu se fonder pour annoncer que la loi du 11 brumaire an VII autorisoit celui qui avoit vendu un bien à le vendre ensuite à un autre, lorsque le premier acquéreur n'avoit pas fait transcrire son contrat, ni quelle est la disposition de ce titre du Code qui consacre qu'un créancier ayant une hypothèque réellement établie par titre authentique antérieur à une vente, ne peut pas requérir d'inscription dans l'intervalle de cette vente à la transcription ».

Le Ministre terminoit sa lettre par quelques réflexions sur le rapport que ces questions pouvoient avoir avec les conservateurs des hypothèques. Il lui sembloit qu'elles leur étoient étrangères, « attendu, disoit-il, qu'il ne leur est pas permis de refuser les inscriptions requises dans la forme prescrite par le Code; qu'ils ne sont pas les juges du mérite de ces inscriptions; qu'il ne leur appartient donc pas d'examiner si le bien sur lequel on prend inscription est encore la propriété de celui qui a contracté la créance emportant hypothèque, ni si l'acquéreur a fait ou non transcrire son contrat ».

Le Grand-Juge répondit le 21 brumaire suivant (12 novembre 1804), et alla encore plus loin que la régie, car il combattit la distinction qu'elle avoit établie entre les créances antérieures à la vente et celles qui sont postérieures, et soutint que les inscriptions requises pour les unes et pour les autres jusqu'à la transcription, étoient également admissibles.

« Si l'administration, dit-il, suppose que l'acte de vente a pu transférer la propriété à l'acquéreur et la consolider en sa personne, il ne doit être responsable que des hypothèques ou priviléges inscrits au moment de cette vente : ceux qui ne l'étoient pas ne peuvent l'obliger, d'après les principes du régime hypothécaire actuel. En admettant les inscriptions postérieures à l'acte de vente, lorsque le titre étoit antérieur, l'administration suppose que cet acte n'a pas entièrement transféré la propriété à l'acquéreur, et alors le vendeur a pu, non seulement le soumettre à de nouvelles hypothèques, mais encore le vendre à un autre avant la transcription ».

De là, le Grand-Juge concluoit « que la transcription est indispensable pour que la mutation de la propriété soit parfaite, et qu'en cela la loi du 11 brumaire an VII continue d'être en vigueur. Si l'article 2181 du Code civil, continuoit-il, est moins positif que les dispositions de cette loi, au moins il n'y dit rien de contraire. On voit même, par la discussion qui a eu lieu à ce sujet au Conseil d'État, qu'on n'a pas prétendu s'écarter des principes concernant la transcription des actes, sauf qu'on dit qu'on ne pourra en faire l'application aux ventes antérieures à la loi du 11 brumaire ».

A l'appui de cette opinion, le Grand-Juge citoit :

1.° Un arrêt de la Cour d'appel de Paris du 9 messidor an 12 (28 juin 1804), « qui, disoit-il, confirme les mêmes principes par rapport aux effets de la transcription, dans une espèce où cependant la loi du 11 brumaire étoit applicable »;

2.° La nécessité de la transcription des donations entre-vifs, pour pouvoir les mettre en exécution vis-à-vis des tiers, quoiqu'elles soient parfaites par le seul consentement des parties. « Il en est de même, ajoutoit-il, à l'égard de tous les actes translatifs de propriété ».

Pour ce qui concernoit les fonctions des conservateurs, le Grand-Juge étoit de l'avis du Ministre des finances.

« Il auroit voulu, au surplus, que la régie, dans ses instructions, se fût bornée à indiquer les articles du Code civil et les éclaircissements qu'elle pouvoit trouver dans les discours des orateurs du Gouvernement, parceque ces discours sont regardés comme en contenant les motifs ».

La régie, dans une lettre au Ministre des finances, en date du 13 nivose an XIII (3 janvier 1805), réfuta le Grand-Juge, et soutint son propre système.

Elle faisoit d'abord observer « que cette doctrine qui tendoit à ne donner qu'à la transcription l'effet d'opérer la transmission de propriété, étoit contraire à la loi du 28 ventose an XII sur les hypothèques, et au rapport fait au Tribunat; qu'elle l'étoit également à une lettre du Ministre des finances du 1.er brumaire an XIII (23 octobre 1804), où le Ministre dit : *Il est bien dans l'intérêt des acquéreurs de faire transcrire leurs contrats; mais la loi ne leur en impose pas l'obligation, et indique seulement cette formalité comme le seul moyen de purger les priviléges et hypothèques pour lesquels il n'aura pas été pris d'inscriptions dans les cas où elles sont nécessaires. Certainement le défaut de transcription n'obligeroit pas le nouvel acquéreur de reconnoître les hypothèques que le vendeur de mauvaise foi auroit contractées postérieurement à la vente, ni la validité d'une seconde vente qui formeroit un stellionat.*

Passant ensuite à l'examen de la question en elle-même, la régie rappelle que « sous le régime de l'édit de 1771, c'étoit un principe certain, que le contrat de vente d'un immeuble en transmettoit la propriété à l'acquéreur ». Elle rappela aussi le changement opéré dans cette partie de la législation par l'article 26 de la loi du 11 brumaire an VII. Elle arriva enfin à la discussion du Code civil, et elle observa que dans le projet de ce Code, se trouvoit un article (le 91e du titre), qui portoit : *Les actes translatifs de propriété, qui n'ont pas été ainsi transcrits, ne peuvent être opposés aux tiers qui auroient contracté avec le vendeur et qui se seroient conformés à la présente;* que l'article fut vivement attaqué par MM. *Tronchet* et *Malleville*, et soutenu par MM. *Treilhard* et *Jollivet;* que le résultat de la discussion fut d'adopter la proposition de M. *Cambacérès*, alors second Consul, tendant à déclarer que les dispositions de l'article ne seroient pas applicables aux contrats de vente antérieurs à la loi du 11 brumaire an VII, et que la transcription ne pourroit transmettre à l'acquéreur la propriété, lorsque le vendeur ne seroit pas propriétaire; qu'à la suite de la communication au Tribunat, l'article fut supprimé et remplacé par l'article 2181 du Code civil; qu'enfin l'orateur du Conseil et celui du Tribunat avoient déclaré que la transcription n'est plus nécessaire pour consommer la transmission de la propriété, ainsi que l'exigeoit la loi du 11 brumaire an VII.

La régie « écartoit l'argument tiré de l'arrêt de la Cour d'appel de Paris, par la considération qu'il s'agissoit, dans l'espèce, d'une affaire qui devoit être décidée d'après la loi du 11 brumaire; et celui qu'avoit fourni au Grand-Juge la nécessité de faire transcrire les donations entre-vifs, par la raison que toujours les actes de libéralité ont été soumis à des formalités de précaution, et qu'en conséquence autrefois l'insinuation étoit ordonnée à peine de nullité ».

C'est ainsi que la régie, pour justifier ses instructions, ruinoit le systême du Grand-Juge.

Du reste elle prétendoit « qu'elle avoit dû adresser ces instructions aux conservateurs. Ils ont besoin, disoit-elle, de connoître l'époque où la propriété est définitivement transmise à l'acquéreur, attendu que s'ils comprenoient dans leurs états des inscriptions faites dans un temps où il n'en pouvoit plus être reçu du chef du vendeur, les tribunaux ne manqueroient pas de les rejeter comme cela est déja arrivé, et d'en mettre le timbre à leur charge ».

Dès le 14 nivose, et avant d'avoir reçu cette lettre du 13, le Ministre des finances avoit écrit à l'administration.

Sans s'expliquer sur la question, il traçoit aux conservateurs des règles qui les dispensoient de s'en occuper.

Il pose d'abord le principe « qu'après la transcription, aucune inscription ne peut plus être reçue du chef du vendeur » ; puis venant à l'hypothèse où de semblables inscriptions seroient néanmoins requises, il pense que « le conservateur est obligé de faire connoître les principes au requérant, et si, ce qui n'est pas vraisemblable, celui-ci insistoit, le conservateur ne devroit pas s'exposer à une contestation personnelle : il constateroit seulement, tant sur son registre que sur les bordereaux, que l'inscription n'a été admise que sur la demande formelle de la partie, avertie que son créancier n'étoit plus propriétaire du bien qu'il a vendu par un titre transcrit, et il exigeroit que la partie signât sa réquisition. Les jugements qui ont décidé que les inscriptions de cette nature ne devoient pas être comprises dans l'état de celles antérieures à la transcription, sont justes. Cependant si, par des circonstances quelconques, les conservateurs craignoient de compromettre leur responsabilité par l'omission de ces inscriptions, ils pourroient constater dans le certificat, à la suite de leur relevé, le nombre de celles qui ont été prises après la transcription, sans aucun détail, et y énoncer aussi que celui qui a requis le relevé a déclaré qu'il n'avoit besoin de connoître que celles prises jusqu'à la transcription, sans exiger aucun salaire pour ces mentions : bien entendu que s'il s'agissoit d'inscriptions prises sur les biens de maris ou de tuteurs, pour la conservation des intérêts des femmes, des mineurs et des interdits, elles devroient être admises et comprises dans le relevé, quoique requises après la transcription, mais dans les deux mois de l'affiche prescrite par l'article 2194 du Code civil ».

Le 6 pluviose, le Ministre des finances accusa à la régie la réception de sa lettre du 14 nivose, et lui annonça qu'il la transmettoit au Grand-Juge, auquel il l'envoya en effet avec une lettre du même jour.

Dans sa lettre à la régie, il se référoit à celle qu'il lui avoit adressée le 14 nivose, à laquelle il donnoit quelques nouveaux développements.

Dans sa lettre au Grand-Juge, il appuie ce que la régie avoit dit contre le système de ce Ministre. Il ajoute « qu'au surplus il est aussi d'avis que le conservateur ne doit pas s'arrêter à des difficultés qui n'intéressent que les parties; qu'il en a prévenu la régie, qu'il ne s'agit donc plus de s'occuper de ce qui concerne ces officiers ».

Le 25 du même mois de pluviose, le Grand-Juge répondit:

Il persistoit dans son système; mais il annonçoit que, puisqu'il y avoit dissentiment sur ces questions, il les soumettroit au Conseil d'État.

Peu après, parut dans la feuille 279 du Journal du Palais, sous le N.o 104, un article très-bien fait, où l'on établissoit que, suivant le Code civil, il n'est pas possible d'admettre après la vente, n'eût-elle pas été transcrite, d'inscriptions pour hypothèques constituées, même antérieurement au contrat.

La régie en fut alarmée. Le 11 ventose an XIII (2 mars 1805), elle envoya copie de l'article au Ministre des finances. Dans sa lettre d'envoi elle dit : « Ce journal circule, et comme il est rédigé par des jurisconsultes qui s'étayent même d'un *erratum* fait par M. *Grenier* à son rapport au Tribunat sur les motifs des modifications apportées au régime hypothécaire, il semble être une autorité pour les avoués, et son influence nécessaire contribue *à la diminution sensible que l'on éprouve dans le nombre des transcriptions et des inscriptions*, ET DANS LEUR PRODUIT ».

La régie en concluoit « qu'il étoit urgent que le Gouvernement voulût bien prendre un parti ».

Le Ministre des finances, conservant toujours sa neutralité, se contenta de transmettre la lettre de la régie au Grand-Juge, par une lettre du 28 ventose.

Enfin le Grand-Juge fit un rapport.

Il y présenta d'abord en ces termes les questions sur lesquelles on avoit à décider : « Il s'agit de savoir, dit-il, 1.° si la transcription est nécessaire pour consolider, à l'égard des tiers, entre les mains de l'acquéreur la propriété d'un immeuble vendu, surtout par expropriation forcée ; 2.° si le créancier porteur d'un titre, soit antérieur, soit postérieur à la vente, peut faire inscrire ce titre après l'acte de vente et avant sa transcription.

Ensuite il rend compte des objections faites par la régie contre son opinion, objections qui ont été rapportées.

« Ce système, répond-il, qui maintenoit tout-à-la-fois et contrarioit celui de la loi du 11 brumaire, me paroît insoutenable ; car, si, d'après l'opinion de ceux qui prétendent que la transcription n'a plus pour objet aujourd'hui d'empêcher les inscriptions, mais seulement de purger celles qui existent à l'époque de la vente, la propriété est transférée à l'acheteur par le seul effet de la vente, même à l'égard du tiers, il ne doit plus être permis de faire des inscriptions après la vente, soit qu'elles dérivent d'un titre antérieur, soit qu'elles dérivent d'un acte postérieur. Car, d'après le système actuel, une hypothèque n'a d'effet que par l'inscription. Toute hypothèque non inscrite, quelle que soit son origine, est considérée comme non existante. La difficulté est donc de savoir si le Code civil, en admettant la transcription pour purger les hypothèques, n'a entendu parler que de celles existantes à l'époque de la vente, ou de celles faites postérieurement, mais avant la transcription. Ce dernier système étoit celui de la loi du 11 brumaire an VII ; de sorte que la question est réduite à savoir si le Code civil a dérogé en cela à cette loi.

« On peut soutenir que telle n'a point été son

intention, d'après la discussion qui se trouve au tome 5 du Procès-verbal du Conseil d'Etat, page 566, où la nécessité de la transcription, pour consolider la propriété à l'égard du tiers, est formellement établie.

« L'on parle à la vérité de modifications faites postérieurement à cette détermination; mais on ne les trouve nulle part.

« M. *Treilhard*, qui avoit insisté le plus sur la nécessité de la transcription, et qui a été chargé ensuite lui-même de porter au Corps législatif la loi sur les hypothèques, auroit été instruit des modifications faites aux anciens principes, s'il y en avoit eu; mais loin d'en parler, il dit positivement que les bases de la nouvelle loi sont celles de la loi du 11 brumaire an VII; et il ne se seroit pas exprimé de cette manière, si l'on avoit rejeté une des principales bases de cette dernière, qui étoit la nécessité de la transcription pour consolider la propriété de l'acquéreur.

« On rappelle ensuite à l'appui de cette opinion l'article 941 du Code civil, qui dit que le défaut de transcription des donations entre-vifs pourra être opposé par toutes personnes y ayant intérêt.

« La donation est, comme la vente, un acte translatif de propriété; et même, suivant le Code, aucune autre tradition n'est nécessaire pour transférer cette propriété. En exigeant la transcription à l'égard des donations, on les a assimilées, sous ce rapport, aux autres actes translatifs de propriété : on n'a fait que leur appliquer une formalité déja établie pour ces derniers. L'orateur du Gouvernement en fait la remarque spéciale, tome 2 des Procès-verbaux, page 807.

« On allègue enfin l'article 2180 du Code civil, portant que, dans le cas où la prescription suppose un titre, elle ne commence à courir que du jour où il *a été transcrit sur les registres du conservateur;* d'où il suit que, dans ce cas, l'acheteur qui n'a pas fait transcrire ne peut jamais prescrire contre le tiers : il n'a donc pas cette propriété qui est nécessaire pour opérer la prescription.

« D'un autre côté, pour soutenir que la transcription n'est plus nécessaire pour empêcher les inscriptions après la vente, et qu'elle n'est requise que pour purger celles qui existoient à cette époque, on allègue que l'article 26 de la loi du 11 brumaire, qui admettoit les inscriptions jusques à la transcription, et qui avoit été inséré dans le projet de Code, a été supprimé dans la rédaction définitive, et l'on conclut de cette suppression que l'on a eu intention de changer en cela le système introduit par la loi du 11 brumaire an VII. Cet argument a sans doute de la force; mais, comme on l'a déja remarqué ci-dessus, on ne trouve rien, ni dans les procès-verbaux du Conseil d'Etat, ni dans le discours du Conseiller d'Etat chargé de porter la loi au Corps législatif, qui indique que tel a été réellement le projet du législateur; de manière qu'on se trouve entre la présomption qui résulte de la suppression de cet article, et l'assertion positive que contient le procès-verbal du Conseil d'Etat, que l'ancien système devoit être conservé. Les jurisconsultes se sont divisés là-dessus. Les uns ont adopté la première opinion, les autres ont tenu à la seconde. La Cour de cassation n'a pas encore eu l'occasion de manifester son avis à ce sujet. Je ne connois pas même d'arrêt de Cour d'appel qui ait prononcé sur la question ».

Le Grand-Juge terminoit son rapport en demandant que le Conseil donnât un avis qui fît cesser la diversité des opinions; et il observoit « que la régie elle-même, dans une dernière lettre, considéroit la suppression de la transcription, *comme pouvant opérer une diminution dans les produits de la recette* ».

Ce rapport fut renvoyé, le 20 thermidor an XIII, (8 août 1805), à la section de législation du Conseil, qui présenta le projet d'avis suivant:

« Le Conseil d'Etat, qui a entendu le rapport de la section de législation sur celui du Ministre de la justice, tendant à fixer le sens de l'article 2181 du Code civil, et à prononcer sur la question de savoir si la transcription des ventes sur les registres du conservateur des hypothèques est encore nécessaire, comme elle l'étoit sous l'empire de la loi du 11 brumaire an VII, pour mettre l'acquéreur à l'abri de nouvelles inscriptions de la part des créanciers du vendeur;

« Est d'avis que cette transcription, utile encore aujourd'hui, soit pour purger l'immeuble des hypothèques inscrites *antérieurement* à la vente, soit pour le purger des hypothèques légales, qui auroient existé aussi *antérieurement* à la vente, n'est plus nécessaire, depuis la promulgation du Code civil, pour annuller l'effet des inscriptions postérieures, ni pour se rédimer des hypothèques légales qui n'auroient pris naissance que depuis la vente.

« Les principes qui ont régi la matière jusqu'à la loi du 11 brumaire an VII, étoient que l'immeuble vendu n'étoit passible des hypothèques provenant du chef du vendeur, que jusqu'au jour où la tradition avoit été faite par acte authentique, le vendeur ne pouvant plus grever le fonds qui n'étoit plus le sien.

« Ces principes ont subi un changement momentané par suite d'une disposition de la loi du 11 brumaire an VII, qui, jusqu'à la transcription, laissoit le fonds vendu sujet aux inscriptions des créanciers du vendeur, sans distinction même des créances *antérieures* ou *postérieures* à l'acte de vente.

« Mais cette loi n'existe plus, et le Code civil défend d'invoquer l'ancienne législation comme règle dans les matières qu'il traite.

« Que reste-t-il donc dans cette espèce? La

disposition même du Code, qui dit bien *que les contrats translatifs de la propriété...... que les tiers détenteurs voudront purger de priviléges et hypothèques, seront transcrits, etc.* Mais de quels *priviléges et hypothèques* cette disposition peut-elle s'entendre? de ceux pour lesquels il y avoit *inscription* prise au moment de la vente. C'est le sens naturel, et la loi n'a pu avoir en vue des charges futures, sans les imposer en termes formels : le silence de la loi sur ce point, suffiroit donc pour établir qu'on n'a pas besoin de transcrire, pour se rédimer de l'effet des inscriptions non existantes au temps de la vente.

« Mais, d'ailleurs, le silence du Code s'explique et devient une solution positive, quand on considère en quelle circonstance il a eu lieu.

« En effet, l'article 26 de la loi du 11 brumaire an VII, statuoit que, même postérieurement à l'acte de vente, les créanciers du vendeur pourroient faire des inscriptions utiles, si l'acte n'étoit transcrit : une disposition semblable existoit dans le projet de Code civil, et elle étoit nécessaire pour le but qu'on se proposoit; mais elle n'a pas été adoptée, car elle ne se trouve pas dans le Code.

« En vain recourt-on aux procès-verbaux du Conseil d'Etat, et à quelques expressions générales employées par l'orateur du Gouvernement, pour établir qu'on avoit intention de conserver cette disposition; car si un tel examen peut quelquefois conduire à fixer le sens d'une disposition obscure, il ne peut jamais remplacer une disposition nécessaire.

« D'un autre côté, comment pourroit-on soutenir que le changement de législation n'a pas été aperçu, quand le rapporteur du Tribunat a exprimé en termes formels, et sans avoir été contredit, que la transcription *n'étoit plus nécessaire pour arrêter le cours des inscriptions qui, auparavant, pouvoient toujours être faites sur l'immeuble vendu, même après la vente.*

« Inutilement aussi voudroit-on exciper de ce qu'en matière de donation la transcription est nécessaire pour arrêter le cours des inscriptions; car il y eut toujours plus de formalités imposées aux mutations à titre gratuit qu'aux mutations à titre onéreux, et la transcription ne fait aujourd'hui que remplacer l'insinuation à laquelle les donations étoient sujettes et non les ventes.

« Plus inutilement encore se prévaudroit-on de l'article 2198 du Code civil, qui exige la transcription de l'acte pour rédimer l'acquéreur de l'effet des inscriptions qui auroient été omises dans le certificat du conservateur; car il ne s'agit plus alors d'inscriptions nouvelles, mais d'anciennes inscriptions dont la relation auroit été omise dans un certificat; et cette exception ne porte aucune atteinte au principe.

« Qu'y a-t-il donc à conclure de ce qui a été réglé, tant pour les donations qu'à l'égard des inscriptions omises? Rien que de favorable à l'opinion exprimée au commencement de cet avis : car si, dans ces deux cas, la transcription est prescrite, il faut en conclure qu'elle n'est pas nécessaire en thèse générale, selon l'axiome, *qui de uno dicit, de altero negat.*

« Ainsi, il ne doit point rester de doute, que, depuis le Code civil, la vente authentique ne suffise pour arrêter le cours des inscriptions, même par rapport aux créanciers antérieurs du vendeur, dont l'hypothèque non inscrite au temps de la vente est sans force à l'égard du tiers acquéreur ».

L'avis fut examiné avec soin, et adopté dans la séance du 11 fructidor an XIII, presqu'à l'unanimité, toutefois avec les changements qui vont être indiqués.

1.° On retrancha dans le second alinéa tout ce qui concernoit les hypothèques légales, et on le rédigea ainsi : *Est d'avis que cette transcription, utile aujourd'hui pour purger l'immeuble des hypothèques inscrites* ANTÉRIEUREMENT *à la vente, n'est plus nécessaire, depuis la promulgation du Code civil, pour annuller l'effet des inscriptions postérieures.*

2.° On supprima en entier le dixième alinéa, qui commençoit par ces mots : *D'un autre côté,* et finissoit par ceux-ci : *même après la vente.* Le Conseil étant appelé à déclarer sa propre opinion, et à dire quel systême il avoit entendu établir, ne devoit pas s'étayer d'une opinion étrangère.

Le projet ainsi modifié, fut présenté à l'approbation du chef du Gouvernement d'alors, et reçut sa sanction, comme l'attestent le mot *approuvé* et sa signature, qu'on lit encore en marge de l'expédition déposée aux archives du Conseil d'Etat.

Tout paroissoit donc terminé, sans que rien de ce qui s'étoit passé jusque-là eût le moindre trait au Code de la procédure.

Mais la régie, qui perdoit par-là une branche de ses revenus, fit de nouvelles représentations. Elles ne furent pas inutiles : car le 16 février 1806, *M. le Président de la section de législation du Conseil* reçut du Ministre secrétaire d'État, une lettre par laquelle celui-ci lui annonçoit « qu'il lui renvoyoit un avis du Conseil d'État sur les transcriptions des actes de vente au bureau des hypothèques, et que le chef du Gouvernement desiroit que la question présentée par le rapport du Ministre de la justice, fût de nouveau discutée dans la séance qu'il présideroit le Conseil ». Cette lettre étoit en effet accompagnée de l'expédition qui avoit été officiellement présentée au chef du Gouvernement, et où *l'approuvé* et sa signature, d'abord apposés en marge, se trouvoient rayés.

La discussion fut donc reprise dans la séance du 11 mars 1806.

Le Conseil fit de vains efforts pour maintenir son

avis : il fallut céder. Mais, comme il lui eût été trop pénible de rédiger un avis qui n'auroit pas été réellement le sien, quelqu'un proposa de glisser dans le Code de procédure quelques dispositions par lesquelles on consacreroit ce changement fait au Code civil.

De là sont venus les articles 834 et 835.

On imagine bien qu'ils n'ont pas été le sujet d'une longue discussion, ou plutôt qu'ils n'ont pas été du tout discutés. Dans la séance du 13 mars 1806, où ils furent présentés, et qui étoit présidée par le chef du Gouvernement, M. *Cambacérès* seul éleva la voix, et ce fut pour dire « qu'il voudroit qu'on pût trouver une meilleure rédaction, parceque celle qu'on proposoit supposoit évidemment que la transcription étoit nécessaire pour consommer, vis-à-vis des tiers, la transmission de la propriété » (1).

II. Voici comment l'orateur du Conseil et celui du Tribunat ont exposé et cherché à justifier cette doctrine, qu'au surplus ils ont présentée comme nouvelle.

L'orateur du Conseil a dit :

« Un objet grave se présente ici à la discussion; ça été la question de savoir si les créanciers, ayant un titre hypothécaire antérieur à la vente, mais non inscrit à cette époque, pouvoient, comme les créan-

(1) Discuss. du C. d'État. Séance du 13 mars 1806.

ciers inscrits, ou ayant des hypothèques légales, requérir la mise aux enchères du fonds vendu par leur débiteur.

« Pour l'affirmative, on se prévaloit sur-tout des expressions générales de l'article 2182 du Code civil ; on ajoutoit que le créancier ne pouvoit perdre son hypothèque et les droits en résultant, par le seul fait de son débiteur vendant à son insu, et que le créancier devoit au moins être mis en demeure par un acte ayant une grande publicité, tel que la transcription du contrat de vente : d'où l'on concluoit que le droit du créancier même non inscrit subsistoit jusqu'à cette transcription, à laquelle, en la considérant comme un avertissement d'agir, il convenoit même d'ajouter un délai quelconque.

« Pour la négative, on opposoit principalement l'article 2166 du Code civil, qui n'accorde le droit de suivre l'immeuble, en quelques mains qu'il passe, qu'aux créanciers ayant privilége ou *hypothèque inscrite ;* on ajoutoit que tout le système de la publicité reposoit sur l'inscription, sans laquelle il ne pouvoit y avoir d'autres hypothèques valables que les hypothèques *légales*, affranchies de cette formalité. L'on nioit que le tiers acquéreur eût besoin de transcrire son acte pour mettre son acquisition à l'abri des hypothèques non inscrites, et l'on observoit, à l'appui de cette opinion, que la formalité de la transcription, consacrée par la loi du 11 brumaire an VII (article 26), et reproduite dans le projet de Code civil, en avoit été formellement retranchée : d'où l'on concluoit que la volonté du législateur s'étoit prononcée contre la transcription, en ce sens qu'elle fut utile pour purger les hypothèques non inscrites, ou pour empêcher qu'il n'en fût rétabli de nouvelles.

« Il étoit difficile de ne point reconnoître cette dernière opinion comme la plus conforme au Code civil; mais il étoit aisé de sentir que la première avoit un but juste et utile, et présentoit une modification qu'il étoit bon d'accueillir.

« Dans cette conjoncture, on a adopté pour le passé et l'avenir un parti qui respecte les droits de l'un et de l'autre temps.

« Comme la disposition nouvelle n'atteindra *que les aliénations qui seront faites à l'avenir*, les tiers acquéreurs qui auront contracté sous l'empire de la loi qui nous régit en ce moment, n'en recevront aucun dommage.

« A l'égard des créanciers, ils conserveront désormais la faculté de s'inscrire jusqu'à l'expiration de la quinzaine qui suivra la transcription de l'acte d'aliénation.

« Leur inscription tardive leur assignera, parmi les créanciers, un rang inférieur; mais elle n'éteindra pas leurs droits sur le fonds aliéné, et envers le tiers acquéreur.

« Celui-ci pourtant ne sera pas tenu de leur faire les significations prescrites à l'égard des créanciers inscrits; il est censé ne point connoître ceux dont l'inscription n'existe pas, et la loi ne sauroit lui imposer une obligation qu'il lui seroit impossible de remplir.

« L'une des dispositions du projet contient cette dispense aussi juste que nécessaire » (1).

III. L'orateur du Tribunat s'est exprimé ainsi :

« On voit dans les discussions préparatoires du Code civil, que des opinions différentes s'élevèrent sur la publicité des hypothèques ; qu'elles furent soutenues, de part et d'autre, par les hommes les plus profonds et les plus consommés ; et qu'elles luttèrent *long-temps*, avec des avantages presque égaux, avant qu'elles pussent se réunir.

« On ne peut dissimuler que la fusion ne fût pas parfaite, et que le titre des hypothèques se ressent du froissement que sa rédaction a dû éprouver, par le choc des principes divergents au milieu desquels elle a été formée.

« Le germe des discussions mal étouffé fermentoit encore, et étoit prêt à se reproduire principalement sur les effets de l'aliénation d'un immeuble, par rapport aux hypothèques existant, mais non inscrites, avant l'aliénation.

« Les uns pensoient que jusqu'à la transcription du titre translatif de la propriété, le créancier étoit

(1) Exposé des motifs, p. 161 et suiv.

à temps de faire l'inscription de son hypothèque et de jouir de tous les avantages attachés à cette formalité.

« Les autres soutenoient que l'aliénation paralysoit l'hypothèque non inscrite, et que le nouvel acquéreur étoit affranchi de toute responsabilité envers le créancier qui avoit négligé de manifester son droit par l'inscription.

« L'hypothèque, disoient les premiers, avec le texte du Code civil, est un droit réel sur les immeubles...... Elle les suit en quelques mains qu'ils passent.

« L'inscription met les priviléges en mesure de produire leur effet : elle fixe le rang des hypothèques, mais *entre les créanciers seulement.* Ces termes limitatifs sont écrits en tête des deux articles 2106 et 2134, qui proclament ces principes.

« L'acquéreur n'est pas un créancier. Le vendeur lui transmet la propriété et ses droits sur la chose vendue; mais sous l'affectation des mêmes priviléges et hypothèques dont il étoit chargé.

« La transcription de la part de l'acquéreur étoit si bien jugée nécessaire, que l'article 2180 l'a marquée comme le point de départ du terme requis pour opérer la prescription des hypothèques.

« Enfin, l'impression du discours prononcé à la tribune du Corps législatif atteste qu'un orateur avoit dit, en propres termes : que *la transcription avoit l'effet d'arrêter le cours des inscriptions.......*

et de réduire les hypothèques à celles antérieures à l'acte translatif de la propriété, et qui auroient été inscrites jusqu'à la transcription.

« C'est ainsi que les partisans de la première opinion prétendoient établir que l'inscription d'une hypothèque antérieure à l'aliénation de l'immeuble peut avoir lieu et produire son effet contre l'acquéreur, jusqu'à la transcription du titre translatif de la propriété.

« Les sectateurs de l'opinion contraire puisoient leurs motifs dans les mêmes sources.

« Le but général de la publicité des hypothèques est, répondoient-ils, de mettre les tiers en mesure de traiter solidement avec le possesseur de l'immeuble grevé.

« Il faut que le tiers acquéreur puisse, ou payer avec confiance le prix de l'immeuble lorsqu'il est exempt d'hypothèque, ou purger les hypothèques lorsqu'il en est grevé; il ne peut ni l'un ni l'autre, qu'autant que les hypothèques non inscrites, au moment où il fait son acquisition, sont regardées comme non existantes pour ce qui le concerne. Aussi voit-on dans le texte des lois que l'existence des hypothèques se confond avec leur inscription, relativement aux tiers détenteurs.

« S'agit-il du droit de suivre l'immeuble hypothéqué? L'article 2166 ne l'accorde qu'aux créanciers ayant des hypothèques *inscrites*.

« Le tiers détenteur refuse-t-il de purger sa propriété? L'article 2167 le déclare obligé à toutes les dettes hypothécaires, mais *par l'effet seul des inscriptions.*

« Veut-il dégager l'immeuble qu'il a acquis? La loi l'avertit que la simple transcription ne purge pas les hypothèques, et qu'il doit notifier son titre aux créanciers et aux domiciles par eux élus *dans leurs inscriptions.*

« La voie de la surenchère sera ouverte à tout créancier, pourvu que son titre *soit inscrit.*

« En un mot, toutes les fois que la loi met en regard le droit des tiers-acquéreurs avec une hypothèque, c'est constamment avec une hypothèque *inscrite.* Elle ne sépare jamais ces deux expressions. L'hypothèque sans inscription n'a qu'une existence inerte, inanimée : cette formalité seule lui donne la vie et la force relativement aux tiers-détenteurs.

« Au surplus, l'auteur lui-même du passage cité a déclaré qu'il n'étoit qu'une erreur échappée dans la rapidité de l'impression, et il l'a rétabli de cette manière :

La transcription n'est plus nécessaire pour la transmission des droits du vendeur à l'acquéreur, respectivement à des tiers, ainsi que l'avoit voulu l'article 26 *de la loi du* 11 *brumaire de l'an VII..... Elle n'est plus nécessaire pour arrêter le cours des inscriptions, qui auparavant pouvoient toujours être faites sur l'immeuble vendu, même après la vente.*

« Ainsi ce passage, rétabli dans sa pureté, se retourne contre ceux qui l'avoient invoqué.

« Voilà comment les meilleurs esprits se trouvoient divisés sur le sens d'une loi dont l'application est si fréquente.

« Nous dirons, comme l'orateur du Gouvernement, *qu'il étoit difficile de ne pas reconnoître la seconde, comme la plus conforme au Code civil.* Mais de cela seul que la question avoit paru problématique, vous regarderez la décision que vous offre le projet comme un bienfait signalé. Oui, le projet la décide, cette question importante, non par des interprétations qui n'auroient peut-être abouti qu'à l'obscurcir, mais par une disposition nouvelle qui modifie celle du Code civil sur le même point, qui tranchera clairement, pour l'avenir, le nœud de toutes les difficultés.

« L'article présenté dans cet objet est ainsi conçu : *Les créanciers qui, ayant une hypothèque, aux termes des articles* 2123, 2127 *et* 2128 *du Code civil, n'auront pas fait inscrire leurs titres, antérieurement aux aliénations qui seroient faites à l'avenir des immeubles hypothéqués, ne seront reçus à requérir la mise aux enchères, conformément aux dispositions du chapitre VIII du titre XVIII du livre III du Code civil, qu'en justifiant de l'inscription qu'ils auront prise depuis l'acte translatif de propriété, et au plus tard dans la quinzaine de la transcription de cet acte.*

« Les articles du Code civil cités dans cette disposition désignent les hypothèques judiciaires et conventionnelles qui forment seules l'objet du changement. Les hypothèques légales conservent les règles qui leur sont propres et qui ne laissent aucune prise à ces difficultés.

« S'il pouvoit être utile, sous un aspect, de mettre un acquéreur à portée de connoître, à l'instant du contrat, les charges dont l'immeuble acquis demeureroit passible, il l'étoit encore davantage de garantir un créancier légitime des surprises qu'on auroit pu faire à sa bonne foi par une aliénation, dont la promptitude frauduleuse ne lui auroit pas même laissé le temps de faire son inscription.

« L'acquéreur saura qu'il ne lui suffit pas de connoître l'état des inscriptions au moment où il contracte; que, pour obtenir une sécurité parfaite, il doit d'abord transcrire son titre, et qu'il demeurera encore responsable envers tous les créanciers dont le titre se trouvera antérieur à l'aliénation, et viendra à être inscrit dans les quinze jours qui suivront l'acte de la transcription.

« Comme les hypothèques, les priviléges ne produisent leur effet qu'à l'aide de l'inscription. Le projet les soumet aux mêmes règles : mais il réserve aux priviléges du vendeur et des héritiers les autres droits qui leur sont attribués par les articles 2108 et 2109 du Code civil.

« Cette réserve étoit indiquée par la nature même

des droits qui en font l'objet. Suivant l'article 2108, la transcription du contrat, faite par l'acquéreur, vaut inscription dans les intérêts du vendeur. Du moment que la transcription va devenir un préalable indispensable pour purger les hypothèques et les priviléges, celui du vendeur sera, comme il l'étoit, à l'abri de toute atteinte, puisqu'il continuera de trouver dans la transcription même de l'acquéreur sa garantie et sa conservation.

« L'article 2109 accorde aux héritiers et aux copartageants soixante jours pour faire leur inscription sur les biens partagés ou licités, et conserver par ce moyen le privilége dont jouit la soulte ou le prix de la licitation. Il n'y avoit nulle raison d'abréger ce délai. Ils continueront d'en jouir encore envers les autres créanciers, à l'effet de conserver sur eux la préférence que leur donne leur privilége dans la distribution du prix. »

« Mais si la vente du fonds affecté à la soulte ou au prix de la licitation étoit faite et transcrite, même pendant le délai de soixante jours accordé au copartageant, ce dernier ne conserveroit la faculté de surenchérir envers le nouvel acquéreur, qu'en accélérant son inscription, et en la plaçant au moins dans la quinzaine de la transcription de la vente.

« Tel est le sens et le vœu de l'article 835 du projet qui embrasse tous les cas et toutes les créances sujettes à inscription, et qui veut que, *faute par les créanciers d'avoir requis la mise aux enchè-*

res dans le délai et les formes prescrites, le nouveau propriétaire ne soit tenu que du paiement du prix.

« Ainsi le projet a distingué, comme il le devoit, la faculté de surenchérir, qui est commune à tous les créanciers, soit privilégiés, soit simplement hypothécaires, d'avec le droit de préférence sur le prix qui est l'apanage des privilégiés. La faculté de surenchérir envers le nouveau propriétaire est soumise pour tous à une règle uniforme; et le droit de préférence est conservé aux privilégiés envers les autres créanciers, tel qu'il étoit auparavant.

« Vous avez remarqué que le projet ne s'applique qu'aux aliénations qui seront faites à l'avenir. Il ne prononce rien sur les aliénations déja faites et sur les difficultés auxquelles elles pourront donner lieu. La loi devoit éviter l'écueil dangereux de la rétroactivité marqué sur son frontispice, et laisser dans le domaine des tribunaux la solution des difficultés résultant des conventions formées sous l'empire du Code civil; si toutefois le silence expressif du projet ne ferme la bouche à tous ceux qui auroient été tentés de les élever.

« Telles sont les dispositions législatives que ce titre renferme, et qui offrent le double avantage de simplifier et d'améliorer la législation sur ce point essentiel » (1).

---

(1) Disc. de l'orat. du Trib. p. 197 et suiv.

ARTICLE 836.

Pour parvenir à la revente sur enchère, prévue par l'article 2187 du Code civil, le poursuivant fera apposer des placards indicatifs de la première publication, laquelle sera faite quinzaine après cette apposition.

ARTICLE 837.

Le procès-verbal d'apposition de placards sera notifié au nouveau propriétaire, si c'est le créancier qui poursuit, et au créancier surenchérisseur, si c'est l'acquéreur.

ARTICLE 838.

L'acte d'aliénation tiendra lieu de minute d'enchère.

Le prix porté dans l'acte, et la somme de la surenchère, tiendront lieu d'enchère.

La section du Tribunat n'a fait sur ces trois articles que quelques observations purement grammaticales, qui ont été accueillies.

TITRE V.

DES VOIES A PRENDRE POUR AVOIR EXPÉDITION OU COPIE D'UN ACTE, OU POUR LE FAIRE RÉFORMER.

SOMMAIRES

DES ARTICLES QUI COMPOSENT CE TITRE.

1. *Comment et à qui le notaire ou autre dépositaire d'un acte peut être contraint d'en délivrer copie* (art. 839).
2. *Mode de prononcer en ce cas, et force du jugement* (art. 840).
3. *Formes à suivre pour obtenir copie d'un acte non enregistré ou demeuré imparfait* (art. 841).
4. *Sur quel titre la délivrance peut être exigée* (art 842).
5. *Référé en cas de refus* (art. 843).
6. *Formalités pour obtenir la délivrance d'une seconde grosse ou d'une ampliation* (art. 844).
7. *Du cas où il y a contestation* (art. 845).
8. *De celui qui veut obtenir copie ou extrait d'un acte où il n'a pas été partie* (art. 846).
9. *Forme et jugement de la demande en compulsoire* (art. 847).
10. *Force du jugement* (art. 848).
11. *Par qui sont dressés les procès-verbaux de compulsion ou de collation, et par qui copie en est délivrée* (art. 849).

12. *Assistance des parties au procès-verbal* (art. 850).
13. *Faculté accordée au dépositaire pour obtenir le paiement des frais* (art. 851).
14. *Droit qu'ont les parties de collationner. Référé en cas d'inexactitude prétendue. Avance de frais* (art. 852).
15. *Du droit accordé à tous requérants d'exiger copie ou extrait des actes inscrits sur les registres publics* (art. 853).
16. *Délivrance de la seconde copie exécutoire d'un jugement* (art. 854).
17. *Demande en rectification d'un acte de l'État civil* (art. 855).
18. *Comment il y est statué, et appel des parties intéressées* (art. 856).
19. *Manière d'opérer la rectification* (art. 857).
20. *Appel ouvert au tiers-intéressé* (art. 858).

ARTICLE 839.

Le notaire ou autre dépositaire qui refusera de délivrer expédition ou copie d'un acte aux parties intéressées en nom direct, héritiers ou ayant droit, y sera condamné, et par corps, sur assignation à bref délai, donnée en vertu de permission du président du tribunal de première instance, sans préliminaire de conciliation.

I. Le projet communiqué portoit : *aux parties ayant droit* (1).

---

(1) Réd. comm. art. 848.

La section du Tribunat dit :

« La section croit qu'il est indispensable de répéter les termes consacrés pour le même sujet par la loi concernant l'organisation du notariat : *aux personnes intéressées en nom direct, héritiers ou ayant cause* » (1) *.

II. L'orateur du Conseil a dit sur cet article :

« La première des espèces que ce titre embrasse est celle où les parties intéressées en nom direct, héritiers ou ayant droit, réclament une expédition ou copie de leur acte : il n'y a là qu'exercice d'un droit qui n'est soumis à aucune formalité ; et cette expédition ne peut leur être refusée, sans donner lieu à poursuites contre le notaire ou autre dépositaire refusant » (2).

ARTICLE 840.

L'affaire sera jugée sommairement, et le jugement exécuté, nonobstant opposition ou appel.

Cet article a été adopté sans discussion ni observations.

ARTICLE 841.

La partie qui voudra obtenir copie d'un acte non enregistré, ou même resté imparfait, présentera sa

(1) Proc. verb. de la sect. de législ. du Trib. Observat. sur l'art. 848 de la réd comm. — (2) Exposé des motifs, p. 164.

* *Voyez* la loi du 25 ventose an XI.

requête au président du tribunal de première instance, sauf l'exécution des lois et règlements relatifs à l'enregistrement.

I. L'article avoit été communiqué en ces termes : *La partie qui voudra obtenir copie d'un acte resté imparfait, ou même non enregistré, présentera sa requête au président du tribunal de première instance* (1).

La section du Tribunat dit :

« La section craint que la rédaction ne fasse douter qu'un acte non enregistré doive par cela seul être toujours réputé imparfait. Cependant si un notaire a omis de faire enregistrer un acte par négligence ou autrement, les parties intéressées ne doivent pas être privées de la faculté d'en obtenir une copie : mais ce doit être toujours sans préjudice des droits de la régie.

« Il faut que l'article marque expressément les deux cas dont il entend parler » (2).

A la suite de ces observations, la section proposa la rédaction qui a passé dans le Code. Puis elle ajouta :

« La loi sur le notariat * a suffisamment défini ce qu'on doit entendre par acte imparfait et les effets que ces actes peuvent quelquefois produire, lors-

---

(1) Réd. comm. art. 850. — (2) Proc. verb. de la sect. de lég. du Trib. Observ. sur l'art. 850 de la réd. comm.

* *Voyez* la loi du 25 ventose an XI.

qu'ils ne sont pas revêtus de toutes les formes prescrites par la loi pour les actes publics » (1).

II. L'orateur du Conseil a dit sur cet article: « L'acte peut être resté imparfait, ou n'avoir pas été enregistré, et, dans ce cas, il faut, pour en obtenir l'expédition, une permission du juge, sauf même à lui référer du refus que pourroit faire le notaire ou autre dépositaire d'un tel acte; car ce refus peut être légitime » (2).

ARTICLE 842.

La délivrance sera faite, s'il y a lieu, en exécution de l'ordonnance mise en suite de la requête, et il en sera fait mention au bas de la copie délivrée.

ARTICLE 843.

En cas de refus de la part du notaire ou dépositaire, il en sera référé au président du tribunal de première instance.

Ces deux articles ont été adoptés sans discussion ni observations.

ARTICLE 844.

La partie qui voudra se faire délivrer une seconde grosse, soit d'une minute d'acte, soit par forme d'ampliation sur une grosse déposée, présentera, à cet

---

(1) Proc. verb. de la sect. de lég. du Trib. Observ. sur l'art. 850 de la réd. comm. — (2) Exposé des motifs, p. 164.

effet, requête au président du tribunal de première instance : en vertu de l'ordonnance qui interviendra, elle fera sommation au notaire pour faire la délivrance à jour et heure indiqués, et aux parties intéressées, pour y être présentes; mention sera faite de cette ordonnance au bas de la seconde grosse, ainsi que de la somme pour laquelle on pourra exécuter, si la créance est acquittée ou cédée en partie.

I. Cet article a donné lieu dans le Conseil à la discussion suivante :

« L'article 862 est discuté.

1. « M. ** ne voit pas la nécessité d'exiger une ordonnance pour autoriser la délivrance d'une seconde grosse. Il peut se faire que les parties aient besoin de plusieurs expéditions du jugement.

2. « M. ** observe que la grosse est le seul titre exécutoire, et que souvent même elle porte la quittance.

3. « M. LE MINISTRE DE LA JUSTICE dit que sous prétexte de la perte de la première grosse, on pourroit en lever une seconde, et s'assurer ainsi deux titres exécutoires.

1. « M. ** dit que la grosse n'est pas le seul titre exécutoire; qu'on exécute aussi d'après des copies signifiées.

3. « M. LE MINISTRE DE LA JUSTICE dit que l'exécution ne s'effectue jamais que sur les copies délivrées aux parties; qu'au surplus, la formalité prescrite par l'article a toujours été en usage.

4. « M. LE RAPPORTEUR dit que du moins cet usage étoit le plus universel, et que si l'on s'en écartoit, ce ne pouvoit être que dans quelques provinces.

« L'article est adopté » (1).

II. La rédaction communiquée portoit : *La partie qui voudra se faire délivrer une seconde grosse, ou une ampliation d'un acte, présentera à cet effet, etc.* (2).

La section du Tribunat dit :

« Il est essentiel que les dispositions de cet article, pour la délivrance des secondes grosses, se concilient parfaitement avec celles de l'article 26 de la loi du 25 ventose an XI, relative à l'organisation du notariat.

« Cet article ne parle que des premières ou autres grosses à délivrer sur des minutes d'actes quelconques : sous ce rapport il est en harmonie avec la première partie de l'article 853, qui ne parle que de la délivrance des secondes grosses en général d'un acte quelconque.

« Mais l'article 853 renferme une seconde disposition qui s'applique à la délivrance des ampliations d'actes. Sur cet objet, la loi du 25 ventose n'a rien statué d'une manière positive. C'est une disposition

(1) Discuss. du C. d'État. Séance du 15 prairial an 13. — (2) Réd. comm. art. 853.

nouvelle, ou au moins explicative, ajoutée à cette dernière loi, mais qui, cependant, existoit sous l'ancienne jurisprudence; par *ampliation*, les auteurs entendent la grosse d'un acte expédié sur la grosse principale déposée chez un notaire pour en délivrer des copies aux parties intéressées, comme seroient des copartageants ou des créanciers utilement colloqués, avec déclaration de l'intérêt que chacun a dans la chose » (1).

« Pour rendre plus sensible la double disposition de l'article », la section proposa la rédaction qui est dans le Code (2).

ARTICLE 845.

En cas de contestation, les parties se pourvoiront en référé.

Cet article a été adopté sans discussion ni observations.

ARTICLE 846.

Celui qui, dans le cours d'une instance, voudra se faire délivrer expédition ou extrait d'un acte dans lequel il n'aura pas été partie, se pourvoira ainsi qu'il va être réglé.

L'orateur du Conseil a dit sur cet article:

« S'agit-il d'une demande formée par des parties

---

(1) Proc. verb. de la sect. de législ. du Trib. Observ. sur l'art. 853 de la réd. comm. — (2) Ibid.

étrangères à l'acte? La justice ne les y admettra qu'après s'être assurée de l'intérêt qu'elles peuvent y avoir, et avec toutes les précautions propres à empêcher que l'intérêt d'autrui n'en reçoive aucune lésion : c'est *le compulsoire*, objet du titre XII de l'ordonnance de 1667 » (1).

ARTICLE 847.

La demande à fin de compulsoire sera formée par requête d'avoué à avoué : elle sera portée à l'audience sur un simple acte, et jugée sommairement sans aucune procédure.

ARTICLE 848.

Le jugement sera exécutoire, nonobstant appel ou opposition.

Ces deux articles ont été adoptés sans discussion ni observations.

ARTICLE 849.

Les procès-verbaux de compulsoire ou collation seront dressés, et l'expédition ou copie délivrée par le notaire ou dépositaire, à moins que le tribunal qui l'aura ordonné n'ait commis un de ses membres ou tout autre juge du tribunal de première instance, ou un autre notaire.

Ces mots : *du tribunal de première instance*, ont

(1) Exposé des motifs, p. 165.

été ajoutés sur la demande de la section du Tribunat qui n'a pas cru nécessaire de motiver sa proposition (1).

Dans la rédaction communiquée, l'article étoit terminé par la disposition suivante : *si le dépositaire n'est pas fonctionnaire public, le tribunal commettra un officier* (2).

Cette disposition a été retranchée sur la demande de la section du Tribunat, qui a dit :

« La section propose de supprimer ce paragraphe, attendu qu'il suffit d'avoir dit dans le premier paragraphe, que le procès-verbal seroit dressé par un juge ou par un notaire, et qu'il ne convient jamais de nommer un huissier pour une pareille opération » (3).

ARTICLE 850.

Dans tous les cas, les parties pourront assister au procès-verbal, et y insérer tels dires qu'elles aviseront.

ARTICLE 851.

Si les frais et déboursés de la minute de l'acte sont dus au dépositaire, il pourra refuser expédition tant qu'il ne sera pas payé desdits frais, outre ceux d'expédition.

---

(1) Proc. verb. de la sect. de législ. du Trib. Observ. sur l'art. 858 de la réd. comm. — (2) Réd. comm. art. 858. — (3) Proc. verb. de la sect. de législ. du Trib. Observ. sur l'art. 858 de la réd. comm.

ARTICLE 852.

Les parties pourront collationner l'expédition ou copie à la minute, dont lecture sera faite par le dépositaire : si elles prétendent qu'elles ne sont pas conformes, il en sera référé, à jour indiqué par le procès-verbal, au président du tribunal, lequel fera la collation ; à cet effet, le dépositaire sera tenu d'apporter la minute.

Les frais du procès-verbal, ainsi que ceux du transport du dépositaire, seront avancés par le requérant.

ARTICLE 853.

Les greffiers et dépositaires des registres publics en délivreront, sans ordonnance de justice, expédition, copie ou extrait à tous requérants, à la charge de leurs droits ; à peine de dépens, dommages et intérêts.

Ces quatre articles ont été adoptés sans discussion ni observations.

ARTICLE 854.

Une seconde expédition exécutoire d'un jugement ne sera délivrée à la même partie qu'en vertu d'ordonnance du président du tribunal où il aura été rendu.

Seront observées les formalités prescrites pour la délivrance des secondes grosses des actes devant notaires.

Les mots : *seconde expédition exécutoire d'un ju-*

gement, ont été substitués, sur la demande de la section du Tribunat, à ceux-ci : *seconde grosse d'un jugement* (1).

« La section n'a pas cru qu'on dût employer pour les jugements, la même dénomination que pour les actes. Elle a proposé de se servir des termes consacrés par l'acte du 18 mai 1804 » (2).

Les mots : *à la même partie*, ont aussi été ajoutés sur la demande de la section du Tribunat, qui a dit :

« *Ne sera délivré.* Bien entendu que c'est à la même partie, car lorsqu'il y a plusieurs parties dans un jugement, chacune a le droit d'avoir une expédition exécutoire » (3).

ARTICLE 855.

Celui qui voudra faire ordonner la rectification d'un acte de l'état civil, présentera requête au président du tribunal de première instance.

Cet article a été adopté sans discussion ni observations.

ARTICLE 856.

Il y sera statué sur rapport, et sur les conclusions du ministère public. Les juges ordonneront, s'ils l'es-

(1) Réd. comm. art. 863. — (2) Proc. verb. de la sec. de lég. du Trib. Observ. sur l'art. 863 de la réd. comm. — (3) Ibid.

timent convenable, que les parties intéressées seront appelées, et que le conseil de famille sera préalablement convoqué.

S'il y a lieu d'appeler les parties intéressées, la demande sera formée par exploit, sans préliminaire de conciliation.

Elle le sera par acte d'avoué, si les parties sont en instance.

I. La rédaction communiquée portoit : *par requête d'avoué* (1). La section du Tribunat « ne pensa pas qu'on eût besoin, dans le cas prévu, d'une pareille forme, qui est toujours coûteuse. Elle proposa de dire : *par acte d'avoué* » (2).

II. L'orateur du Conseil a dit :

« Après avoir réglé ce qui touche à la simple expédition des actes, le projet s'occupe de ce qui regarde la rectification des actes de l'état civil.

« Ici la matière s'agrandit ; l'état des personnes, les grands intérêts de la société, tout réclame l'intervention de la justice avec les solennités introduites pour le maintien de l'ordre public.

« Ainsi, et soit qu'il y ait instance ou non, le ministère public devra être entendu sur les demandes de cette nature » (3).

---

(1) Réd. comm. art. 866. — (2) Proc. verb. de la sect. de législ. du Trib. Observ. sur l'art. 866 de la réd. comm. — (3) Exposé des motifs, p. 165.

ARTICLE 857.

Aucune rectification, aucun changement, ne pourront être faits sur l'acte; mais les jugements de rectification seront inscrits sur les registres par l'officier de l'état civil, aussitôt qu'ils lui auront été remis; mention en sera faite en marge de l'acte réformé; et l'acte ne sera plus délivré qu'avec les rectifications ordonnées, à peine de tous dommages-intérêts contre l'officier qui l'auroit délivré.

I. L'article avoit été communiqué en ces termes: *Aucune rectification, aucun changement, ne pourront être faits sur l'acte; mais mention du jugement sera faite en marge, et l'acte ne sera plus délivré qu'avec les rectifications ordonnées* (1).

La section du Tribunat dit:

« 1.° L'article 101 du Code civil porte que les jugements de *rectification* seront inscrits sur les registres par l'*officier* de l'état civil, aussitôt qu'ils lui auront été remis, et que mention en sera faite en marge de l'acte réformé.

« L'article 867 (857 *du Code*) ne rappelle qu'une partie de ces dispositions.

« 2.° La section observe qu'il faut une sanction à l'article » (2).

A la suite de ces observations, la section présenta la rédaction qui a passé dans le Code.

---

(1) Réd. comm. art. 867. — (2) Proc. verb. de la sect. de législ. du Trib. Observ. sur l'art. 867 de la réd. comm.

II. L'orateur du Conseil a observé que cet article est conforme à l'article 50 de la déclaration du 9 avril 1736 » (1).

ARTICLE 858.

Dans le cas où il n'y auroit d'autre partie que le demandeur en rectification, et où il croiroit avoir à se plaindre du jugement, il pourra dans les trois mois, depuis la date de ce jugement, se pourvoir à la Cour royale, en présentant au président une requête sur laquelle sera indiqué un jour auquel il sera statué à l'audience sur les conclusions du ministère public.

Cet article a été adopté sans discussion ni observations.

TITRE VI.

DE QUELQUES DISPOSITIONS RELATIVES A L'ENVOI EN POSSESSION DES BIENS D'UN ABSENT.

L'édition officielle du Code de procédure rapporte ici en note les articles suivants du Code civil :

Article 112. *S'il y a nécessité de pourvoir à l'administration de tout ou partie des biens laissés par*

---

(1) Exposé des motifs, p. 165.

une personne présumée absente, et qui n'a point de procureur fondé, il y sera statué par le tribunal de première instance, sur la demande des parties intéressées.

Article 113. *Le tribunal, à la requête de la partie la plus diligente, commettra un notaire pour représenter les présumés absents, dans les inventaires, comptes, partages, et liquidations dans lesquels ils seront intéressés.*

Article 114. *Le ministère public est spécialement chargé de veiller aux intérêts des personnes présumées absentes; et il sera entendu sur toutes les demandes qui les concernent.*

Article 115. *Lorsqu'une personne aura cessé de paroître au lieu de son domicile ou de sa résidence, et que depuis quatre ans on n'en aura point eu de nouvelles, les parties intéressées pourront se pourvoir devant le tribunal de première instance, afin que l'absence soit déclarée.*

Article 116. *Pour constater l'absence, le tribunal, d'après les pièces et documents produits, ordonnera qu'une enquête soit faite contradictoirement avec le procureur du Roi, dans l'arrondissement du domicile, et dans celui de la résidence, s'ils sont distincts l'un de l'autre.*

Article 117. *Le tribunal, en statuant sur la demande, aura d'ailleurs égard aux motifs de l'absence, et aux causes qui ont pu empêcher d'avoir des nouvelles de l'individu présumé absent.*

Article 118. *Le procureur du Roi enverra, aussitôt qu'ils seront rendus, les jugements tant préparatoires que définitifs, au Ministre de la justice, qui les rendra publics.*

Article 119. *Le jugement de déclaration d'absence ne sera rendu qu'un an après le jugement qui aura ordonné l'enquête.*

Article 120. *Dans les cas où l'absent n'auroit point laissé de procuration pour l'administration de ses biens, ses héritiers présomptifs au jour de sa disparition ou de ses dernières nouvelles, pourront, en vertu du jugement définitif qui aura déclaré l'absence, se faire envoyer en possession provisoire des biens qui appartenoient à l'absent au jour de son départ ou de ses dernières nouvelles, à la charge de donner caution pour la sûreté de leur administration.*

SOMMAIRES

DES ARTICLES QUI COMPOSENT CE TITRE.

1. *Procédure afin de pourvoir à l'administration des biens d'une personne présumée absente, qui n'a pas laissé de parents* (art. 859).
2. *Procédure pour l'envoi en possession des biens de l'absent présumé* (art. 860).

ARTICLE 859.

Dans le cas prévu par l'article 112 du Code civil, et pour y faire statuer, il sera présenté requête au président du tribunal. Sur cette requête, à laquelle seront joints les pièces et documents, le président commettra un juge pour faire le rapport au jour indiqué; et ce jugement sera prononcé après avoir entendu le procureur du Roi.

ARTICLE 860.

Il sera procédé de même dans le cas où il s'agiroit de l'envoi en possession provisoire autorisé par l'article 120 du Code civil.

Ces deux articles ont été adoptés sans discussion, et n'ont donné lieu, de la part de la section du Tribunat, qu'à des observations purement d'ordre.

TITRE VII.

AUTORISATION DE LA FEMME MARIÉE.

Notions générales.

L'orateur du Conseil a dit sur l'ensemble de ce titre :

« L'autorisation dont il s'agit n'est point celle qui a lieu quand la femme est défenderesse.

« Dans ce cas, l'action du demandeur ne peut être subordonnée à la volonté du mari, ni paralysée par elle; si le mari est assigné pour autoriser sa femme, parcequ'il lui est dû connoissance des actions dirigées contre elle, comme à son protecteur naturel, cette autorisation n'est au surplus, et en ce qui regarde l'action du tiers demandeur, qu'une simple formalité que la justice supplée, quand le mari la refuse.

« L'objet de notre titre n'est pas non plus d'examiner ce qui a lieu quand le mari et la femme procèdent ensemble, en demandant; car si, en ce cas, l'autorisation n'est pas expresse, elle est au moins tacite, et résulte du seul concours des deux parties, comme l'ont observé les commentateurs, et comme le prescrit sur-tout la raison.

« Mais ce qu'a voulu et dû régler le titre qui est soumis à la discussion, c'est la procédure à faire quand la femme veut poursuivre ses droits, et que son mari, interpellé de l'y autoriser, en a fait le refus.

« En ce cas, l'autorisation devient l'objet d'un débat particulier, et l'on pourroit dire, préalable.

« Ici l'interposition de la justice est nécessaire pour prononcer entre deux volontés contraires, et pour statuer sur l'usage ou l'abus que le mari voudroit faire de son autorité; car cette autorité est celle d'un protecteur, et non celle d'un despote.

« Si le refus d'autorisation est juste, le devoir des magistrats sera de l'accueillir; si, au contraire, il ne tend qu'à dépouiller la femme des moyens légitimes de conserver ses droits, la justice viendra à son secours, et la préservera de l'oppression et de sa ruine, en lui accordant l'autorisation refusée par son mari.

« Du reste, cette procédure sera non seulement sommaire, mais exempte d'une publicité que la qualité des parties et la nature du débat rendroient toujours fâcheuse.

« Ainsi, ce sera à la chambre du conseil que le mari sera cité, que les parties seront entendues, et que le jugement sera rendu sur les conclusions du ministère public.

« Ce qui vient d'être dit touchant l'autorisation de la femme mariée, en général, se modifie relativement aux femmes *des absents* ou *des interdits;* car, bien que l'absence du mari ou son interdiction ne dissolvent point le mariage, ni l'autorité maritale, et que la femme ne recouvre point par-là son indépendance primitive, ce n'est plus à son mari qu'elle peut demander l'autorisation dont elle a besoin, mais à la justice seule, comme suppléant, soit l'absent qui n'est point là pour donner l'autorisation, soit l'interdit qui n'a plus de volonté aux yeux de la loi; et le tout en présence et sur les conclusions du ministère public, dont l'intervention devient d'autant plus nécessaire en cette circonstance, que les qualités de toutes les parties la requièrent » (1).

---

(1) Exposé des motifs p. 166, 167 et 168.

SOMMAIRES

DES ARTICLES QUI COMPOSENT CE TITRE.

1. *Formalités que doit remplir la femme qui veut se faire autoriser* (art. 861).
2. *Jugement sur la demande* (art. 862).
3. *Du cas où le mari est absent présumé ou déclaré* (art. 863).
4. *De la femme de l'interdit* (art. 864).

ARTICLE 861.

La femme qui voudra se faire autoriser à la poursuite de ses droits, après avoir fait une sommation à son mari, et sur le refus par lui fait, présentera requête au président, qui rendra ordonnance portant permission de citer le mari, à jour indiqué, à la chambre du conseil, pour déduire les causes de son refus.

I. *Voyez* les notions générales.

II. Voici les articles du Code civil auxquels celui-ci se rattache :

Article 215. *La femme ne peut ester en jugement sans l'autorisation de son mari, quand même elle seroit marchande publique, ou non commune, ou séparée de biens.*

Article 1427. *La femme ne peut s'obliger ni engager les biens de la communauté, même pour tirer son mari de prison, ou pour l'établissement de ses enfants en cas d'absence du mari, qu'après y avoir été autorisée par justice.*

Article 1535. *Les immeubles constitués en dot dans le cas du présent paragraphe* (§. I.er, sect. IX, 2.e partie, chap. II, liv. III du Code civil), *ne sont point inaliénables.*

Néanmoins ils ne peuvent être aliénés sans le consentement du mari, et à son refus, sans l'autorisation de la justice.

Article 1538. *Dans aucun cas, ni à la faveur d'aucune stipulation, la femme ne peut aliéner ses immeubles sans le consentement spécial de son mari, ou, à son refus, sans être autorisée par justice.*

Toute autorisation générale d'aliéner les immeubles donnée à la femme, soit par contrat de mariage, soit depuis, est nulle.

Article 1555. *La femme peut, avec l'autorisation de son mari, ou, sur son refus, avec permission de justice, donner ses biens dotaux pour l'établissement des enfants qu'elle auroit d'un mariage antérieur; mais si elle n'est autorisée que par justice, elle doit réserver la jouissance à son mari.*

Article 1576. *La femme a l'administration et la jouissance de ses biens paraphernaux.*

Mais elle ne peut les aliéner ni paroître en jugement à raison desdits biens, sans l'autorisation du mari, ou, à son refus, sans la permission de la justice.

ARTICLE 862.

Le mari entendu, ou faute par lui de se présenter, il sera rendu, sur les conclusions du ministère public, jugement qui statuera sur la demande de la femme.

ARTICLE 863.

Dans le cas de l'absence présumée du mari, ou lorsqu'elle aura été déclarée, la femme qui voudra se faire autoriser à la poursuite de ses droits, présentera également requête au président du tribunal, qui ordonnera la communication au ministère public, et commettra un juge pour faire son rapport à jour indiqué.

ARTICLE 864.

La femme de l'interdit se fera autoriser en la forme prescrite par l'article précédent; elle joindra à sa requête le jugement d'interdiction.

Ces trois articles ont été adoptés sans discussion ni observations.

TITRE VIII.

DES SÉPARATIONS DE BIENS.

Observations générales.

Le titre qui nous occupe organise l'exécution des articles 1443, 1444, 1445, 1446 et 1447 du Code civil, qui portent :

Article 1443. *La séparation de biens ne peut être*

poursuivie qu'en justice par la femme dont la dot est mise en péril, et lorsque le désordre des affaires du mari donne lieu de craindre que les biens de celui-ci ne soient point suffisants pour remplir les droits et reprises de la femme.

Toute séparation volontaire est nulle.

Article 1444. *La séparation de biens, quoique prononcée en justice, est nulle si elle n'a point été exécutée par le paiement réel des droits et reprises de la femme, effectué par acte authentique, jusqu'à concurrence des biens du mari, ou au moins par des poursuites commencées dans la quinzaine qui a suivi le jugement, et non interrompues depuis.*

Article 1445. *Toute séparation de biens doit, avant son exécution, être rendue publique par l'affiche sur un tableau à ce destiné, dans la principale salle du tribunal de première instance; et de plus, si le mari est marchand, banquier ou commerçant, dans celle du tribunal de commerce du lieu de son domicile; et ce, à peine de nullité de l'exécution.*

Le jugement qui prononce la séparation de biens remonte, quant à ses effets, au jour de la demande.

Article 1446. *Les créanciers personnels de la femme ne peuvent, sans son consentement, demander la séparation de biens.*

Néanmoins, en cas de faillite ou de déconfiture du mari, ils peuvent exercer les droits de leur dé-

bitrice jusqu'à concurrence du montant de leurs créances.

Article 1447. *Les créanciers du mari peuvent se pourvoir contre la séparation de biens prononcée et même exécutée en fraude de leurs droits ; ils peuvent même intervenir dans l'instance sur la demande en séparation pour la contester.*

Les dispositions du même titre ont été appliquées aux négocians, par les articles 65 et 66 du Code de commerce, au titre *De la Séparation de biens.*

Ces articles sont ainsi conçus :

Article 65. *Toute demande en séparation de biens sera poursuivie, instruite et jugée conformément à ce qui est prescrit au Code civil, liv. III, tit. V, chap. II, sect. III, et au Code de procédure civile, II.e partie, liv. I.er, tit. VIII.*

Article 66. *Tout jugement qui prononcera une séparation de corps ou un divorce entre mari et femme, dont l'un seroit commerçant, sera soumis aux formalités prescrites par l'article* 872 *du Code de procédure civile ; à défaut de quoi, les créanciers seront toujours admis à s'y opposer, pour ce qui touche leurs intérêts, et à contredire toute liquidation qui en auroit été la suite.*

SOMMAIRES

DES ARTICLES QUI COMPOSENT CE TITRE.

1. *De l'autorisation judiciaire qui est nécessaire pour former la demande* (art. 865).

2. *Publication de la demande au tribunal qui en est saisi* (art. 866).
3. *Publication au tribunal de commerce et dans les chambres des avoués et des notaires* (art. 867).
4. *Publication par la voie des journaux* (art. 868).
5. *Délai avant lequel il ne peut être prononcé, et nullités qui résultent de l'anticipation* (art. 869).
6. *Insuffisance de l'aveu du mari* (art. 870).
7. *Communication qui peut être requise par les créanciers, et intervention de leur part* (art. 871).
8. *Publications et terme avant lesquels le jugement ne peut être exécuté* (art. 872).
9. *Comment la tierce-opposition des créanciers devient inadmissible* (art. 873).
10. *Où est reçue la renonciation de la femme à la communauté* (art. 874).

ARTICLE 865.

Aucune demande en séparation de biens ne pourra être formée sans une autorisation préalable, que le président du tribunal devra donner sur la requête qui lui sera présentée à cet effet. Pourra néanmoins le président, avant de donner l'autorisation, faire les observations qui lui paroîtront convenables.

I. L'article avoit été présenté en ces termes : *Aucune demande en séparation de biens ne pourra être formée sans autorisation préalable accordée par le président du tribunal, sur requête qui lui sera présentée à cet effet* (1).

(1) 1.re réd. art. 894.

Cette rédaction donna lieu à la discussion suivante :

« L'article 894 est discuté.

1. « M. LE MINISTRE DE LA JUSTICE demande si le président aura le pouvoir absolu de refuser son autorisation.

2. « M. LE RAPPORTEUR répond qu'il est permis d'appeler de son refus.

1. « M. LE MINISTRE DE LA JUSTICE dit qu'il conviendroit de s'en expliquer positivement ; car cette disposition, qui peut d'ailleurs être sage, est nouvelle : autrefois le juge n'intervenoit pas pour permettre de former la demande, mais pour autoriser la partie à la poursuite de ses droits.

3. « M. LE PRÉSIDENT dit que la rédaction de l'article est conçue de manière qu'on pourroit croire que le refus du président est définitif.

4. « M. ** propose d'ajouter qu'en cas de refus, l'affaire sera portée à l'audience.

« L'article est adopté avec cet amendement » (1).

II. Dans la nouvelle rédaction qui fut communiquée, l'article se terminoit par cette phrase : *En cas de refus, on ira à l'audience* (2).

La section du Tribunat dit :

« La section propose de supprimer cette dernière

(1) Discuss. du C. d'État. Séance du 15 prairial an 13. — (2) Réd. comm. art. 878.

partie de l'article : *En cas de refus, on ira à l'audience.*

« Elle se fonde sur ce qu'il doit être permis à la femme d'intenter son action, sans être obligée de subir une procédure préparatoire pour obtenir autorisation, et qu'ainsi le président doit être investi purement et simplement du droit d'autoriser, sans que la loi puisse prévoir son refus. Si la demande au fond est mal fondée, le tribunal la rejettera » (1).

La disposition critiquée par le Tribunat a été remplacée par celle qui termine l'article.

ARTICLE 866.

Le greffier du tribunal inscrira, sans délai, dans un tableau placé à cet effet dans l'auditoire, un extrait de la demande en séparation, lequel contiendra,

1.° La date de la demande;

2.° Les noms, prénoms, profession et demeure des époux;

3.° Les noms et demeure de l'avoué constitué, qui sera tenu de remettre, à cet effet, ledit extrait au greffier, dans les trois jours de la demande.

ARTICLE 867.

Pareil extrait sera inséré dans des tableaux placés, à cet effet, dans l'auditoire du tribunal de commerce, dans les chambres d'avoués de première instance, et dans celles de notaires, le tout dans les lieux où il y

(1) Proc. verb. de la sect. de législ. du Trib. Observ. sur l'art. 878 de la réd. comm.

en a : lesdites insertions seront certifiées par les greffiers et par les secrétaires des chambres.

ARTICLE 868.

Le même extrait sera inséré, à la poursuite de la femme, dans l'un des journaux qui s'impriment dans le lieu où siége le tribunal; et, s'il n'y en a pas, dans l'un de ceux établis dans le département, s'il y en a.

Ladite insertion sera justifiée, ainsi qu'il est dit au titre *de la Saisie immobilière*, article 683.

I. La rédaction de ces articles ne diffère des premières rédactions qu'en ce que les mots *le tout* ont été ajoutés dans l'article 867, sur la demande de la section du Tribunat, ainsi qu'il va être expliqué.

Cette section, réunissant les trois articles dans ses observations, a dit :

« L'article 1447 du Code civil portant que les créanciers du mari peuvent même intervenir dans l'instance sur la demande en séparation pour la contester, et l'article 1445 du Code civil voulant que le jugement qui prononce la séparation de biens remonte, quant à ses effets, au jour de la demande, le Code de procédure devoit pourvoir à ce que les créanciers pussent être instruits de la procédure. D'ailleurs, on ne sait que trop par l'expérience, combien il se commet de fraudes et de collusions dans ce genre; et ce n'étoit pas assez de laisser aux créanciers le droit de se pourvoir contre le jugement : il falloit aussi leur permettre d'intervenir pour empêcher le jugement s'il y avoit lieu : *Melius est intacta jura servare quam post vulneratam causam remedium quœrere.* Enfin l'intérêt des tiers exigeoit aussi qu'ils fussent avertis, même avant le jugement de séparation, de la situation dans laquelle se trouvoit l'individu marié avec qui ils pouvoient contracter.

« Ces motifs d'ordre public ont dû prévaloir sur les inconvénients qui peuvent se rencontrer quelquefois au détriment du mari, à l'occasion d'une demande en séparation témérairement formée.

« Seulement la section desire que dans l'article 880 (867 *du Code*), au lieu de : *dans les lieux où il y en a*, on dise : *le tout dans les lieux où il y en a*, pour que la disposition porte évidemment sur les tribunaux de commerce.

« La section pense aussi que l'article 881 (868 *du Code*) doit être supprimé. La voie des journaux seroit trop fâcheuse pour des époux, et la publicité résultera suffisamment des précautions prises dans les articles 879 et 880 » (866 et 867 *du Code*) (1).

II. L'orateur du Conseil a dit sur ces articles :

« L'action en séparation, très-favorable quand la bonne foi y préside, est l'une de celles où la fraude s'est introduite jusqu'au scandale.

---

(1) Proc. verb. de la sect. de lég. du Trib. Observ. sur les art. 879, 880 et 881 de la réd. comm.

« Plus d'une fois elle a appelé la sollicitude du législateur, et tout récemment encore, dans la discussion du Code civil, on a voulu apporter remède à un mal que l'expérience n'a que trop signalé.

« C'est dans ces vues qu'il avoit été proposé d'astreindre la femme qui veut obtenir la séparation, à appeler tous les créanciers du mari pour y consentir ou s'y opposer.

« Cette proposition qui tendoit à donner à l'instance en séparation de biens, le caractère d'une procédure pleinement contradictoire avec tous les intéressés, eût sans doute atteint son but, et eût peut-être été admise, malgré les frais considérables qui en eussent résulté, si l'exécution n'en eût été reconnue impossible. Comment, en effet, supposer qu'une femme connoisse tous les créanciers de son mari, sur-tout si celui-ci veut lui en dérober la connoissance; et comment lui imposer une obligation que, le plus souvent, elle ne pourra remplir? La prévoyance contre la fraude seroit portée trop loin si, pour empêcher l'abus, elle anéantissoit l'usage légitime ou l'exercice du droit accordé par la loi.

« On a donc écarté cette proposition, mais en reconnoissant la nécessité que les demandes en séparation et les jugements qui y statuent, fussent environnés de la plus grande publicité.

« C'est cet engagement pris en quelque sorte dans le Code civil, que le Code de procédure vient remplir aujourd'hui.

« La simple publication à l'audience du tribunal de commerce, avec insertion sur un tableau affiché dans le même local, n'atteindroit pas ce but.

« C'est pourtant tout ce que prescrivoit à cet égard l'ordonnance de 1673 (titre VIII, article 2), en renvoyant pour le surplus *aux formalités en tel cas requises.*

« Quelles étoient ces formalités ultérieures? c'étoit, en quelques endroits, la lecture qu'on faisoit de la demande en séparation à la porte de l'église et à l'issue de la messe paroissiale; mais cette lecture fugitive et souvent faite, même avec dessein, d'une manière inintelligible, ne pouvoit être qu'un bien frêle document.

« Ajoutons que ces dispositions sembloient n'être prescrites que pour les femmes des négociants, marchands et banquiers, tandis que la séparation de biens, qui est une action du droit commun, un bénéfice introduit en faveur de toutes femmes dont les droits sont en péril, doit être soumise à des règles générales.

« Le projet du Code établit de telles solennités, qu'il est difficile de croire que l'intérêt des tiers ne soit point suffisamment averti par l'une au moins des nombreuses voies qui sont ouvertes à cet effet.

« Affiches de la demande sur des tableaux exposés dans l'auditoire, tant du tribunal de première instance, que de celui de commerce;

« Mêmes affiches dans les chambres d'avoués et des notaires;

« Insertion dans le journal du lieu, ou, s'il n'y en a point, dans l'un des journaux qui s'impriment dans le département.

« Voilà ce qui devra avoir lieu, à peine de nullité, toutes les fois que les établissements indiqués existeront; et il faudra qu'un mois entier se soit écoulé depuis l'accomplissement de toutes ces formalités, avant qu'il puisse être prononcé aucun jugement. Cet intervalle est prescrit dans la vue de laisser aux tiers ainsi avertis, un délai suffisant pour intervenir, s'ils le jugent convenable » (1).

ARTICLE 869.

Il ne pourra être, sauf les actes conservatoires, prononcé, sur la demande en séparation, aucun jugement qu'un mois après l'observation des formalités ci-dessus prescrites, et qui seront observées à peine de nullité, laquelle pourra être opposée par le mari ou par ses créanciers.

Voyez les réflexions de l'orateur du Conseil dans les notes sur l'article précédent.

ARTICLE 870.

L'aveu du mari ne fera pas preuve, lors même qu'il n'y auroit pas de créanciers.

I. Ces mots : *lors même qu'il n'y auroit pas de*

(1) Exposé des motifs, p. 168 et suiv.

créanciers, ne se trouvoient pas dans la première rédaction (1).

Ils ont été ajoutés d'après la discussion suivante, qui s'est engagée au Conseil :

« L'article 999 est discuté.

1. « M. LE MINISTRE DE LA JUSTICE demande si l'aveu du mari sera insuffisant même lorsqu'il n'y aura pas de créanciers.

2. « M. ** répond qu'on ne peut jamais savoir bien positivement s'il n'en existe point.

1. « M. LE MINISTRE DE LA JUSTICE dit qu'il n'entend pas s'élever contre la disposition. Il desire seulement qu'elle soit expliquée, attendu qu'autrefois quand aucun créancier ne se présentoit, l'aveu du mari faisoit preuve.

« L'article est adopté avec l'amendement » (2).

II. L'orateur du Conseil a dit sur cet article :

« L'aveu du mari ne fera point preuve, lors même qu'il n'y auroit pas de créanciers ; car, si en ce cas il n'y a pas un intérêt actuel qui s'y oppose, il reste l'intérêt prochain d'enfants ou autres héritiers qu'on pourroit dépouiller par cette voie ; il reste au législateur le devoir d'empêcher que le mari ne confère, par des voies indirectes, des avantages que la loi réprouve » (3).

---

(1) 1.re réd. art. 999. — (2) Discuss. du C. d'Etat. Séance du 15 prairial an 13. — (3) Exposé des motifs, p. 171.

ARTICLE 871.

Les créanciers du mari pourront, jusqu'au jugement définitif, sommer l'avoué de la femme, par acte d'avoué à avoué, de leur communiquer la demande en séparation et les pièces justificatives, même intervenir pour la conservation de leurs droits, sans préliminaire de conciliation.

La section du Tribunat avoit demandé qu'on supprimât : *sans préliminaire de conciliation*, « attendu, a-t-elle dit, qu'il ne s'agit pas d'une demande introductive » (1).

ARTICLE 872.

Le jugement de séparation sera lu publiquement, l'audience tenante, au tribunal de commerce du lieu, s'il y en a : extrait de ce jugement, contenant la date, la désignation du tribunal où il a été rendu, les noms, prénoms, profession et demeure des époux, sera inséré sur un tableau à ce destiné, et exposé pendant un an dans l'auditoire des tribunaux de première instance et de commerce du domicile du mari, même lorsqu'il ne sera pas négociant; et, s'il n'y a pas de tribunal de commerce, dans la principale salle de la maison commune du domicile du mari. Pareil extrait sera inséré au tableau exposé en la chambre des avoués et notaires, s'il y en a. La femme ne pourra commencer l'exécution du jugement que du jour où les formalités ci-dessus auront été rem-

(1) Proc. verb. de la sect. de législ. du Trib. Observ. sur l'art. 884 de la réd. comm.

plies, sans que néanmoins il soit nécessaire d'attendre l'expiration du susdit délai d'un an.

Le tout, sans préjudice des dispositions portées en l'article 1445 du Code civil.

La section du Tribunat a fait sur ces mots : *même lorsqu'il ne sera pas négociant*, les observations suivantes :

« On a demandé si, l'article 1445 du Code civil ayant dit que toute séparation de biens doit avant son exécution être rendue publique par l'affiche sur un tableau à ce destiné dans la principale salle du tribunal de première instance, et de plus si le mari est marchand, banquier ou commerçant, dans celle du tribunal de commerce, etc., le Code de procédure pouvoit ordonner l'affiche dans l'auditoire du tribunal de commerce, même lorsque le mari ne seroit pas négociant ; mais on a répondu que l'article 1445 du Code civil n'étoit pas limitatif ; qu'il étoit seulement démonstratif ; qu'au fond, l'extension proposée seroit utile, en ce qu'il importe que les négociants eux-mêmes connoissent les jugements de séparation prononcés contre ceux qui ne sont pas négociants ; que d'ailleurs il arrive souvent qu'on ne sait pas d'une manière positive si tel individu est négociant ou ne l'est pas » (1).

Ces mots : *dans la principale salle de la maison*

---

(1) Proc. verb. de la sect. de législ. du Trib. Observ. sur l'art. 885 de la réd. comm.

commune du domicile du mari, ont été ajoutés sur la demande de la section du Tribunat, qui n'a pas cru nécessaire de motiver sa proposition (1).

L'addition des mots : *sans que néanmoins il soit nécessaire d'attendre l'expiration du susdit délai d'un an*, a été faite de la même manière, et motivée ainsi qu'il suit :

« L'article disant aussi que le jugement devra être inséré sur un tableau, et exposé pendant un an, il faut empêcher qu'on ne pense que la femme devra attendre l'expiration de l'année » (2).

Enfin, on doit également à la section du Tribunat la réserve qui forme le dernier alinéa de l'article. Elle l'a ainsi motivé :

« L'article 1445 du Code civil portant la peine de nullité en cas de défaut d'affiches, et voulant aussi que le jugement qui prononce la séparation de biens, remonte, quant à ses effets, au jour de la demande, il devient indispensable de rappeler cet article 1445 » (3).

ARTICLE 873.

Si les formalités prescrites au présent titre ont été observées, les créanciers du mari ne seront plus reçus, après l'expiration du délai dont il s'agit dans l'article précédent, à se pourvoir par tierce opposition contre le jugement de séparation.

---

(1) Proc. verb. de la sect. de lég. du Trib. Observ. sur l'art. 885 de la réd. comm. — (2) Ibid. — (3) Ibid.

I. L'article avoit été communiqué dans les termes suivants :

Si les formalités prescrites au présent titre ont été observées, les créanciers du mari ne pourront former tierce opposition au jugement de séparation, sauf à eux à en interjeter appel (1).

La section du Tribunat dit :

« La section s'est arrêtée long-temps sur cet article.

« Plusieurs doutoient s'il ne se trouveroit pas, quant à la tierce opposition, contraire à l'article 465, qui porte qu'une partie peut former tierce opposition à un jugement qui préjudicie à ses droits, et lors duquel ni elle, ni ceux qu'elle représente, n'ont été appelés.

« On a rappelé aussi l'article 1447 du Code civil qui porte indéfiniment que les créanciers du mari peuvent se pourvoir contre la séparation de biens prononcée et même exécutée en fraude de leurs droits.

« On a dit que cette dernière partie de l'article : *sauf à en interjeter appel*, étoit subversive de la règle qui ne permet l'appel qu'à ceux qui ont été parties dans le jugement de première instance.

« D'un autre côté, on a observé qu'il falloit bien distinguer l'objet de l'article 1447 du Code civil et l'intention de l'article 886 (873 *du Code de procédure*).

---

(1) Réd. comm. art. 886.

« L'article 1447 donne aux créanciers le droit de se pourvoir en cas de fraude.

« L'article 886 s'occupe uniquement d'exclure les créanciers du droit de former tierce opposition, lorsque les formalités prescrites ont été remplies. L'article 886 ne porte donc pas sur le fond du droit des créanciers, il ne porte que sur un des modes de procéder dans la forme; et l'article a voulu, avec raison, que, quoiqu'en général une partie puisse former tierce opposition à un jugement qui préjudicie à ses droits et lors duquel ni elle, ni ceux qu'elle représente, n'ont été appelés, cette règle cessât en matière de séparation à l'égard des créanciers qui auront été suffisamment avertis de l'existence de la procédure, et qui auront eu la faculté d'y intervenir. S'il faut pourvoir à l'intérêt des créanciers du mari, il faut aussi pourvoir à l'intérêt de ceux qui traitent sous la foi d'un jugement de séparation.

« Mais la section a pensé qu'on devoit retrancher cette dernière partie de l'article : *sauf à eux à interjeter appel.*

« Il en résulteroit que les créanciers pourroient interjeter appel d'un jugement qui ne pourroit plus être attaqué par cette voie par le mari.

« Ou il existe un appel de la part du mari, ou il n'en existe pas.

« S'il en existe, les créanciers peuvent intervenir.

« S'il n'en existe pas, de deux choses l'une : ou

l'appel du mari seroit recevable, ou il ne le seroit plus.

« Si l'appel est recevable, les créanciers peuvent être autorisés à l'interjeter de son chef.

« Si l'appel du mari n'étoit plus recevable, dans ce cas les créanciers ne peuvent pas non plus l'interjeter de son chef.

« Il faut bien se pénétrer de l'économie du projet.

« Toutes sortes de précautions sont prises pour que la demande en séparation soit connue, et que les créanciers puissent user de la faculté qu'ils ont d'intervenir.

« Toutes sortes de précautions sont prises aussi pour que le jugement de séparation soit connu.

« L'extrait doit être affiché pendant un an : il doit être inséré dans un tableau exposé dans la chambre des avoués et des notaires : pendant tout le cours de l'année, les créanciers ont les voies de droit; ils ont sur-tout la voie de la tierce opposition : mais il faut un terme aux recherches, et pour l'intérêt de la femme, et pour l'intérêt de ceux qui peuvent traiter avec elle. Voilà pourquoi il est juste qu'après l'expiration de l'année, les créanciers ne puissent plus former tierce opposition. Mais l'article doit se borner là.

« Quant à ce qui concerne l'appel, les choses doivent être laissées aux termes de droit » (1).

---

(1) Proc. verb. de la sect. de législ. du Trib. Observ. sur l'art. 886 de la réd. comm.

A la suite de ces observations, la section proposa la rédaction qui a passé dans le Code.

II. L'orateur du Tribunat a rappelé « qu'il falloit, d'après l'article 1447 du Code civil, excepter de la disposition le cas où les créanciers découvriroient la fraude après coup » (1).

ARTICLE 874.

La renonciation de la femme à la communauté sera faite au greffe du tribunal saisi de la demande en séparation.

I. La section du Tribunat a dit sur cet article :

« La section adopte l'article, qui étoit nécessaire pour faire cesser la diversité des opinions sur le point de savoir si la femme qui demande la séparation est obligée de renoncer.

« Il sera bien certain que la femme ne peut se dispenser de renoncer » (2).

II. L'orateur du Tribunat s'est exprimé ainsi :

« Ici, le projet tranche une question controversée ; celle de savoir si la femme, qui fait prononcer sa séparation de biens, peut ne renoncer à la communauté que pour l'avenir, si elle peut en deman-

(1) Disc. de l'orat. du Trib. p. 217. — (2) Proc. verb. de la sect. de lég. du Trib. Observ. sur l'art. 887 de la réd. comm.

der le partage pour le passé. Plusieurs jurisconsultes étoient pour l'affirmative; et ils se fondoient sur ce que, pour autoriser la demande en séparation, il suffisoit que la dot de la femme fût en péril. D'autres pensoient, au contraire, que, si la communauté présentoit du bénéfice, il ne pouvoit y avoir lieu de craindre pour la dot et de séparer; que, d'ailleurs, lorsqu'on enlevoit au mari l'usage des biens de sa femme, il n'étoit pas convenable qu'elle demandât et obtînt au-delà. C'est cette dernière opinion, la plus commune et la plus raisonnable, que le projet adopte. Il exige donc la renonciation absolue; et il ordonne qu'elle sera faite au greffe du tribunal, afin qu'elle soit jointe à l'instance » (1).

TITRE IX.

DE LA SÉPARATION DE CORPS, ET DU DIVORCE*.

Notions générales.

L'orateur du Conseil a dit sur l'ensemble de ce titre :

« Le titre IX traite de la *Séparation de corps et du Divorce.*

(1) Disc. de l'orat. du Trib. p. 217.

* *Voyez* la note sur l'art. 174.

« En ce qui concerne la procédure du divorce, notre projet n'avoit rien à ajouter aux dispositions contenues dans le Code civil, qui ne s'est point borné à en poser les règles principales, mais qui, à raison de l'importance, et peut-être aussi de la nouveauté de cette institution, a cru devoir prendre le soin d'en régler les détails.

« A l'égard de la séparation de corps, notre projet avoit plus à s'occuper des mesures préliminaires à la contestation en cause, que du mode même de terminer un tel procès, quand il est engagé.

« En effet, une instance en séparation de corps est un différent grave, soumis aux formes communes de la procédure, et de plus au concours du ministère public comme toute cause qui touche à l'état des personnes.

« Mais, plus la société doit s'affliger d'un tel débat, plus il est important de le prévenir, et d'en arrêter le cours.

« Un simple exploit ne suffira donc pas pour saisir les tribunaux d'une cause de cette nature; et l'ordre public seroit même peu satisfait si l'on ne procédoit aux voies conciliatrices que comme dans les causes ordinaires. Il faut ici, à raison de la gravité des circonstances, un magistrat plus éminent pour exercer le ministère de paix et de conciliation, et c'est le président même du tribunal que la loi désigne.

« On ne pourra d'abord s'adresser qu'à lui, et il devra entendre les époux, non par l'organe de conseils et d'avoués qui, en leur supposant les vues les plus pacifiques, ne pourroient suppléer les parties.

« Les époux seront donc tenus de comparoître en personne, et le juge tentera de les rapprocher.

« S'il échoue dans cette noble tentative, et après qu'il aura désigné la maison où la femme pourra se retirer provisoirement, la procédure suivra son cours; et, si le jugement prononce la séparation de corps, ce jugement sera assujetti pour sa publicité aux formes introduites pour les séparations de biens.

« Cette publicité est nécessaire, tant à l'égard des tiers qui auroient des droits à exercer pour le passé, qu'à l'égard de ceux qui pourroient contracter à l'avenir avec des époux dont l'état a changé » (1).

SOMMAIRES

DES ARTICLES QUI COMPOSENT CE TITRE.

1. *Requête que doit présenter l'époux demandeur en séparation* (art. 875).
2. *Ordonnance de comparution des parties* (art. 876).
3. *Comparution* (art. 877).
4. *Représentations aux deux époux* (art. 878).
5. *Instruction et jugement* (art. 879).
6. *Publication du jugement* (art. 880).
7. *Procédure sur la demande en divorce* (art. 881).

---

(1) Exposé des motifs, p. 172 et 173.

ARTICLE 875.

L'époux qui voudra se pourvoir en séparation de corps, sera tenu de présenter au président du tribunal de son domicile, requête contenant sommairement les faits; il y joindra les pièces à l'appui, s'il y en a.

ARTICLE 876.

La requête sera répondue d'une ordonnance portant que les parties comparoîtront devant le président au jour qui sera indiqué par ladite ordonnance.

ARTICLE 877.

Les parties seront tenues de comparoître en personne, sans pouvoir se faire assister d'avoués ni de conseils.

Ces trois articles ont été adoptés sans discussion ni observations.

ARTICLE 878.

Le président fera aux deux époux les représentations qu'il croira propres à opérer un rapprochement; s'il ne peut y parvenir, il rendra, ensuite de la première ordonnance, une seconde portant qu'attendu qu'il n'a pu concilier les parties, il les renvoie à se pourvoir, sans citation préalable, au bureau de conciliation: il autorisera par la même ordonnance la femme à procéder sur la demande, et à se retirer provisoirement dans telle maison dont les parties seront convenues, ou qu'il indiquera d'office; il ordonnera que les effets à l'usage journalier de la femme lui seront remis. Les demandes en provision seront portées à l'audience.

Dans la première rédaction, l'article étoit ainsi conçu :

Le juge fera aux deux époux les représentations qu'il croira propres à opérer un rapprochement; et, s'il ne peut y parvenir, il rendra, ensuite de la première ordonnance, une seconde portant qu'attendu qu'il n'a pu concilier les parties, il les renvoie à se pourvoir : il autorisera par la même ordonnance la femme à procéder sur la demande, et à se retirer provisoirement dans telle maison dont les parties seront convenues, ou qu'il indiquera d'office; il ordonnera que les effets à l'usage journalier de la femme lui seront remis (1).

Cette rédaction a été changée d'après la discussion suivante :

« L'article 907 est discuté.

1. « M. LE MINISTRE DE LA JUSTICE craint qu'on ne regarde cet article comme limitatif, et que, dans cette opinion, on ne croie qu'il ne permet pas au juge d'accorder une provision à la femme.

2. « M. LE RAPPORTEUR dit que l'article ne parle que de ce que le juge doit ordonner d'office, et qu'en conséquence il ne préjuge rien relativement aux demandes que peut faire la femme.

---

(1) 1.re réd. art. 907.

3. « M. ** dit qu'un autre article renvoie à l'audience la demande en provision formée par la femme.

« L'article est adopté sauf rédaction. » (1).

ARTICLE 879.

La cause sera instruite dans les formes établies pour les autres demandes, et jugée sur les conclusions du ministère public.

ARTICLE 880.

Extrait du jugement qui prononcera la séparation sera inséré aux tableaux exposés tant dans l'auditoire des tribunaux que dans les chambres d'avoués et notaires, ainsi qu'il est dit article 872.

ARTICLE 881.

A l'égard du divorce*, il sera procédé comme il est prescrit au Code civil.

Ces trois articles ont été adoptés sans discussion.

La section du Tribunat a fait sur le titre une observation générale, que son orateur a répété depuis. Elle a dit :

« Ce sera souvent dans les cas de cette espèce

---

(1) Discuss. du C. d'État. Séance du 15 prairial an 13.

* *Voyez* la note sur l'art. 174.

que les tribunaux devront faire usage de la faculté qu'ils ont * de faire plaider à huis clos » (1).

TITRE X.

DES AVIS DE PARENTS.

Notions générales.

L'orateur du Conseil a dit sur l'ensemble de ce titre :

« Ce titre n'est, à proprement parler, que le complément du Code civil dans ses dispositions relatives aux conseils de famille, et n'offre pas de matière à beaucoup d'observations.

« Néanmoins, parmi les dispositions nouvelles, il en est plusieurs qui doivent améliorer cette partie de nos institutions » (2).

SOMMAIRES

DES ARTICLES QUI COMPOSENT CE TITRE.

1. *Notification au tuteur de sa nomination, lorsqu'elle a été faite en son absence* (art. 882).

(1) Proc. verb. de la sect. de législ. du Trib. Observ. sur le tit. VIII du liv. I.re de la II.e partie du projet de Code de proc. civ. — (2) Exposé des motifs, p. 173 et 174.

* *Voyez* l'art. 87.

2. *Pourvoi autorisé dans le cas où les délibérations d'un conseil de famille ne sont pas unanimes* (art. 883).
3. *Mode de juger la cause* (art. 884).
4. *Formalités de l'homologation des délibérations qui y sont sujettes* (art. 885).
5. *Conclusions du ministère public, et minute du jugement* (art. 886).
6. *Du cas où la poursuite de l'homologation est négligée par celui qui en étoit chargé* (art. 887).
7. *Force des oppositions* (art. 888).
8. *Appel des jugements rendus sur délibération du conseil de famille* (art. 889).

ARTICLES DU CODE CIVIL

RELATIFS A LA MATIÈRE.

La première rédaction contenoit les articles du Code civil relatifs à la matière.

Au Conseil on fit l'observation suivante:

1. « M. LE RAPPORTEUR observe que les articles 923, 924, 925, 926, 927, 928, 929, 930, 931 et 932 sont les seuls qui doivent être discutés, les autres étant empruntés du Code civil.

2. « M. LE PRÉSIDENT dit que plus il y réfléchit et plus il trouve d'inconvénients à rapporter textuellement les articles du Code civil qui se rattachent à la matière. C'est remettre en question des dispositions qui ont force de loi. D'ailleurs, s'il se glisse une faute d'impression dans le Code de la

procédure civile, on aura deux textes contradictoires.

« Le Conseil décide de nouveau qu'on se bornera à rappeler par citation les articles du Code civil.

« En conséquence, les articles 909, 910, 911, 912, 913, 914, 915, 916, 917, 918, 919, 920, 921, 933, 934, 935, 936 et 937 sont retranchés » (1).

Voici ces articles qui, en effet, ont été ajoutés en note :

405. *Lorsqu'un enfant mineur et non émancipé restera sans père ni mère, ni tuteur élu par ses père ou mère, ni ascendants mâles, comme aussi lorsque le tuteur de l'une des qualités ci-dessus exprimées se trouvera ou dans le cas des exclusions dont il sera parlé ci-après, ou valablement excusé, il sera pourvu, par un conseil de famille, à la nomination d'un tuteur.*

406. *Ce conseil sera convoqué soit sur la réquisition et à la diligence des parents du mineur, de ses créanciers ou d'autres parties intéressées, soit même d'office et à la poursuite du juge de paix du domicile du mineur. Toute personne pourra dénoncer à ce juge de paix le fait qui donnera lieu à la nomination d'un tuteur.*

407. *Le conseil de famille sera composé, non compris le juge de paix, de six parents ou alliés,*

(1) Discuss. du C. d'État. Séance du 15 prairial an 13.

pris tant dans la commune où la tutelle sera ouverte, que dans la distance de deux myriamètres, moitié du côté paternel, moitié du côté maternel, et en suivant l'ordre de proximité dans chaque ligne.

Le parent sera préféré à l'allié du même degré; et, parmi les parents de même degré, le plus âgé à celui qui le sera le moins.

408. *Les frères germains du mineur et les maris des sœurs germaines sont seuls exceptés de la limitation de nombre posée en l'article précédent.*

S'ils sont six, ou au-delà, ils seront tous membres du conseil de famille, qu'ils composeront seuls, avec les veuves d'ascendants et les ascendants valablement excusés, s'il y en a.

S'ils sont en nombre inférieur, les autres parents ne seront appelés que pour compléter le conseil.

409. *Lorsque les parents ou alliés de l'une ou de l'autre ligne se trouveront en nombre insuffisant sur les lieux, ou dans la distance désignée par l'article 407, le juge de paix appellera, soit des parents ou alliés domiciliés à de plus grandes distances, soit, dans la commune même, des citoyens connus pour avoir eu des relations habituelles d'amitié avec le père ou la mère du mineur.*

410. *Le juge de paix pourra, lors même qu'il y auroit sur les lieux un nombre suffisant de parents ou alliés, permettre de citer, à quelque distance qu'ils soient domiciliés, des parents ou alliés plus*

proches en degrés ou de mêmes degrés que les parents ou alliés présents; de manière toutefois que cela s'opère en retranchant quelques uns de ces derniers, et sans excéder le nombre réglé par les précédents articles.

411. *Le délai pour comparoître sera réglé par le juge de paix à jour fixe, mais de manière qu'il y ait toujours, entre la citation notifiée et le jour indiqué pour la réunion du conseil, un intervalle de trois jours au moins, quand toutes les parties citées résideront dans la même commune, ou dans la distance de deux myriamètres.*

Toutes les fois que, parmi les parties citées, il s'en trouvera de domiciliées au-delà de cette distance, le délai sera augmenté d'un jour par trois myriamètres.

412. *Les parents, alliés ou amis, ainsi convoqués, seront tenus de se rendre en personne, ou de se faire représenter par un mandataire spécial.*

Le fondé de pouvoir ne peut représenter plus d'une personne.

413. *Tout parent, allié ou ami, convoqué, et qui, sans excuse légitime, ne comparoîtra point, encourra une amende qui ne pourra excéder cinquante francs, et sera prononcée sans appel par le juge de paix.*

414. *S'il y a excuse suffisante, et qu'il convienne, soit d'attendre le membre absent, soit de le rem-*

placer; en ce cas, comme en tout autre, où l'intérêt du mineur semblera l'exiger, le juge de paix pourra ajourner l'assemblée ou la proroger.

415. *Cette assemblée se tiendra de plein droit chez le juge de paix, à moins qu'il ne désigne lui-même un autre local : la présence des trois quarts au moins de ses membres convoqués, sera nécessaire pour qu'elle délibère.*

416. *Le conseil de famille sera présidé par le juge de paix, qui y aura voix délibérative, et prépondérante en cas de partage.*

417. *Quand le mineur, domicilié en France, possédera des biens dans les colonies, ou réciproquement, l'administration spéciale de ses biens sera donnée à un protuteur. En ce cas, le tuteur et le protuteur seront indépendants, et non responsables l'un envers l'autre pour leur gestion respective*.*

ARTICLE 882.

Lorsque la nomination d'un tuteur n'aura pas été faite en sa présence, elle lui sera notifiée, à la diligence du membre de l'assemblée qui aura été désigné par elle : ladite notification sera faite dans les trois jours de la délibération, outre un jour par trois myriamètres de distance entre le lieu où s'est tenue l'assemblée et le domicile du tuteur.

La rédaction communiquée portoit : *Elle lui sera*

---

* *Voyez*, sur ces articles, l'*Esprit du Code civil.*

notifiée à la diligence du plus proche parent; à défaut de parents, à celle du membre de l'assemblée qui sera délégué par la délibération du conseil (1).

La section du Tribunat proposa la rédaction qui a passé dans le Code, en la motivant sur ce que « le plus proche parent peut n'avoir pas été à l'assemblée » (2).

ARTICLE 883.

Toutes les fois que les délibérations du conseil de famille ne seront pas unanimes, l'avis de chacun des membres qui le composent sera mentionné dans le procès-verbal.

Le tuteur, subrogé-tuteur ou curateur, même les membres de l'assemblée, pourront se pourvoir contre la délibération; ils formeront leur demande contre les membres qui auront été d'avis de la délibération, sans qu'il soit nécessaire d'appeler en conciliation.

I. L'orateur du Conseil a dit sur la première partie de cet article :

« Cette mesure rendra chacun plus attentif à ses devoirs. En effet, nul ne pourra par la suite se disculper particulièrement d'aucun mauvais résultat, que par l'exhibition de son propre avis, et la faute des particuliers ne sera point couverte par celle des masses.

(1) Réd. comm. art. 895. — (2) Proc. verb. de la sect. de lég. du Trib. Observ. sur l'art. 895 de la réd. comm.

L'intérêt du pupille sera donc mieux protégé et le vœu du législateur mieux rempli; car il ne sauroit y avoir ici rien de vain qui ne pût bientôt devenir funeste » (1).

II. L'orateur du Tribunat s'est exprimé ainsi:

« Toutes les fois que les délibérations du conseil de famille, soit pour la nomination du tuteur, soit pour tout autre objet, ne seront pas unanimes, l'avis de chacun des membres qui le composent sera mentionné dans le procès-verbal, afin que le tribunal puisse, s'il y a réclamation, statuer en pleine connoissance de cause.

« Cette réclamation, pour l'intérêt même du mineur, devoit être ouverte à tous. Aussi est-il statué que le tuteur, le subrogé-tuteur ou le curateur, que chacun même des membres de l'assemblée, pourront se pourvoir. Le réclamant formera sa demande contre les membres qui auront été d'avis de la délibération; mais la cause sera jugée sommairement » (2)

ARTICLE 884.

La cause sera jugée sommairement.

Cet article a été adopté sans discussion ni observations.

(1) Exposé des motifs, p. 174. — (2) Disc. de l'orat. du Trib. p. 220.

ARTICLE 885.

Dans tous les cas où il s'agit d'une délibération sujette à homologation, une expédition de la délibération sera présentée au président, lequel, par ordonnance au bas de ladite délibération, ordonnera la communication au ministère public, et commettra un juge pour en faire le rapport à jour indiqué.

Cet article en remplace trois autres de la rédaction communiquée, qui étoient ainsi conçus :

896. *Les délibérations du conseil de famille qui ne contiendront qu'une nomination, sans autre objet, ne seront pas sujettes à l'homologation ; le juge de paix recevra le serment des tuteur, subrogé-tuteur ou curateur élus.*

899. *Les délibérations autres que celles désignées en l'article* 925, *et celles exceptées nommément par le Code civil, ne pourront être exécutées qu'après l'homologation du tribunal de première instance.*

900. *A cet effet, expédition de la délibération sera présentée au président, lequel, par ordonnance au bas de ladite délibération, ordonnera la communication au ministère public, et commettra un juge pour en faire le rapport à jour indiqué* (1).

La section du Tribunat a fait sur ces articles les observations suivantes :

« Le Code civil a déclaré formellement que cer-

(1) Réd. comm. art. 896, 899 et 900.

taines délibérations seroient présentées à l'homologation.

« Dans d'autres cas, il s'est abstenu de parler d'homologation ; il y a aussi des cas où le Code civil paroît décider que l'homologation n'est pas nécessaire : (article 448, pour les destitutions acquiescées; article 478 pour l'émancipation).

« Nulle part cependant le Code civil n'a dit explicitement, que telle délibération ne seroit pas sujette à l'homologation.

« On ne pourroit donc adopter la locution proposée : *et celles exceptées*, etc.

« La section propose une rédaction d'où il résultera bien clairement que l'homologation ne sera de rigueur que dans le cas où elle est prescrite formellement par le Code civil.

« Au reste, quoique la matière n'exige pas l'homologation, le membre de l'assemblée qui croiroit la délibération nuisible au mineur, ne seroit pas empêché de l'attaquer.

« L'article seroit ainsi conçu :

« *Les délibérations, autres que celles prises dans les cas prévus par le Code civil, et où il n'exige pas formellement l'homologation, ne pourront être exécutées*, etc. (Le reste comme dans l'article du projet) » (1).

---

(1) Proc. verb. de la sect. de lég. du Trib. Observ. sur l'art. 899 de la réd. comm.

Lors de la relute, la section du Tribunat dit :

« La section a remarqué que la nouvelle rédaction qu'elle a proposée n'étoit pas en harmonie avec les motifs, et qu'il y avoit eu erreur.

« On va rétablir le véritable texte de la nouvelle rédaction.

« *Toutes les délibérations prises dans les cas prévus par le Code civil pourront être exécutées sans homologation préalable.*

« *Il en sera de même des délibérations prises dans les cas prévus par le Code civil, et pour lesquels il n'exigera pas formellement l'homologation.*

« Cette disposition, ajoutoit la section, formeroit l'article 899, et rendroit l'article 896 inutile » (1).

Au lieu d'entrer dans toutes ces distinctions et dans tous ces détails, on s'est référé purement et simplement au Code civil.

ARTICLE 886.

Le procureur du Roi donnera ses conclusions au bas de ladite ordonnance; la minute du jugement d'homologation sera mise à la suite desdites conclusions, sur le même cahier.

Cet article a été adopté sans discussion ni observations.

---

(1) Proc. verb. de la sect. de lég. du Trib. Observ. sur l'art. 899 de la réd. comm. Relute.

ARTICLE 887.

Si le tuteur, ou autre chargé de poursuivre l'homologation, ne le fait dans le délai fixé par la délibération, ou, à défaut de fixation, dans le délai de quinzaine, un des membres de l'assemblée pourra poursuivre l'homologation contre le tuteur, et aux frais de celui-ci, sans répétition.

L'orateur du Conseil a dit sur cet article :

« Il étoit bon de donner à chaque membre du conseil de famille une espèce d'action contre le tuteur pour l'obliger à remplir certaines formalités et même pour l'y faire personnellement condamner.

« Dans une matière où, loin d'être stimulés par le grand mobile de l'intérêt personnel, trop de gens n'aperçoivent que des charges, il convient d'appeler le plus de garanties possible contre une inertie justement redoutable » (1).

ARTICLE 888.

Ceux des membres de l'assemblée qui croiront devoir s'opposer à l'homologation, le déclareront, par acte exrajudiciaire, à celui qui est chargé de la poursuivre; et s'ils n'ont pas été appelés, ils pourront former opposition au jugement.

ARTICLE 889.

Les jugements rendus sur délibération du conseil de famille seront sujets à l'appel.

---

(1) Exposé des motifs, p. 174.

Ces deux articles ont été adoptés sans discussion ni observations.

TITRE XI.

DE L'INTERDICTION.

Notions générales.

L'orateur du Conseil a dit sur l'ensemble de ce titre :

« Le Code civil contient sur la matière de l'interdiction beaucoup de dispositions dont plusieurs appartiennent déja à la procédure qu'il ne s'agissoit que de compléter; telle est la simplicité des nouveaux articles qu'il seroit superflu, du moins pour le plus grand nombre, de vouloir en développer l'esprit, quand le texte seul remplit évidemment ce but.

« Personne, au surplus, ne s'étonnera de quelques additions au Code civil que semble comporter le projet actuel, et qu'avec une légère attention, l'on reconnoîtra facilement n'en être que le développement nécessaire » (1).

(1) Exposé des motifs, p. 175.

SOMMAIRES

DES ARTICLES QUI COMPOSENT CE TITRE.

1. *Requête en poursuite d'interdiction* (art. 890).
2. *Communication au ministère public, et nomination du rapporteur* (art. 891).
3. *Convocation et avis du conseil de famille* (art. 892).
4. *Signification de la requête et de l'avis au défendeur. Interrogatoire. Enquête* (art. 893).
5. *Contre qui est dirigé l'appel du jugement qui intervient* (art. 894).
6. *Nomination du tuteur et du subrogé-tuteur* (art. 895).
7. *Comment est instruite et jugée la demande en mainlevée d'interdiction* (art. 896).
8. *Affiche du jugement qui établit un conseil* (art. 897).

ARTICLE 890.

Dans toute poursuite d'interdiction, les faits d'imbécillité, de démence ou de fureur, seront énoncés en la requête présentée au président du tribunal; on y joindra les pièces justificatives, et l'on indiquera les témoins.

ARTICLE 891.

Le président du tribunal ordonnera la communication de la requête au ministère public, et commettra un juge pour faire rapport à jour indiqué.

ARTICLE 892.

Sur le rapport du juge et les conclusions du procureur du Roi, le tribunal ordonnera que le conseil de famille, formé selon le mode déterminé par le Code civil, section IV du chapitre II, au titre *de la Minorité, de la Tutelle et de l'Émancipation*, donnera son avis sur l'état de la personne dont l'interdiction est demandée.

Ces trois articles ont été adoptés sans discussion ni observations.

ARTICLE 893.

La requête et l'avis du conseil de famille seront signifiés au défendeur avant qu'il soit procédé à son interrogatoire.

Si l'interrogatoire et les pièces produites sont insuffisants, et si les faits peuvent être justifiés par témoins, le tribunal ordonnera, s'il y a lieu, l'enquête, qui se fera en la forme ordinaire.

Il pourra ordonner, si les circonstances l'exigent, que l'enquête sera faite hors de la présence du défendeur; mais, dans ce cas, son conseil pourra le représenter.

I. L'article avoit été communiqué en ces termes: *Si les pièces produites et l'interrogatoire sont insuffisants pour justifier les faits, et que les faits puissent être justifiés par témoins, le tribunal ordonnera l'enquête, qui se fera en la forme ordinaire.*

Il pourra ordonner, si les circonstances l'exigent, que l'enquête sera faite hors de la présence du dé-

fendeur; mais dans ce cas son conseil pourra le représenter (1).

La section du Tribunat dit :

« L'article 498 du Code civil porte que le jugement sur une demande en interdiction ne pourra être rendu qu'à l'audience publique, les parties entendues ou appelées.

« Il faut donc fixer le moment où la partie dont l'interdiction est provoquée sera appelée et devra avoir connoissance de la procédure.

« La section croit que ce doit être avant l'interrogatoire, pour que la partie puisse connoître les causes de la demande.

« La section propose la rédaction suivante :

« *Si, après l'avis des parents, le tribunal estime qu'il y a lieu à interroger la partie, la requête et l'avis du conseil de famille lui seront signifiés avant qu'il soit procédé à l'interrogatoire.*

Si l'interrogatoire et les pièces produites sont insuffisants, et si les faits, etc. (le reste comme dans le projet) (2).

Dans la rédaction adoptée, on a retranché ces mots : *Si, après l'avis des parents, le tribunal estime qu'il y a lieu à interroger la partie.*

II. L'orateur du Conseil, en observant que cet

(1) Réd. comm. art. 908. — (2) Proc. verb. de la sect. de législ. du Trib. Observ. sur l'art. 908 de la réd. comm.

article est du nombre de ceux qui ajoutent au Code civil, en a ainsi exposé les motifs :

« Le Code civil (article 496) statue *qu'après avoir reçu l'avis du conseil de famille, le tribunal interrogera le défendeur.*

« Étoit-il par-là prescrit d'interroger de suite, sans aucun acte intermédiaire, et notamment sans que l'avis du conseil de famille eût été signifié au défendeur?

« Non sans doute; et si cette signification n'étoit pas textuellement ordonnée par la première loi, c'est remplir son vœu que de l'exprimer dans celle-ci, et d'en imposer l'obligation réclamée d'ailleurs par le droit naturel de la défense, droit toujours respectable et sacré, sur-tout quand il s'agit de l'état des personnes » (1).

ARTICLE 894.

L'appel interjeté par celui dont l'interdiction aura été prononcée, sera dirigé contre le provoquant.

L'appel interjeté par le provoquant, ou par un des membres de l'assemblée, le sera contre celui dont l'interdiction aura été provoquée.

En cas de nomination de conseil, l'appel de celui auquel il aura été donné, sera dirigé contre le provoquant.

L'orateur du Conseil a dit sur cet article :

« C'est par une suite du droit de défense que la

(1) Exposé des motifs, p. 175.

personne, dont l'interdiction est provoquée, pourra appeler du jugement qui l'auroit prononcée, et plaider en cause d'appel, sans être pourvue de tuteur; car, aux yeux de la loi, son état est encore entier; et il ne cesse de l'être que par la décision suprême, ou par l'adhésion au premier jugement » (1).

ARTICLE 895.

S'il n'y a pas d'appel du jugement d'interdiction, ou s'il est confirmé sur l'appel, il sera pourvu à la nomination d'un tuteur et d'un subrogé-tuteur à l'interdit, suivant les règles prescrites au titre *des Avis de parents.*

L'administrateur provisoire nommé en exécution de l'article 497 du Code civil, cessera ses fonctions, et rendra compte au tuteur, s'il ne l'est pas lui-même.

Cet article a été adopté sans discussion ni observations.

ARTICLE 896.

La demande en main-levée d'interdiction sera instruite et jugée dans la même forme que l'interdiction.

L'orateur du Conseil a dit sur cet article :

« Comme l'interdiction n'est, de sa nature, qu'une mesure suspensive, la main-levée en sera prononcée, s'il y a lieu, en observant la même *instruction*

---

(1) Exposé des motifs, p. 175 et 176.

et suivant les *mêmes formes* que celles qui ont eu lieu pour l'interdiction même.

« Les espèces sont sans doute fort opposées, mais la procédure peut être identique; car les mêmes procédés qui font connoître si un homme a perdu la raison, font également connoître s'il l'a recouvrée.

« Si l'humanité souffre dans la première de ces positions, elle sourit à la seconde; voilà la seule différence, et il n'en résulte point dans la procédure » (1).

ARTICLE 897.

Le jugement qui prononcera défenses de plaider, transiger, emprunter, recevoir un capital mobilier, en donner décharge, aliéner ou hypothéquer sans assistance de conseil, sera affiché dans la forme prescrite par l'article 501 du Code civil.

L'article avoit été communiqué en ces termes: *Le jugement qui prononcera défenses d'emprunter, aliéner ou hypothéquer sans assistance de conseil, sera affiché dans la forme ci-dessus prescrite* (2).

La section du Tribunat dit:

« L'article se réfère à l'article 501 du Code civil.

« Cet article 501 prescrit l'affiche pour tous jugements portant interdiction ou nomination d'un conseil.

(1) Exposé des motifs, p. 176. — (2) Réd. comm. art. 912.

« La nomination d'un conseil se réfère à l'article 499 du Code civil.

« Ce dernier article dit qu'alors ce ne sera qu'avec l'assistance du conseil que le défendeur pourra désormais plaider, transiger, emprunter, recevoir un capital mobilier, en donner décharge, aliéner ou grever ses biens d'hypothèques.

« L'article 912 du projet (897 *du Code*) ne parle que des défenses d'emprunter, d'aliéner ou d'hypothéquer; il faut donc y ajouter tous les autres actes énumérés dans l'article 499 du Code civil » (1).

A la suite de ces observations, la section proposa la rédaction qui a passé dans le Code.

TITRE XII.

DU BÉNÉFICE DE CESSION.

Notions préliminaires.

J'exposerai dans ces notions préliminaires les retranchements que le projet de Code de procédure a subis dans la partie qui nous occupe.

Je rapporterai les articles du Code civil et du Code de commerce qui sont les bases de ce titre.

---

(1) Proc. verb. de la sect. de lég. du Trib. Observ. sur l'art. 912 de la réd. comm.

§. I.er

Retranchement, dans cette partie du Code de procédure, de deux titres qui étoient relatifs aux faillites.

I. Dans la première rédaction, et dans la rédaction communiquée, le livre III de la II.e partie portoit cette rubrique : *Procédures relatives aux faillites.* Il étoit divisé en trois titres : le premier, *de l'Apposition des scellés après faillite*; le second, *de la Levée du scellé après faillite et de l'homologation des contrats d'union devant le tribunal de première instance*; le troisième, *du Bénéfice de cession.*

Ce dernier seul est demeuré dans le Code de procédure. Les deux autres ont été ajournés pour être discutés avec le Code de commerce à la suite des discussions qui vont être rapportées après qu'on en aura donné le texte.

Ils étoient ainsi conçus :

TITRE PREMIER.

DE L'APPOSITION DU SCELLÉ APRÈS FAILLITE.

1044. *Dans le cas de faillite, tout créancier pourra requérir l'apposition des scellés.*

1045. *Il présentera, à cet effet, requête au président du tribunal de première instance du domicile du failli.*

1046. *Seront observées les formalités prescrites pour les scellés après ouverture de succession.*

1047. *Si le failli, ou autre partie intéressée, de-*

mande que les livres et les effets prêts à échoir ne soient pas mis sous les scellés, il en sera référé au président du tribunal de première instance, qui statuera sur la remise desdits livres et effets.

1048. *Si la distraction est ordonnée, il sera fait description des effets: le livre-journal et le copie de lettres seront arrêtés par le juge de paix, qui constatera leur état, et dressera état sommaire des autres livres; la partie à qui la remise sera faite des livres et effets, s'en chargera sur le procès-verbal d'apposition.*

1049. *Ne pourront, ni la femme, ni les parents ou alliés du failli, être établis gardiens.*

TITRE II.

DE LA LEVÉE DU SCELLÉ APRÈS FAILLITE, ET DE L'HOMOLOGATION DES CONTRATS D'UNION DEVANT LE TRIBUNAL DE PREMIÈRE INSTANCE.

1050. *Les formalités pour parvenir à la levée, seront:*

1.° *Un réquisitoire sur le procès-verbal du juge de paix;*

2.° *Une ordonnance de ce juge, indicative des jour et heure de la levée;*

3.° *Une sommation au failli, à personne ou domicile, et aux opposants, au domicile élu.*

1051. *L'article* 979, *les paragraphes* 2 *et* 3 *de l'article* 980, *et les articles* 981 *et* 982, *sont applicables au scellé après faillite.*

1052. *Le procès-verbal contiendra en outre le récolement des objets décrits lors de l'apposition, et la description du surplus ; le récolement des livres et registres courants, et des effets actifs et décharges.*

A l'égard des autres papiers, ils seront enfermés sous double serrure, et le tout déposé ainsi qu'il sera convenu entre le débiteur et ses créanciers, ou réglé par le président du tribunal de première instance.

1053. *Aucun acte, contrat ni délibération des créanciers, ne pourra s'exécuter, ni être opposé en justice, s'il n'a été homologué par le tribunal de première instance, sur requête à cet effet, à laquelle seront jointes expéditions du bilan et de l'acte, contrat ou délibération, et des procès-verbaux de vérification et affirmation.*

1054. *Lorsque le failli ne sera pas justiciable du tribunal de commerce, les créances seront vérifiées et affirmées devant un juge nommé à cet effet par le président du tribunal de première instance.*

1055. *Le jugement d'homologation ordonnera que l'acte, contrat ou délibération, sera exécuté avec les signataires, mais non contre les refusants, même provisoirement; sauf, si le cas requiert célérité, à demander contre eux l'exécution provisoire à l'audience, à bréf délai, en vertu de permission du juge.*

1056. *L'homologation ne pourra être ordonnée*

contre les refusants, si le contrat n'est signé par les trois quarts en somme, au moins, des créanciers vérifiés et affirmés.

1057. *Les créances de la femme ne seront point comptées pour former les trois quarts en somme.*

1058. *Les créanciers privilégiés ou hypothécaires ne pourront être contraints d'entrer en composition, remise ou atermoiement, pour les biens sur lesquels ils ont privilége ou hypothèque.*

1059. *Les créanciers du failli qui auront recours contre ses coobligés, cautions et leurs certificateurs, ne pourront être forcés par les autres d'y renoncer.*

1060. *Les créanciers dont les titres donnent lieu à la contrainte par corps, ne pourront être forcés d'y renoncer par les trois quarts en somme des créanciers n'ayant pas de dettes de même nature.*

1061. *Les deniers comptants et ceux de la vente des biens seront mis entre les mains de dépositaires qui auront été nommés par les créanciers.*

1062. *Si les créanciers ne sont unis, pourront les les juges, sur la demande du failli ou d'un créancier, commettre l'un des créanciers solvables, et, à défaut, un tiers, séquestre des biens du failli, pour en faire les recouvrements, les gérer et administrer.*

Ces deux titres, qu'il est très-curieux de comparer avec le systême qui a été établi depuis par le Code du commerce, furent présentés dans la séance du 25 prairial au XIII. Il n'y eut de discussion que sur les articles 1053 et 1057.

Voici ces discussions :

« L'article 1053 est discuté ».

1. « M. ** dit qu'il sera aussi inutile que dispendieux de faire le récolement d'une foule d'objets sans valeur et de papiers sans importance. Pourquoi, par exemple, inventorier de simples quittances ?

2. « M. ** dit qu'il est d'un grand intérêt de veiller à la conservation des quittances ; autrement l'actif de la succession pourroit se trouver absorbé par des créanciers qui se présenteroient quoiqu'ils eussent reçu leur paiement, et que l'on ne peut néanmoins repousser qu'en leur opposant les décharges qu'ils ont données. L'examen et la conservation des papiers, sont d'autant plus importants qu'on peut y trouver que certains créanciers n'ont que des droits apparents, qu'ils n'ont fait que prêter leur nom ; qu'enfin ils ne sont pas de bonne foi.

1. « M. ** objecte qu'il peut exister des quittances qui aient trente ans de date ; que le récolement seroit très-long s'il s'étendoit à des papiers aussi anciens ; que du moins il faudroit lui donner des limites.

2. « M. ** répond que l'usage dispense de garder des pièces d'une date aussi reculée ; qu'il est impossible de limiter le récolement, parcequ'on emploieroit moins de temps à inventorier les papiers qu'à

les trier pour les classer suivant que la prescription seroit ou ne seroit pas acquise.

3. « M. LE MINISTRE DE LA JUSTICE dit que l'article est indispensable, les décharges servant à déterminer l'actif de la succession.

« L'article est adopté » (1).

« L'article 1057 est discuté.

1. « M. LE MINISTRE DE LA JUSTICE demande pourquoi les créances de la femme ne seroient pas comptées pour former les trois quarts en somme.

2. « M. LE RAPPORTEUR dit que c'est afin de prévenir les fraudes.

3. « M.** dit que ceux qui font faillite prennent ordinairement la précaution de se supposer de faux créanciers, afin de parvenir à former les trois quarts, et frustrer les créanciers honnêtes; que cette fraude deviendroit et plus fréquente et plus facile, si le failli pouvoit faire intervenir sa femme.

« En général, il seroit à desirer que chaque créancier pût toujours exercer ses droits contre son débiteur sans être lié par la majorité. Ce moyen seroit peut-être le plus efficace de tous ceux qu'on peut imaginer pour prévenir les faillites.

1. « M. LE MINISTRE DE LA JUSTICE dit que ce système pourroit être le meilleur; mais que puisque l'autre est admis, il est injuste de rendre la condi-

(1) Discuss. du C. d'Etat. Séance du 25 prairial an 13.

tion des femmes plus dure que celle des autres créanciers; qu'au surplus la disposition que la section présente s'écarte de l'esprit de notre jurisprudence, qui toujours a ménagé les droits des femmes avec la plus scrupuleuse attention.

3. « M. ** en appelle à l'expérience : on voit trop souvent des femmes sans fortune acquérir une opulence scandaleuse dès que le mari a ruiné ses créanciers.

4. « M. le Président demande si la disposition s'étend aux créances hypothécaires de la femme.

2. « M. le Rapporteur répond qu'elle ne concerne que les créances mobilières.

5. « M. ** dit qu'alors elle ne recevra jamais son application. En effet, toutes les créances de la femme sont nécessairement hypothécaires, car elle ne peut acquérir de droits contre la communauté que par un contrat.

6. « M. ** pense que ces questions n'appartiennent pas au Code de la procédure civile. Il n'est destiné qu'à régler les formes; c'est dans le Code du commerce que doivent se trouver les dispositions relatives aux contrats d'union et à leurs suites. Il suffit donc de dire ici que ces contrats ne pourront être opposés aux créanciers qui ne les auront pas souscrits, que lorsqu'ils auront été homologués.

2. « M. le Rapporteur dit qu'en consacrant ce principe, on ne peut se dispenser de fixer les cas où il y a lieu à homologation.

5. « M. ** persiste à douter que la femme puisse jamais avoir à répéter des créances chirographaires.

3. « M. ** observe que depuis son mariage il peut lui être survenu des biens meubles qu'elle ait le droit de réclamer.

1. « M. le Ministre de la justice dit que la femme est créancière hypothécaire, même dans le cas où elle s'est réservé comme propres, les successions qui lui échoiroient.

3. « M. ** demande que si la question est ajournée, on ajourne aussi toutes les dispositions relatives à l'effet du consentement que la majorité des créanciers donne au contrat d'union.

2. « M. le Rapporteur dit que ces sortes de contrats sont toujours dans le vœu et dans l'intérêt des créanciers. Les frais absorbent leur gage quand les arrangements à l'amiable ne peuvent avoir lieu.

« Au surplus, la règle d'après laquelle la majorité des créanciers fait la loi aux autres, est très-ancienne : elle dérive du droit romain.

3. « M. ** dit qu'il n'est pas dans son intention d'empêcher les arrangements que le débiteur pourroit faire avec ses créanciers ; mais qu'il craint les fraudes que facilite l'obligation imposée à la minorité d'accéder aux conventions arrêtées par le plus grand nombre.

4. « M. le Président dit que si l'on changeoit cette jurisprudence, loin de rendre la condition des créanciers meilleure, on ne feroit que l'aggra-

ver : il leur est toujours plus avantageux d'avoir une partie de leur créance que de perdre tout ce qui leur est dû. Ils seroient cependant exposés à ce danger, si l'obstination d'un seul d'entre eux pouvoit rompre leurs engagements et faire consommer en frais l'actif de leur débiteur. Pourquoi vouloir être plus sage que l'expérience ?

« Quant à l'exclusion des femmes créancières chirographaires, il est difficile d'apercevoir les circonstances où elle pourroit avoir son application.

« L'article est retranché » (1).

II. Le projet fut communiqué à la section du Tribunat avec les amendements qui viennent d'être indiqués.

La section fit les observations suivantes :

TITRE PREMIER.

« Art. 1044. *Tout créancier*, etc.

« La section a examiné si l'article autorisoit suffisamment tout créancier, même chirographaire, ou en vertu d'un compte courant, à requérir l'apposition des scellés.

« Elle n'a eu nul doute à cet égard ; et s'il y en avoit eu quelqu'un, il auroit été levé par le rapprochement de l'article 961 (909 *du Code*), qui ne parle que des créanciers fondés en titre exécu-

(1) Discuss. du C. d'État. Séance du 25 prairial an 13.

toire. Mais, pour aller au-devant de toute espèce de difficultés, la section propose de dire : *Tout créancier, ou même tout prétendant droit*, etc.

« Art. 1048. 1.° *La partie à qui la remise sera faite*, etc. Cette locution pourroit faire croire que c'est toujours aux faillis que la remise doit être faite, ce qui n'est pas néanmoins dans l'intention du projet.

« 2.° La section croit que le juge de paix doit être chargé de coter et parapher les livres, s'ils ne le sont déja, et qu'il doit aussi bâtonner les blancs, s'il en existe.

« L'article seroit ainsi conçu :

« *Si la distribution est ordonnée, il sera fait description des effets : le livre-journal et le copie de lettres seront arrêtés par le juge de paix, qui constatera leur état, dressera état sommaire des autres livres, les cotera et paraphera tous, s'ils ne le sont, bâtonnera les blancs, s'il en existe : celui à qui la remise sera faite des livres et effets, s'en chargera sur le procès-verbal d'apposition.*

TITRE II.

« Art. 1052. La section croit qu'il est utile de renvoyer aux articles 973 et 974 (921 *et* 922 *du Code*), qui ont prescrit le mode à suivre en cas de difficulté.

« Le deuxième paragraphe se termineroit au mot *créanciers*, et un troisième seroit ainsi conçu :

« *En cas de difficulté, il sera statué par le pré-*

sident du tribunal de première instance, et procédé ainsi qu'il est dit dans les articles 973 *et* 974 (921 et 922 du Code).

« Art. 1053. Il est nécessaire d'expliquer la forme dans laquelle se font les procès-verbaux de vérification et affirmation.

« La section propose d'ajouter : *dressés par le président du tribunal de première instance, ou par un juge du même tribunal commis par le président* » (1).

III. Les choses en étoient là, lorsque, dans la séance du 8 février 1806, la délibération changea d'objet.

Il s'éleva la discussion suivante :

1. « M. **, *président de la section de l'intérieur*, demande à faire une observation sur le projet de Code de la procédure civile.

« Il desire qu'on ajourne les titres I et II du livre III jusqu'à ce que le Conseil s'occupe du Code de commerce, afin qu'on puisse avoir égard aux observations que les Cours et les tribunaux ont envoyées.

2. « M. le Rapporteur, *membre de la section de législation*, pense que cette considération ne doit pas arrêter ni déterminer à laisser le Code de la procédure incomplet. Si les Cours et les tribunaux

---

(1) Proc. verb. de la sect. de législ. du Trib. Observ. sur les titres I et II du livre III de la II.e partie de la réd. comm.

proposent des réformes utiles, on les fera par le Code du commerce.

3. « M. **, *membre de la section de législation*, invite le *premier opinant* à indiquer les changements utiles proposés par les Cours et par les tribunaux afin qu'on puisse les adopter de suite.

4. « M. LE PRÉSIDENT renvoie la question aux sections de législation et de l'intérieur réunies.

« *M. le Président* pense qu'au surplus tout ce qui regarde véritablement le commerce doit se trouver dans le Code régulateur de cette matière: c'est ce qui a été déja fait par l'ordonnance de 1673; mais cela n'empêche pas que les règles ne soient placées dans le Code de procédure civile, comme elles avoient été insérées dans l'ordonnance de 1667 » (1).

IV. Les deux sections ne s'assemblèrent pas; mais, dans la séance du 29 mars 1806, la discussion fut reprise de la manière suivante:

« On passe à la question de savoir quelles seront les attributions des tribunaux de commerce relativement aux faillites.

1. « M. **, discutant les propositions contenues dans le projet de Code de commerce, dit qu'il est bien plus simple de faire apposer les scellés après faillite par un juge de paix, qui est sur les lieux,

(1) Dicuss. du C. d'État. Séanee du 8 février 1806.

que par un commissaire du tribunal de commerce, qu'il faudroit quelquefois aller chercher bien loin.

« Quant à l'homologation du concordat, si elle étoit confiée aux tribunaux de commerce, deux classes de créanciers, les privilégiés et les hypothécaires seroient sacrifiés, car la compétence des tribunaux de commerce ne sauroit s'étendre au-delà des chirographaires.

« Enfin, attribuer à ces juges la poursuite des banqueroutes, ce seroit la placer précisément dans les tribunaux les moins propres à bien remplir ce ministère. D'abord, on ne peut, sans dénaturer leur institution, leur accorder le droit de punir. Ensuite, les juges de commerce sont eux-mêmes des négociants, et dès-lors ils ont intérêt d'user d'une indulgence que les événements peuvent les mettre dans le cas de réclamer un jour pour eux-mêmes.

2. « M. **, *membre de la section de l'intérieur,* observe que jamais le concordat ne se forme avec les créanciers privilégiés ou hypothécaires : les seuls chirographaires y sont parties ; les autres exercent leur action sur l'objet affecté à leur créance, et ils ne viennent concourir avec les chirographaires que lorsque cet objet ne suffit pas. Si les priviléges et les hypothèques faisoient naître des questions de droit, elles seroient jugées par les tribunaux ordinaires.

« Les lois actuelles contiennent un titre sur les faillites, et il est à remarquer que c'est dans l'ordonnance de 1673, et non dans celle de 1667, que ce titre se trouve placé; mais ses dispositions sont insuffisantes. Le projet de Code de procédure l'est peut-être encore davantage, car, en réglant comment les scellés après faillite seront apposés, il ne définit pas la faillite: l'ordonnance de 1673 l'avoit fait.

« Il renvoie ensuite les faillites devant les tribunaux civils, et l'on fonde ce système sur ce que des juges négocians ne seront pas assez sévères: nulle part, au contraire, les faillis ne rencontrent moins d'indulgence. Si les faillites sont livrées aux avoués, les frais de justice en absorberont les débris; les créanciers, sûrs de ne rien recueillir du moment que l'affaire deviendra judiciaire, se hâteront de traiter avec le débiteur, à toutes les conditions que celui-ci voudra, et alors les faillites se multiplieront à l'infini.

« En instituant des tribunaux de commerce, on a cherché à établir une justice prompte et peu coûteuse, rendue par des juges versés dans la matière. Or, il n'y a rien dans la faillite qui passe la mesure des connoissances des commerçants, car il ne s'agit que d'interroger les livres, ce qu'assurément ils sont en état de faire mieux que qui que ce soit.

3. « M. **, *membre de la section de législation*, dit que tout ce que *le préopinant* demande existera, car personne ne dispute aux tribunaux de commerce la vérification et l'affirmation des créances.

« En second lieu, le Code de procédure se borne

à régler la procédure qui sera suivie devant les tribunaux de commerce, mais ne prononce pas sur leur compétence. Rien n'est donc préjugé; rien ne s'oppose donc à ce que le Code de commerce n'attribue aux juges commerciaux telle ou telle nature d'affaires, et que, par des modifications, on ne mette en harmonie la marche à suivre, si l'attribution nouvelle en exige.

« Au surplus, comme nous avons cinq cents tribunaux de première instance contre cent tribunaux de commerce, il ne faut pas présenter aux premiers un Code incomplet, et qui offre une lacune aussi considérable que celle qu'opéreroit le retranchement de toutes les dispositions sur la manière de procéder en matière commerciale.

« Enfin la loi de 1775 avoit attribué la connoissance des faillites aux tribunaux de commerce. Eh bien ! il a bientôt fallu changer de système. Et en effet, comment rendre juges de ces sortes d'affaires cinq négocians qui peuvent y avoir un intérêt direct ou indirect, et auxquels, dans tous les cas, doit venir naturellement la pensée qu'un jour peut-être ils seront eux-mêmes dans la position de celui sur le sort de qui ils vont prononcer?

« Du reste, le projet de Code de commerce n'oppose que des palliatifs au désordre effrayant des faillites. Il est un moyen plus sûr, quoique rigoureux, c'est de laisser chaque créancier suivre l'exécution de son titre. Voilà comment on préviendra ces unions frauduleuses, dont l'effet est de forcer le créancier à recevoir ce qu'on veut bien lui donner.

« On parle de frais. Aime-t-on mieux qu'un infame banqueroutier puisse s'approprier impunément le bien de ses créanciers ?

« Il est encore un autre moyen qui ne seroit pas moins efficace. *L'opinant* voudroit que pour empêcher la femme de jamais devenir prête-nom, on ne lui permît de reprendre que ce qu'elle prouveroit, par des actes authentiques, avoir apporté.

« Il seroit à desirer aussi qu'on obligeât tout négociant à inscrire sa dépense sur un registre coté et paraphé, et que, s'il a trop dépensé, il fût réputé banqueroutier frauduleux.

« Les faillites ne viennent pour la plupart que de l'immoralité, qui a fait parmi nous des progrès si effrayants. Et comment en pourroit-il être autrement, lorsque le déshonneur n'entoure plus le failli, et que, loin de là, on va s'inscrire à sa porte, comme on iroit chez un homme honnête, lui témoigner la part qu'on prend à la perte qu'il vient de faire de sa femme ou de son fils.

4. « M.**, *membre de la section de l'intérieur*, dit que si *le préopinant* veut seulement que les faillites soient soumises à des règles, il a raison. Mais s'ensuit-il que ces règles doivent se trouver dans le Code de la procédure ? Non, car on pourroit être obligé de les changer quand on s'occupera du Code

de commerce. L'ajournement au contraire n'auroit d'autre effet que de laisser encore quelque temps les tribunaux de commerce sous l'empire de cette ordonnance de 1667, que la section de législation déclare avoir prise pour type.

« Au reste, le projet de faire un Code de commerce n'est pas chimérique : on y travaille ; et ce Code contiendra des dispositions très-sévères contre les faillites. De toutes parts le commerce les réclame ; donc il ne trouve pas suffisantes celles qui existent ; donc il faudra changer cette partie de la législation.

« C'est à tort qu'on cherche à jeter une égale défaveur sur tous les faillis : mille événements peuvent faire tomber dans cette situation malheureuse le négociant le plus sage et le plus honnête. Un simple changement dans le tarif des douanes, une guerre imprévue, suffisent pour faire échouer des entreprises bien combinées, pour renverser des maisons très-solides. Cette considération ne permet pas d'exclure l'usage des concordats. De ce moment, personne n'oseroit plus se livrer au commerce, et le commerce tomberoit dans un état de barbarie.

« Il y aura sans doute quelques précautions à prendre. Il conviendra, par exemple, de ne pas laisser au failli la disposition de ses biens, mais pourvu qu'on prenne en même temps des mesures pour les faire passer à ses créanciers auxquels ils appartiennent désormais. Mais, avant tout, il faudra attaquer le vice radical des lois sur les banqueroutes. Ce vice est qu'elles menacent, et qu'elles n'organisent pas la poursuite. Le banqueroutier demeure impuni, tant qu'un créancier ne rend pas plainte, et ne se charge pas des frais ruineux et des chances d'un semblable procès : voilà à quoi personne ne peut se résoudre.

« On se trompe quand on suppose qu'il s'agit de renvoyer aux tribunaux de commerce la punition des faillis : ces tribunaux ne connoîtroient que de ce qu'il y a de civil dans les faillites ; la partie criminelle resteroit dans les attributions des juges ordinaires.

« Mais, pour tout cela, la législation est à faire en entier.

« Ce seroit une raison pour ne rien préjuger par le Code de la procédure ; et cependant, un article du projet renvoie les oppositions devant le président du tribunal civil ; un autre lui fait remettre les livres, c'est-à-dire les éléments sans lesquels il est impossible d'administrer la faillite. Alors à quoi sert de donner la vérification aux tribunaux de commerce, lorsqu'en même temps on leur ôte les moyens de vérifier ? Si de semblables dispositions étoient admises, le commerce ne croiroit plus qu'il dût intervenir une loi sur les faillites.

« On reproche à la section de l'intérieur de vouloir affranchir les négociants du droit commun : ce reproche est mal fondé ; les négociants se marieront, succéderont comme les autres citoyens; seulement, comme leur fortune est mobilière ; et qu'elle est toute entière engagée à leurs créanciers, on veut donner des sûretés à ceux-ci, et ils n'en auroient pas s'il leur falloit passer par les formes lentes et dispendieuses de la justice ordinaire.

Toutefois ; si l'on veut absolument dire quelque chose dans le Code de la procédure, qu'on renvoie à l'ordonnance de 1667 jusqu'à la loi à intervenir. Mais qu'on n'y insère pas des dispositions qui, étant infailliblement regardées comme définitives, feroient perdre aux négociants l'espoir d'obtenir un Code de commerce.

3. « M.**, *membre de la section de législation*, dit qu'il veut, comme *le préopinant*, une loi nouvelle sur les faillites, une loi complète et très-répressive. Il soutient seulement qu'on ne trouve dans le Code de la procédure aucune disposition qui empêche de porter cette loi par la suite ; et les articles mêmes que *le préopinant* critique en fournissent la preuve. Assurément ils ne préjugent rien, absolument rien. Il faut bien apposer les scellés; mais comme le tribunal de commerce peut être loin, on fait intervenir le président du tribunal civil. Par la même raison, on donne à ce président la décision provisoire dans les cas d'urgence, comme lorsqu'il s'agit de faire toucher des lettres de change, ou d'exécuter quelqu'autre opération pour laquelle on ne peut pas attendre la levée des scellés.

« Ensuite, s'il est nécessaire de laisser dehors le livre-journal, la prudence veut qu'auparavant on en constate l'état.

« De semblables dispositions ne préjugent rien sur la compétence. Le Code pourvoit à tout ce qui ne peut souffrir de retard, et renvoie pour le surplus devant le juge compétent.

« La section de législation laisse donc les choses dans l'état où elles se trouvent. C'est la section de l'intérieur qui veut les changer; et pourquoi? parce-qu'elle a un Code à faire. Achevez votre travail, et ensuite on le jugera.

5. « M. LE PRÉSIDENT distingue deux sortes de faillites : la faillite frauduleuse et la faillite malheureuse. Il pense que le concordat ne peut être admis que pour la dernière. Il faut donc, avant tout, reconnoître et fixer le caractère de la faillite, et c'est ce que le projet ne fait pas.

« Si la faillite est déclarée frauduleuse, *M. le Président* est de l'avis *du préopinant.* Il veut à tout prix assurer le châtiment du coupable, dussent les créanciers en recevoir du préjudice; il préfère à l'intérêt de quelques particuliers un exemple dont l'utile rigueur, en arrêtant le progrès du mal, sauvera la masse des négociants, le commerce tout entier.

« Mais dans quelles circonstances la banqueroute est-elle frauduleuse?

« C'est lorsqu'il y a mauvaise foi ou imprudence :

si elle a été amenée par des événements de force majeure, il n'y a que le malheur.

« Il seroit à desirer que tout failli fût d'abord présumé banqueroutier frauduleux; que par suite de cette présomption on s'assurât de sa personne, sauf à juger après du véritable caractère de la faillite.

« Une autre précaution non moins nécessaire, seroit de mettre entre les femmes des négocians et celles des autres citoyens une différence qui résulte de la nature même des obligations particulières au commerce: qu'elles ne reprennent que ce que, par des actes authentiques et antérieurs au mariage, elles prouveront leur appartenir; qu'on ne puisse, sous aucun prétexte, leur rien accorder de plus; qu'il ne leur soit permis de disposer au profit de personne autrement que par des actes authentiques. Peut-être même faudroit-il aller jusqu'à leur faire sacrifier une partie de leurs biens. Après tout, une faillite est un malheur comme la démence, comme la paralysie qui frappe le mari; et dans une union aussi étroite que celle qui est formée par le mariage, les malheurs doivent être communs. Les mœurs seules et la délicatesse suffisent pour déterminer une femme honnête à ne rien ménager pour sauver l'honneur de son mari. D'ailleurs une femme a tant d'influence, qu'il ne tenoit souvent qu'à elle d'empêcher des dépenses folles et ruineuses. Veut-on qu'elle soit innocente?

M. le Président l'accorde ; mais celui qui a prêté au mari ne l'est pas moins ; et, s'il faut choisir entre les deux, certes il mérite la préférence.

« Quant au Code actuel, comme on ne peut tout faire à-la-fois, il n'y auroit rien d'extraordinaire à y placer une disposition par laquelle on diroit que, jusqu'à ce qu'il en ait été autrement ordonné, le commerce demeurera sous la législation qui le régit actuellement.

« *M. le Président* termine en demandant lequel, du tribunal civil ou du tribunal de commerce, est le plus propre à juger sommairement le caractère de la faillite.

6. « M. **, *membre de la section de l'intérieur,* pense que cette décision devroit être confiée à un jury.

5. « M. le Président demande comment les lois actuelles définissent la banqueroute frauduleuse.

6. « M. **, *membre de la section de l'intérieur,* répond que la législation actuelle est vicieuse précisément en cela qu'elle n'en détermine pas avec précision les caractères. Par exemple, le commerçant qui, par son inventaire, reconnoît que son actif est au-dessous de son passif, ne laisse pas de mettre de nouveaux billets sur la place, n'est pas condamné, si ses livres sont en règle. Il en est de même de celui qui met en mer avec les fonds d'autrui, et qui cependant tire à crédit sur ces fonds.

7. « M. **, *membre de la même section,* dit qu'une

des plus grandes difficultés qu'offrent les lois actuelles, c'est de mettre la main sur les biens du failli.

6. « M. ** dit qu'il faut sur-tout lui en ôter l'administration.

5. « M. LE PRÉSIDENT persiste à penser que tout failli doit d'abord être arrêté et détenu soit dans sa demeure, soit dans une prison, au choix du juge; qu'il doit y avoir un procès-verbal de vol qui l'entache, à moins que le jugement qui intervient ensuite ne déclare que la faillite n'est que malheureuse.

« La proposition d'ajourner les dispositions relatives aux faillites est mise aux voix et adoptée » (1).

C'est ainsi que les titres I et II du livre III de la II.e partie du premier projet ont disparu du Code de la procédure, et qu'on n'a conservé que le titre III de ce livre, qui est devenu le titre XII du livre I.er

On peut voir, dans l'*Esprit du Code de commerce*, le système que, depuis, on a cru devoir adopter sur les faillites, et les discussions d'après lesquelles il a été admis*.

---

(1) Discuss. du C. d'État. Séance du 29 mars 1806.

* *Voyez* l'Esprit du Code de commerce, tome VII.

§. II.

Articles du Code civil sur lesquels est fondé le présent titre du Code de procédure, et articles corrélatifs du Code de commerce.

Le livre III, titre III, chapitre V, section I.re du Code civil contient un paragraphe *de la Cession de biens.*

Le titre II, livre III du Code de commerce est aussi consacré à la même matière.

Au Conseil d'État on avoit demandé la suppression de ce titre.

« Il paroît inutile, a-t-on dit, car, ou il survient un concordat, ou le failli est dessaisi; or, dans l'un et l'autre cas, il n'y a pas lieu à la cession de biens » (1).

On ajoutoit: « Tous les articles de ce titre sont pris du Code civil ou du Code de procédure; cette circonstance encore démontre que le titre est inutile » (2).

Voici la réponse à la première de ces deux raisons. « Le but de la cession de biens n'est pas d'ajouter quelque chose aux droits des créanciers, qui ont toute la plénitude dont ils peuvent être susceptibles, mais d'apporter quelque soulagement à la triste situation du débiteur qui s'en montre

---

(1) Proc. verb. du C. d'État, cont. la discuss. du projet de Code de comm. Séance du 2 mai 1807, n.° 12. — (2) Ibid. n.° 13.

digne. La cession de biens est un bénéfice *misérable*, suivant l'expression des lois romaines. Il consiste à conserver au débiteur de bonne foi la liberté de sa personne lorsqu'il a fait l'abandon de tous ses biens aux créanciers » (1).

Pour détruire la seconde raison, on a rappelé « que l'article 906 du Code de procédure déclare que ses dispositions ne sont pas applicables au commerce ; que dès-lors le Code de commerce doit poser pour le commerce les règles de la matière, ou qu'il faut du moins abolir la limitation que fait l'article 906 du Code de procédure » (2). Or, « il est préférable de ne pas diviser la matière, et de réunir dans le Code de commerce toutes les règles dont les tribunaux de commerce doivent faire l'application » (3).

Deux moyens se présentoient pour opérer cette réunion ; ou de répéter dans le Code de commerce les dispositions du Code de procédure, ou « de les transcrire hors page, comme on l'avoit déja fait dans d'autres cas semblables » (4).

Mais, comme quelques unes ne pouvoient pas être appliquées purement et simplement à la matière, le Conseil d'État a choisi le premier de ces deux moyens, et en conséquence il a arrêté « que

(1) Disc. de l'orat. du Trib. sur le projet de Code de comm. — (2) Proc. verb. du C. d'État, cont. la discuss. du projet de Code de comm. Séance du 2 mai 1807, n.° 14. — (3) Ibid, n.° 15. — (4) Ibid, n.° 16.

les articles du Code de procédure seroient transportés dans le Code de commerce, avec les modifications que la matière pourroit exiger » (1) *.

Le titre *de la Cession de biens* est donc resté dans le Code de commerce.

Voilà par conséquent trois Codes qu'il faut conférer. Mais la forme de la conférence doit varier suivant la nature des dispositions qui en sont l'objet.

Les unes donnent les définitions qui sont indispensables pour l'intelligence de la matière, et posent les principes généraux; les autres développent celles-là ou tracent les règles de l'exécution.

Le Code civil ne contient guère que de ces premières, et l'on en trouve aussi quelques unes dans le Code de commerce, qui cependant en offre beaucoup plus de la seconde espèce. On conçoit que le Code de procédure, d'après son objet même, ne doit guère présenter que de ces dernières.

Me réglant sur cette distinction, je placerai en tête de ce titre les dispositions fondamentales prises tant du Code civil que du Code de commerce, et je rattacherai les autres aux divers articles du Code de procédure qu'elles concernent.

CODE CIVIL.

Art. 1265. *La cession de biens est l'abandon qu'un*

---

(1) Proc. verb. du C. d'État, cont. la discuss. du projet de Code de comm. Séance du 2 mai 1807, n.° 17.

* *Voyez* l'Esprit du Code de commerce, tome VII, p. 195 et suiv.

débiteur fait de tous ses biens à ses créanciers, lorsqu'il se trouve hors d'état de payer ses dettes.

Art. 1266. *La cession de biens est volontaire ou judiciaire.*

Art. 1267. *La cession de biens volontaire est celle que les créanciers acceptent volontairement, et qui n'a d'effet que celui résultant des stipulations mêmes du contrat passé entre eux et le débiteur.*

Art. 1268. *La cession judiciaire est un bénéfice que la loi accorde au débiteur malheureux et de bonne foi, auquel il est permis, pour avoir la liberté de sa personne, de faire en justice l'abandon de tous ses biens à ses créanciers, nonobstant toute stipulation contraire.*

Code de commerce.

Art. 566. *La cession de biens, par le failli, est volontaire ou judiciaire*.*

Art. 567. *Les effets de la cession volontaire se déterminent par les conventions entre le failli et les créanciers**.*

L'orateur du Conseil a dit sur l'ensemble de ce titre :

« Ce titre traite *du Bénéfice de cession;* et, comme la cession volontaire est dans la classe des contrats, toute idée de procédure ne peut s'attacher qu'à la

---

* *Voyez* l'Esprit du Code de commerce, tome VII, page 198. — ** *Voyez* Ibid. p. 202.

cession judiciaire, c'est-à-dire au droit que l'ancienne législation accordoit et que le Code civil a conservé au débiteur malheureux, et sous le poids de la contrainte par corps, de se rédimer, non de sa dette, mais de l'emprisonnement, en cédant ou abandonnant ses biens à ses créanciers » (1).

SOMMAIRES

DES ARTICLES QUI COMPOSENT CE TITRE.

1. *Dépôt que doivent faire les impétrants* (art. 898).
2. *Devant quel tribunal ils doivent se pourvoir* (art. 899).
3. *Communication de la demande au ministère public, et ses effets relativement aux poursuites* (art. 900).
4. *Forme de la cession* (art. 901).
5. *Du cas où le débiteur se trouve actuellement detenu* (art. 902).
6. *Publication de la cession* (art. 903).
7. *Vente des biens du cédant* (art. 904).
8. *Quelles personnes sont exclues du bénéfice de cession* (art. 905).
9. *Réserve des usages du commerce* (art. 906).

ARTICLE 898.

Les débiteurs qui seront dans le cas de réclamer la cession judiciaire accordée par l'article 1268 du Code civil, seront tenus, à cet effet, de déposer au greffe du tribunal où la demande sera portée, leur bilan, leurs livres, s'ils en ont, et leurs titres actifs.

(1) Exposé des motifs, p. 176.

I. L'article avoit été présenté en ces termes :

Les débiteurs, pour dettes de commerce seulement, pourront être admis au bénéfice de cession; ils seront tenus, à cet effet, de déposer au greffe du tribunal où la demande sera portée, leurs bilan, livres et titres actifs (1).

Cette rédaction donna lieu à la discussion suivante :

« L'article 1064 est discuté.

1. « M.** observe que la limitation portée par cet article est sans objet, puisqu'il n'y a pas de faillite hors le commerce.

2. « M. ** répond que le bénéfice de cession ne doit pas être pour ceux que leur état n'expose pas à faillir.

1. « M. ** dit que tous les hommes sont exposés à des malheurs. Un particulier fait une entreprise malheureuse; il se livre, par exemple, à des constructions qui le conduisent à des dépenses plus grandes qu'il ne l'avoit prévu, et qui ne lui donnent pas les profits qu'il en espéroit : lorsqu'il abandonne tous ses biens à ses créanciers, que peut-on lui demander de plus? faut-il s'en prendre à sa personne?

3. « M. LE RAPPORTEUR dit que, de droit commun, le bénéfice de cession étoit accordé à tous les débiteurs, quel que fût leur état. Il est barbare

(1) 1.re. réd. art. 1064.

de livrer à l'inhumanité de ses créanciers un débiteur de bonne foi qui ne se réserve rien. Pourquoi changer cette jurisprudence ?

2. « M. ** dit que le particulier qui faillit sans y être exposé par son état n'est ordinairement qu'un escroc.

1. « M. ** dit qu'il peut avoir été trompé lui-même. Souvent, par exemple, un architecte, pour déterminer une personne à faire bâtir, lui présente un aperçu bien au-dessous des dépenses dans lesquelles il l'engage.

4. « M. le Ministre de la Justice dit qu'il sent toute la force de ces raisons; que cependant il seroit dangereux de trop étendre la facilité de faire cession de biens. On a vu beaucoup de gens de mauvaise foi soustraire le porte-feuille dans lequel ils avoient renfermé toute leur fortune : on n'est parvenu à les réduire qu'au moyen de la contrainte par corps. De tout temps il y a eu des fraudes; mais elles se sont beaucoup plus multipliées depuis nos dissentions civiles.

« Les négocians forment une classe à part : les chances qu'ils courent leur ont toujours fait accorder plus facilement le bénéfice de cession.

3. « M. le Rapporteur dit que cette facilité doit être donnée à tout citoyen honnête et malheureux; que dans tous les temps il l'a obtenue, et que pour la lui refuser à l'avenir il faudroit justifier que

cette dureté est exigée par des circonstances nouvelles.

5. « M. le Président dit qu'on doit laisser les tribunaux juger de la bonne foi de tout débiteur, et examiner si des malheurs réels sont la cause de sa faillite.

« Il seroit utile, au surplus, de soumettre l'obtention du bénéfice de cession à quelque formalité humiliante.

2. « M. ** pense qu'en effet on pourroit autoriser le juge à admettre au bénéfice de cession ou à le refuser en consultant les circonstances et non la profession du débiteur.

« L'article est adopté avec cet amendement. » (1).

II. En conséquence, l'article fut communiqué en ces termes :

Les débiteurs dont la bonne foi sera reconnue, pourront être admis au bénéfice de cession ; ils seront tenus, à cet effet, de déposer au greffe du tribunal où la demande sera portée leurs bilan, livres, s'ils en ont, et titres actifs (2).

La section du Tribunat dit :

« *Dont la bonne foi sera reconnue.* La section préfère de se référer au Code civil, que l'article ne rappelle qu'en partie. On diroit : *qui peuvent ob-*

(1) Discuss. du C. d'État. Séance du 25 prairial an 13. — (2) Réd. comm. art. 1064.

tenir la cession judiciaire aux termes des articles 1268 et 1270 du Code civil » (1).

L'article a été changé d'après ces observations.

III. L'orateur du Conseil a dit sur cet article :

« Comme le bénéfice de cession repose essentiellement sur la bonne foi du débiteur, il devra, pour l'obtenir, déposer tous les livres et titres propres à justifier sa conduite et à éclairer ses créanciers » (2).

IV. L'orateur du Tribunat s'est exprimé ainsi :

« Il faut que le débiteur dépose au greffe du tribunal de première instance de son domicile, son bilan, ses libres, s'il en a, et ses titres actifs. C'est sur-tout par ce dépôt qu'il peut se mettre à l'abri des soupçons. Au reste, on n'exige plus de lui l'affirmation inutile que ses livres sont exacts, et que sa production est complete » (3).

V. L'article 569 du Code de commerce porte :

Le failli qui sera dans le cas de réclamer la cession judiciaire, sera tenu de former sa demande au tribunal, qui se fera remettre les titres nécessaires : la demande sera insérée dans les papiers

---

(1) Proc. verb. de la sect. de lég. du Trib. Observ. sur l'art. 1064 de la réd. comm. — (2) Exposé des motifs, p. 176. — (3) Disc. de l'orat. du Trib. p. 225.

publics, comme il est dit à l'article 683 du Code de procédure civile.

Le Conseil d'État avoit d'abord arrêté, conformément à l'article 898 du Code de procédure, que *le failli seroit tenu de déposer au greffe du tribunal son bilan, ses livres et ses titres actifs* (1).

Les sections du Tribunat ont dit sur cette disposition :

« D'après le système de la présente loi, il ne peut être appliqué au failli, en ce qu'il ordonne à celui-ci de déposer au greffe du tribunal son bilan, ses livres actifs, quoique cela lui soit impossible, puisqu'il a dû remettre le tout aux agents de la faillite dans les vingt-quatre heures de leur entrée en fonctions » (2).

A la suite de ces observations, les sections proposèrent la rédaction suivante :

Il sera statué par le tribunal sur le vu du bilan, des livres et des titres actifs du failli, lesquels seront, à cet effet, déposés au greffe (3).

Le Conseil d'État s'est borné à dire : *le tribunal se fera remettre les titres nécessaires* (4).

---

(1) Proc. verb. du C. d'État, cont. la discuss. du projet de Code de comm. Séance du 23 mai 1807, n.° 1, art. 125. — (2) Proc. verb. des sect. réunies du Trib. Observ. sur le projet de Code de comm. — (3) Ibid. — (4) Discuss. du C. d'État. Séance du 9 juillet 1807, n.° 55, art. 133.

Cette rédaction lève la difficulté et satisfait à tout.

Pour mettre les créanciers en état de contredire, le Code veut qu'ils soient avertis de la demande.

On s'est partagé sur le mode.

La commission avoit proposé de faire citer les créanciers par le débiteur en la personne des syndics (1).

La Cour d'appel de Paris observoit « que c'étoit supposer qu'il y auroit toujours une union (2). Elle présentoit la rédaction suivante :

Pour être admis au bénéfice de cession, le débiteur cite ses créanciers individuellement, ou, en cas d'union, les cite en la personne de leurs syndics devant le tribunal civil. Il est présent à l'audience, et affirme qu'il n'a rien distrait au préjudice de ses créanciers (3).

Le tribunal de commerce de Lyon fit la même proposition (4).

Le tribunal de commerce de Besançon desiroit que, « dans les deux cas, les citations fussent données aux créanciers à domicile, et non pas en la personne de leurs syndics. La cession de biens étant, par sa nature, un acte important, et, par ses effets, un acte préjudiciable aux intérêts des

---

(1) Projet de Code de comm. art. 391. — (2) *Cour d'appel de Paris.* Observ. des Trib. tome I, p. 402. — (3) Ibid. — (4) *Trib. et cons. de comm. de Lyon.* Ibid. tome II, p. 561.

créanciers, on ne peut l'environner de trop de formes et de précautions (1).

L'idée du commerce de Besançon a été adoptée par l'article 571, qui veut que les créanciers soient appelés individuellement, mais lorsque le failli comparoît à l'audience, et non au moment où il forme sa demande.

Ce mode est préférable à celui que le commerce de Besançon présentoit. Il peut arriver, en effet, que le tribunal rejette d'office la demande, et, dans ce cas, la citation des créanciers auroit été une formalité inutile.

Néanmoins, et afin que, même avant la comparution du failli, les créanciers puissent combattre sa demande et éclairer le tribunal, le Conseil d'État a cru devoir décider qu'elle seroit rendue publique par l'insertion dans les journaux (2).

ARTICLE 899.

> Le débiteur se pourvoira devant le tribunal de son domicile*.

La section du Tribunat avoit demandé qu'on dît: *devant le tribunal de première instance de son domicile.*

---

(1) *Trib de comm. de Besançon.* Observ. des trib. tome II, p. 134.

(2) Discuss. du C. d'État. Séance du 2 mai 1807, n.os 26 et 27.

* L'article 635 du Code de commerce indique le tribunal auquel la demande doit être adressée lorsque l'impétrant appartient au commerce.

ARTICLE 900.

La demande sera communiquée au ministère public; elle ne suspendra l'effet d'aucune poursuite, sauf aux juges à ordonner, parties appelées, qu'il sera sursis provisoirement.

La seconde disposition de cet article est répétée littéralement par l'article 570 du Code de commerce, qui est ainsi conçu :

La demande ne suspendra l'effet d'aucune poursuite, sauf au tribunal à ordonner, parties appelées, qu'il y sera sursis provisoirement.

L'ordonnance du mois d'octobre 1535, chapitre VIII, article 33, soustrayoit le débiteur à la contrainte par corps du moment qu'il avoit présenté sa requête et cité ses créanciers.

Cet usage blessoit les principes et étoit abusif.

En principe; « il ne sauroit dépendre du débiteur de changer sa condition et le droit des tiers par son seul et propre fait » (1).

En fait, il pouvoit arriver que le débiteur fût déclaré inadmissible au bénéfice de cession, et qu'ensuite on ne sût plus où prendre le débiteur; il pouvoit se faire même que le débiteur n'eût réclamé la cession qu'afin de profiter de sa liberté pour se sauver avec les valeurs qu'il avoit détournées, et qu'il eût peut-être livrées à ses créanciers

(1) Exposé des motifs du Code de proc., p. 177.

s'il eût eu devant lui la perspective d'une longue incarcération.

« C'est donc à la justice à examiner sa position, et à lui accorder un sursis si elle l'en juge digne » (1). Il y auroit eu de la dureté à ne le pas faire jouir, aussitôt qu'il réclame l'indulgence de la loi, d'un bienfait qui, en définitif, ne peut pas lui être refusé, toutes les fois que la loi ne l'exclut pas formellement*.

ARTICLE 901.

Le débiteur admis au bénéfice de cession sera tenu de réitérer sa cession en personne, et non par procureur, ses créanciers appelés, à l'audience du tribunal de commerce de son domicile; et s'il n'y en a pas, à la maison commune, un jour de séance : la déclaration du débiteur sera constatée, dans ce dernier cas, par procès-verbal de l'huissier, qui sera signé par le maire.

I. L'orateur du Conseil a dit sur cet article :

« Si le débiteur est admis au bénéfice de cession, il devra, quel que soit son état, la réitérer en personne et avec publicité.

« Le lieu le plus propre à cet objet, quoique le jugement émane du tribunal ordinaire, a semblé être l'auditoire du tribunal de commerce, et, à défaut, la salle des séances de la maison commune.

(1) Exposé des motifs du Code de proc., p. 177

* *Voyez* les notes sur l'article 905.

« Il ne s'agit pas ici d'une faveur clandestine, et celui qui la recueille peut bien être astreint à cette démarche solennelle, qui, si elle semble onéreuse, sera une garantie de plus contre l'abus de l'institution » (1).

II. L'orateur du Tribunat s'est exprimé ainsi : « Si le débiteur est admis au bénéfice, l'on ne maintient pas l'usage de publier le jugement en sa présence au pilori, ou dans le marché public ; encore moins rétablit-on l'usage oublié du bonnet vert ; car pourquoi aviliroit-on à ce point celui que la loi juge digne d'être mis à l'abri des contraintes ? On le soumet seulement à réitérer sa cession en personne, à ses créanciers appelés à l'audience du tribunal de commerce de son domicile, ou, s'il n'y en a pas, à la maison commune, un jour de séance. Il est en outre ordonné que ses nom, prénoms, profession et demeure, seront insérés dans un tableau public à ce destiné, placé dans l'auditoire du tribunal de commerce de son domicile, ou du tribunal de première instance, qui en fait les fonctions, et dans le lieu des séances de la maison commune. Ces formalités sont autant et plus nécessaires dans ce cas, que celles prescrites pour le cas de la séparation de biens, et celui de l'interdiction : elles servent à faire connoître l'in-

(1) Exposé des motifs, p. 177.

dividu, et à mettre en garde dans les transactions qui se présenteront à faire avec lui » (1).

III. L'article 571 du Code de commerce est entièrement conforme à l'article 901 du Code de la procédure. Il porte :

Le failli admis au bénéfice de cession sera tenu de faire ou de réitérer sa cession en personne et non par procureur, ses créanciers appelés, à l'audience du tribunal de commerce de son domicile; et, s'il n'y a pas de tribunal de commerce, à la maison commune, un jour de séance. La déclaration du failli sera constatée, dans ce dernier cas, par le procès-verbal de l'huissier, qui sera signé par le maire.

ARTICLE 902.

Si le débiteur est détenu, le jugement qui l'admettra au bénéfice de cession, ordonnera son extraction, avec les précautions en tel cas requises et accoutumées, à l'effet de faire sa déclaration conformément à l'article précédent.

Cet article a été adopté sans discussion ni observations. Il est répété par l'article 572 du Code de commerce, qui porte :

Si le débiteur est détenu, le jugement qui l'admettra au bénéfice de cession ordonnera son extrac-

(1) Disc. de l'orat. du Trib. p. 225.

tion, avec les précautions en tel cas requises et accoutumées, à l'effet de faire sa déclaration conformément à l'article précédent.

ARTICLE 903.

Les nom, prénoms, profession et demeure du débiteur seront insérés dans un tableau public à ce destiné, placé dans l'auditoire du tribunal de commerce de son domicile, ou du tribunal de première instance qui en fait les fonctions, et dans le lieu des séances de la maison commune.

I. L'orateur du Conseil a dit sur cet article :

« La solennité passagère de la cession en personne ne suppléeroit pas à la publicité permanente que requiert l'intérêt des tiers ; et, quelques égards que mérite l'infortune, il est juste et utile que la position du débiteur admis au bénéfice de cession, soit connue de ceux qui peuvent contracter avec lui.

« Cet intérêt est sur-tout celui du commerce ; et il a, par ce motif, semblé convenable que, quelle que fût la profession du débiteur, ses nom, prénoms, profession et demeure fussent insérés dans un tableau affiché en l'auditoire du tribunal de commerce.

« Le même avertissement, dû aux autres classes de la société, a donné lieu d'ordonner la même affiche au lieu des séances de la maison commune » (1).

(1) Exposé des motifs, p. 177 et 178.

II. L'article 573 du Code de commerce, qui se rattache à celui-ci, est ainsi conçu :

Les nom, prénoms, profession et demeure du débiteur, seront insérés dans des tableaux à ce destinés, placés dans l'auditoire du tribunal de commerce de son domicile, ou du tribunal civil qui en fait les fonctions, dans le lieu des séances de la maison commune, et à la bourse.

ARTICLE RETRANCHÉ.

Dans la rédaction communiquée, il y avoit ici un article qui étoit ainsi conçu :

La cession ne libère que de la contrainte par corps : les créanciers conservent leurs droits sur les biens que le débiteur pourroit acquérir postérieurement (1).

La section du Tribunat dit :

« L'article ne rappelle qu'une partie de la disposition relative de l'article 1270 du Code civil. La section desire qu'on rétablisse le texte en entier : il est plus énergique.

« L'article seroit ainsi conçu :

« *La cession opère la décharge de la contrainte par corps.*

« *Au surplus, elle ne libère le débiteur que jusqu'à concurrence de la valeur des biens abandon-*

(1) Réd. comm. art. 1070.

nés; et dans le cas où ils auroient été insuffisants, s'il lui en survient d'autres, il est obligé de les abandonner jusqu'au parfait paiement» (1).

On a trouvé encore plus simple de supprimer entièrement l'article. Il étoit en effet déplacé dans le Code de procédure, qui n'est destiné qu'à régler les formes avec les droits au fonds. D'ailleurs le droit étoit déja établi par l'article 1270 du Code civil, et il l'a été encore depuis par l'article 568 du Code de commerce.

Voici ces articles :

CODE CIVIL. Art. 1270. *Les créanciers ne peuvent refuser la cession judiciaire, si ce n'est dans les cas exceptés par la loi.*

Elle opère la décharge de la contrainte par corps.

Au surplus, elle ne libère le débiteur que jusqu'à concurrence de la valeur des biens abandonnés; et dans le cas où ils auroient été insuffisants, s'il lui en survient d'autres, il est obligé de les abandonner jusqu'au parfait paiement.

CODE DE COMM. Art. 568. *La cession judiciaire n'éteint point l'action des créanciers sur les biens que le failli peut acquérir par la suite; elle n'a d'autre effet que de soustraire le débiteur à la contrainte par corps.*

---

(1) Proc. verb. de la sect. de législ. du Trib. Observ. sur l'art. 1070 de la réd. comm.

Je dois faire observer que dans ce dernier article la section de l'intérieur avoit réduit l'exemption de la contrainte aux *dettes commerciales*, et que le Conseil, par une décision formelle a retranché cette limation (1).

ARTICLE 904.

Le jugement qui admettra au bénéfice de cession, vaudra pouvoir aux créanciers, à l'effet de faire vendre les biens meubles et immeubles du débiteur; et il sera procédé à cette vente dans les formes prescrites pour les héritiers sous bénéfice d'inventaire.

Cet article est la suite de l'article 1269 du Code civil, qui porte :

La cession judiciaire ne confère point la propriété aux créanciers : elle leur donne seulement le droit de faire vendre les biens à leur profit, et d'en percevoir les revenus jusqu'à la vente.

Les dispositions de l'article 904 du Code de procédure ont été appliquées aux négocians faillis par l'article 574 du Code de commerce, qui est ainsi conçu :

En exécution du jugement qui admettra le débiteur au bénéfice de cession, les créanciers pourront faire vendre les biens meubles et immeubles

---

(1) Proc. verb. du C. d'Etat, cont. la discuss. du projet de Code de comm. Séance du 2 mai 1807, n.° 24.

du débiteur, et il sera procédé à cette vente dans les formes prescrites pour les ventes faites par union de créanciers.

La section de l'intérieur du Conseil d'État avoit présenté cet article ainsi rédigé :

Le jugement qui admettra au bénéfice de cession, vaudra pouvoir aux créanciers à l'effet de faire vendre les biens meubles et immeubles du débiteur (1).

Cette rédaction donna lieu à la discussion suivante :

1. « M.** dit que cet article suppose évidemment qu'il n'y a pas expropriation. La cession ne peut donc se concilier avec le système du désaisissement.

2. « M.** observe que la cession peut précéder la faillite et l'empêcher.

3. « M.** dit que toute cession suppose nécessairement l'insuffisance de l'actif, et par conséquent la faillite.

2. « M.** dit qu'avant d'être en faillite, le débiteur peut avoir éprouvé des saisies, et qu'en faisant cession, il s'épargne les frais que la vente de ses biens eût entraînés si elle eût été faite dans les formes ordinaires.

1. « M.** propose de dire que, dans le cas de l'ar-

(1) Proc. verb. du C. d'État, cont. la discuss. du projet de Code de comm. Séance du 2 mai 1807, n.° 11, art. 129.

ticle, les biens seront vendus dans la même forme que lorsqu'il y a union de créanciers.

« L'article est renvoyé à la section » (1).

Il a été ensuite reproduit et adopté sans discussion nouvelle, tel qu'on le trouve dans le Code.

ARTICLE 905.

Ne pourront être admis au bénéfice de cession, les étrangers, les stellionataires, les banqueroutiers frauduleux, les personnes condamnées pour cause de vol ou d'escroquerie, ni les personnes comptables, tuteurs, administrateurs et dépositaires.

I. La rédaction communiquée étoit ainsi conçue: *Ne pourront être admis au bénéfice de cession, les étrangers, les stellionataires, les banqueroutiers frauduleux, ni les comptables, tuteurs, administrateurs et dépositaires* (2).

La section du Tribunat dit:

« La section croit que l'exception doit être étendue aux individus condamnés pour faits d'escroquerie ou de vol » (3).

A la suite de cette observation, la section a proposé la rédaction qui est dans le Code.

---

(1) Proc verb. du C. d'État, cont. la discuss. du projet du Code de comm. Séance du 2 mai 1807. — (2) Réd. comm. art. 1072. — (3) Proc. verb. de la sect. de législ. du Trib. Observ. sur l'art. 1072 de la réd. comm.

II. L'orateur du Conseil a dit sur cet article :

« Les vues du Code paroîtront sans doute bien préférables à celles de l'ordonnance de 1673, sur la matière des cessions.

« Deux articles seulement, et dont le premier renvoie *aux formalités ordinairement observées*, composent le titre X de cette ordonnance.

« Dans le vague de telles dispositions, et sur-tout dans le silence qu'elles gardent sur les causes personnelles d'inadmissibilité, autre que la qualité d'étranger, l'on a vu les statuts particuliers et les arrêts régir diversement cette matière.

« Ainsi, dans le ressort de la coutume d'Orléans, les acheteurs de certaines denrées, de même que les acquéreurs de biens vendus à l'encan, n'étoient point admis au bénéfice de cession.

« Dans le Nivernois, le fermier de biens ruraux n'y étoit point admis, quand la contrainte par corps avoit été stipulée dans le bail.

« Ailleurs, le bénéfice de cession étoit refusé aux cautions judiciaires et à toutes personnes qui avoient contracté en justice.

« Tant de diversités vont cesser enfin, et la loi seule posera les exceptions en les restreignant aux termes indiqués par les besoins de la société.

« Ainsi, les étrangers ne seront point admis au bénéfice de cession ; car la détention de leurs personnes est la principale et quelquefois l'unique sûreté de leurs créanciers.

« Il y aura aussi exclusion pour les stellionataires, banqueroutiers frauduleux, et personnes condamnées pour vol ou escroquerie : de tels débiteurs sont évidemment indignes du bienfait de la loi.

« Ce bienfait ne sera point accordé non plus aux comptables, tuteurs, administrateurs et dépositaires : ainsi l'exigent la nature de la dette, et la faveur due soit au trésor public, soit aux pupilles, soit même à toutes autres personnes dont la confiance a été trahie.

« Telles sont les exceptions que le nouveau Code admet : appliquées à des cas précis, et justes en elles-mêmes, elles ne peuvent qu'être accueillies » (1).

III. L'orateur du Tribunat s'est exprimé ainsi :

« Le Code civil s'est contenté, à l'égard de la cession de biens, d'exiger que le débiteur soit malheureux et de bonne foi; et il ajoute seulement que la cession judiciaire ne peut être refusée que dans les cas exceptés par la loi.

« Il falloit déterminer ces cas d'exception : c'est à quoi le projet pourvoit. Parmi ceux beaucoup trop nombreux qu'une jurisprudence très-bigarrée avoit introduits, il a choisi les seuls essentiels. L'exclusion du bénéfice n'est, en conséquence, prononcée que contre les étrangers, parceque leurs biens ne sont pas ordinairement à la portée du

(1) Exposé des motifs, p. 178 et 179.

créancier françois; contre les stellionataires, les banqueroutiers frauduleux, les personnes condamnées pour cause de vol et d'escroquerie, parceque leur mauvaise foi est avérée; contre les personnes comptables, les tuteurs, les administrateurs et les dépositaires, parcequ'ils ont prévariqué. Il n'est, au surplus, rien préjugé quant à présent à l'égard du commerce et de ses usages » (1).

III. On se rappelle que l'article 1270 du Code civil, qui a été rapporté plus haut*, décide *que les créanciers ne peuvent refuser la cession judiciaire, si ce n'est dans les cas exceptés par la loi.*

Ce Code ne fait lui-même qu'une seule exception, c'est celle qu'il établit par l'article 1945, qui dit : *Le dépositaire infidèle n'est pas admis au bénéfice de cession.*

Les autres exceptions ont donc été déterminées, comme on vient de le voir, par l'article 905 du Code de procédure ; et l'article 575 du Code de commerce les confirme en ces termes :

« *Ne pourront être admis au bénéfice de cession,*

» 1.° *Les stellionataires, les banqueroutiers frauduleux, les personnes condamnées pour faits de vol ou d'escroquerie, ni les personnes comptables ;*

(1) Disc. de l'orateur du Trib. p. 224.

* *Voyez* page 178.

2.° *Les étrangers, les tuteurs, administrateurs ou dépositaires**.

ARTICLE 906.

Il n'est au surplus rien préjugé, par les dispositions du présent titre, à l'égard du commerce, aux usages duquel il n'est, quant à présent, rien innové.

L'orateur du Conseil a dit sur cet article :

« Il me reste à parler des causes qui ont dicté la disposition finale de notre projet, celle qui exprime qu'il n'est rien préjugé par le titre XII à l'égard du commerce.

« Comme la cession de biens est un bénéfice du droit commun introduit en faveur du débiteur malheureux, *marchand ou non*, la procédure qui y est relative trouvoit naturellement sa place dans la loi générale dont vous vous occupez en ce moment; et la connoissance devoit en être attribuée, ou, pour parler plus exactement, conservée aux tribunaux ordinaires qui l'ont aujourd'hui et l'avoient sous l'ancienne législation, sans distinction des personnes.

« Cependant des hommes dont l'opinion mérite

---

* Sur les raisons qui ont fait admettre des exceptions, sur les motifs qui ont déterminé les causes de celles qui existent, sur la force et l'étendue de ces causes, *Voyez* l'*Esprit du Code de commerce*, tome VII, p. 229 et suiv.

des égards ayant observé que peut-être il y auroit lieu d'admettre sur la compétence une exception en faveur des tribunaux de commerce *quand le débiteur seroit commerçant,* on a voulu se réserver le temps d'examiner cette proposition.

« Tel est le but de l'article, et il seroit au surplus prématuré de s'arrêter aujourd'hui sur un objet dont la discussion se lie au Code commercial » (1).

(1) Exposé des motifs, p. 179 et 180.

LIVRE II.

PROCÉDURES

RELATIVES À L'OUVERTURE D'UNE SUCCESSION.

NOTIONS GÉNÉRALES.

I. L'orateur du Conseil a dit sur l'ensemble de ce livre :

« Avec notre vie finissent nos droits, et commencent ceux de nos héritiers. Ils auront à partager nos biens; il faut les leur conserver, sans préjudice des droits préexistants de nos créanciers.

« De là les appositions de scellés après décès, la vente du mobilier et celle des immeubles, les partages, les licitations, la renonciation à la communauté ou à la succession, la curatelle aux successions vacantes.

« Le Code civil a fixé les principes qui régissent ces matières. Le Code de procédure devoit prescrire la manière de les réclamer et de les appliquer. C'est le sujet des neuf titres du livre second de la seconde partie, soumis à votre délibération.

« Les motifs des dispositions qu'il renferme n'exigent pas de longs développements; elles s'expliquent par leur évidente utilité. La plupart étoient déja consacrées par nos lois ou par la pratique; seulement on a choisi, on a rassemblé en un seul corps ce que les usages et les règlements avoient de meilleur, et l'on s'est appliqué à les simplifier et à les améliorer. Le Code de procédure civile aura le même avantage que le Code civil, celui, non de changer ce qui avoit été sagement et utilement statué, mais d'étendre à toute la France ce qu'il y avoit de mieux dans les diverses jurisprudences; de donner des règles uniformes et complètes à tous les tribunaux » (1).

II. L'orateur du Tribunat s'est exprimé ainsi :

« Le livre du Code de procédure dont le projet est soumis à votre délibération est digne d'une attention d'autant plus sérieuse que les matières qui en sont l'objet n'avoient été réglées jusqu'ici dans aucun corps de législation positive. Des pratiques qui varioient dans les divers tribunaux, des règlements faits par les Cours souveraines, en un mot, la jurisprudence plutôt que la loi, étoient à cet égard les seuls guides des parties, des officiers ministériels, et des juges.

« C'est donc un service important rendu aux uns et aux autres que d'avoir rassemblé dans le court espace de quelques articles les dispositions qu'ils

(1) Exposé des motifs, p. 183.

auront à suivre dans l'une des occasions les plus importantes comme les plus fréquentes de la vie civile. Sous ce rapport et sous beaucoup d'autres, le Code de procédure aura du moins sur les ordonnances qui l'ont précédé l'avantage d'être plus complet et de développer toutes les formes des actions, comme le Code civil a développé tous les principes.

« Quel est l'objet des procédures judiciaires auxquelles *l'ouverture d'une succession* peut donner lieu?

« La simple raison elle-même semble répondre que ces procédures doivent tendre toutes vers l'un des quatre points suivants : *à conserver la succession*, *à la constater*, *à la liquider*, *à la distribuer.*

« *Il faut conserver la succession* si, au moment où elle s'ouvre, c'est-à-dire à l'instant du décès, les héritiers sont absents, inconnus ou incapables de surveiller leurs intérêts. Alors les biens qu'ils sont appelés à recueillir se trouvent en quelque sorte sans maître encore, et la justice doit intervenir pour empêcher qu'ils ne soient ravis par une cupidité étrangère. De là les règles sur *l'apposition* et *la levée des scellés*

« *Il faut constater la succession* quand l'intérêt des héritiers ou celui des créanciers l'exige. Les uns ont souvent besoin de cette mesure pour savoir s'ils accepteront ou répudieront l'hérédité; les autres, pour connoître l'étendue des moyens qu'ils ont de faire valoir leurs droits. De là les règles sur *les inventaires.*

« *Il faut liquider la succession* lorsqu'il y a complication dans les intérêts auxquels elle donne ouverture, et que la juste mesure de chacun d'eux ne peut être établie que par une suite de comptes, de vérifications, et de calculs. *Les ventes mobilières* et *immobilières* sont souvent des opérations utiles en ces occasions, soit parcequ'elles substituent une valeur liquide et fixe à des valeurs plus ou moins arbitraires, soit parcequ'elles fournissent dans le prix un moyen d'éclaircir les principaux embarras. De là les règles propres à ces sortes de ventes, considérées comme moyens de liquidation.

Enfin *il faut distribuer la succession.* C'est là le terme indispensable auquel toutes les opérations doivent aboutir. Mais cette distribution ne se fait pas toujours de même.

« Tantôt elle a lieu d'une manière définitive au profit des héritiers, qui conservent les biens en nature, ou les aliènent pour en tirer un prix plus facile à diviser : de là les règles propres *aux licitations et aux partages.*

« Tantôt elle a lieu dans les mains des mêmes héritiers, mais plutôt comme administrateurs que comme propriétaires, et à la charge de rendre compte aux créanciers : de là les règles propres à l'addition d'hérédité sous *bénéfice d'inventaire.*

« Tantôt elle a lieu encore au profit des créanciers seuls : de là les règles applicables *aux curateurs à succession vacante.*

« Tel est le système des procédures que cette matière comporte, et c'est aussi celui de tout le projet qui vous est soumis.

« En l'examinant, la section du Tribunat, dont je suis l'organe, a remarqué que les dispositions qu'il renferme ne sont que le résultat éclairé de l'expérience, et se trouvent ainsi suffisamment justifiées par elle. Je me bornerai donc à vous faire observer seulement les points dans lesquels le projet a statué quelque chose de nouveau ou modifié les pratiques anciennes » (1).

TITRE PREMIER.

DE L'APPOSITION DES SCELLÉS APRÈS DÉCÈS.

SOMMAIRES

DES ARTICLES QUI COMPOSENT CE TITRE.

1. *Par quels officiers les scellés sont apposés* (art. 907).
2. *Sceau employé à l'apposition* (art. 908).
3. *Par qui l'apposition des scellés peut être requise* (art. 909).
4. *Du cas où les prétendants-droit et les créanciers sont mineurs* (art. 910).

(1) Disc. de l'orat. du Trib. p. 227 et suiv.

5. *Cas où les scellés sont apposés à la diligence du ministère public, sur la déclaration du maire ou d'office* (art. 911).
6. *Par quels juges de paix les scellés peuvent être apposés* (art. 912).
7. *Mention qui doit être faite lorsque l'apposition n'est requise qu'après l'inhumation* (art. 913).
8. *Ce que le procès-verbal d'apposition doit contenir* (art. 914).
9. *Dépôt des clefs et précautions pour empêcher les soustractions* (art. 915).
10. *Formalités à remplir lorsqu'on trouve un testament* (art. 916).
11. *Perquisition du testament* (art. 917).
12. *Ouverture et dépôt des paquets cachetés qui intéressent la succession* (art. 918).
13. *Du cas où les paquets cachetés paroissent appartenir à des tiers* (art. 919).
14. *Du testament trouvé ouvert* (art. 920).
15. *Référé, décisions provisoires et précautions lorsqu'il se rencontre des difficultés à l'apposition des scellés* (art. 921).
16. *De l'ordonnance sur référé* (art. 922).
17. *De la réquisition d'apposer les scellés survenue pendant le cours ou après la confection de l'inventaire* (art. 923).
18. *Du procès-verbal de carence, et de la description des effets mobiliers qui ne peuvent être mis sous les scellés* (art. 924).
19. *Registre d'ordre pour les scellés* (art. 925).

ARTICLE 907.

Lorsqu'il y aura lieu à l'apposition des scellés après décès, elle sera faite par les juges de paix, et à leur défaut, par leurs suppléants.

I. L'article avoit été présenté en ces termes : *Les scellés, après décès, seront apposés par les juges de paix ou par leurs suppléants concurremment* (1).

La discussion suivante s'engagea au Conseil d'État.

« L'article 959 est discuté.

1. « M. LE PRÉSIDENT dit qu'il ne voit pas pourquoi le droit d'apposer les scellés seroit donné exclusivement aux juges de paix : les notaires sont en aussi grand nombre que ces fonctionnaires, et ils n'obtiennent pas moins de confiance.

2. « M. LE RAPPORTEUR dit que le ministère de ces officiers étant essentiellement volontaire, on ne pourroit, sans le dénaturer, leur permettre d'apposer d'office des scellés.

1. « M. LE PRÉSIDENT dit qu'il ne propose pas de leur donner l'apposition des scellés dans ce cas, mais seulement dans celui où les héritiers les requièrent.

3. « M.** dit que quand les parties sont d'accord,

(1) 1.re réd. art. 959.

elles peuvent faire apposer le scellé par qui bon leur semble; mais que quand il y a des mineurs dans une succession, l'apposition des scellés devient un acte juridictionnel qui ne sauroit appartenir aux notaires.

4. « M.** dit que le juge de paix, étranger à toutes les parties, ne peut être suspect à aucune; qu'un notaire, choisi par l'une d'elles, n'auroit pas la confiance des autres.

1. « M. le Président dit que son observation ne porte pas sur tous ces cas : il voudroit seulement que l'article ne fût pas exclusif.

3. « M.** dit que la disposition ne s'applique qu'aux circonstances où le scellé est forcé; qu'au-delà les parties sont libres.

5. « M. le Ministre de la justice observe que, par l'article, les suppléants se trouvent aussi investis du droit d'apposer les scellés.

3. « M.** dit que cette disposition a été ajoutée sur la demande des tribunaux. Ils ont fait observer que dans les lieux où les appositions de scellés sont fréquentes, on seroit obligé d'attendre son tour si le juge de paix seul pouvoit agir.

« L'article est renvoyé à la section pour en présenter une rédaction conforme aux observations de *M. le Président* » (1).

(1) Discuss. du C. d'Etat. Séance du 15 prairial an 13.

L'article fut reproduit et adopté sans discussion ni observations tel qu'il est dans le Code.

II. Les circonstances où il y a lieu à l'apposition des scellés, ou dans lesquelles on peut s'en dispenser, sont déterminées par les articles suivants du Code civil :

Art. 270. *La femme commune en biens, demanderesse ou défenderesse en divorce, pourra, en tout état de cause, à partir de la date de l'ordonnance dont il est fait mention en l'article* 238, *requérir, pour la conservation de ses droits, l'apposition des scellés sur les effets mobiliers de la communauté. Ces scellés ne seront levés qu'en faisant inventaire avec prisée, et à la charge par le mari de représenter les choses inventoriées, ou de répondre de leur valeur comme gardien judiciaire.*

Art. 769. *Le conjoint survivant et l'administration des domaines qui prétendent droit à la succession, sont tenus de faire apposer les scellés, et de faire faire inventaire dans les formes prescrites pour l'acceptation des successions sous bénéfice d'inventaire.*

Art. 819. *Si tous les héritiers sont présents et majeurs, l'apposition de scellés sur les effets de la succession n'est pas nécessaire, et le partage peut être fait dans la forme et par tel acte que les parties intéréssées jugent convenable.*

Si tous les héritiers ne sont pas présents, s'il y a

parmi eux des mineurs ou des interdits, le scellé doit être apposé dans le plus bref délai, soit à la requête des héritiers, soit à la diligence du procureur du Roi près le tribunal de première instance, soit d'office par le juge de paix dans l'arrondissement duquel la succession est ouverte.

Art. 820. *Les créanciers peuvent aussi requérir l'apposition des scellés, en vertu d'un titre exécutoire ou d'une permission du juge.*

Art. 821. *Lorsque le scellé a été apposé, tous créanciers peuvent y former opposition, encore qu'ils n'aient ni titre exécutoire ni permission du juge.*

Les formalités pour la levée des scellés et la confection de l'inventaire sont réglées par les lois sur la procédure.

Art. 1031. *Les exécuteurs testamentaires feront apposer les scellés, s'il y a des héritiers mineurs, interdits ou absents.*

Ils feront faire, en présence de l'héritier présomptif, ou lui dûment appelé, l'inventaire des biens de la succession.

Ils provoqueront la vente du mobilier, à défaut de deniers suffisants pour acquitter les legs.

Ils veilleront à ce que le testament soit exécuté; et ils pourront, en cas de contestation sur son exécution, intervenir pour en soutenir la validité.

Ils devront, à l'expiration de l'année du décès du testateur, rendre compte de leur gestion.

ARTICLE 908.

Les juges de paix et leurs suppléants se serviront d'un sceau particulier, qui restera entre leurs mains, et dont l'empreinte sera déposée au greffe du tribunal de première instance.

L'orateur du Tribunat a dit sur cet article :

« Les commissaires de Paris autrefois se servoient, pour l'apposition des scellés, de leur cachet privé, gravé à leurs armes ; et une déclaration du 2 mai 1713 les y avoit autorisés. D'autres officiers, surtout dans les petites justices, en avoient plus d'une fois usé de même.

« L'article 908 du projet ne veut plus de ces instruments sans authenticité. Il exige, pour l'apposition des scellés, un cachet dont l'empreinte soit déposée au greffe du tribunal de première instance. Ce dépôt donne au sceau le caractère de publicité nécessaire ; et si le cachet venoit à se perdre, on auroit du moins le moyen de vérifier, lors de la levée du scellé, si les empreintes qui sont sur la cire sont celles que l'officier a appliquées » (1).

ARTICLE 909.

L'apposition des scellés pourra être requise,

1.° Par tous ceux qui prétendront droit dans la succession ou dans la communauté ;

(1) Disc. de l'orat. du Trib. p. 230.

2.° Par tous créanciers fondés en titre exécutoire, ou autorisés par une permission, soit du président du tribunal de première instance, soit du juge de paix du canton où le scellé doit être apposé;

3.° Et en cas d'absence, soit du conjoint, soit des héritiers ou de l'un d'eux, par les personnes qui demeuroient avec le défunt, et par ses serviteurs et domestiques.

I. Dans la première rédaction, le numéro 3 étoit ainsi conçu :

3.° *Par ceux qui demeuroient avec le défunt, en cas d'absence du conjoint ou de tous les héritiers* (1).

Cette rédaction donna lieu dans le Conseil aux explications suivantes :

« L'article 961 est discuté.

1. « M. LE MINISTRE DE LA JUSTICE demande si les domestiques ne pourront requérir l'apposition des scellés qu'en l'absence du conjoint.

2. « M. LE RAPPORTEUR répond que la section n'a entendu autoriser qu'en ce cas seulement la réquisition des domestiques.

« L'article est adopté, sauf rédaction » (2).

Le numéro fut reproduit et adopté sans discussion, tel qu'il est dans le Code. Le surplus a été rejeté dans l'article 910.

---

(1) 1.re réd. art. 961, n.° 4. — (2) Proc. verb. du C. d'Etat cont. la discuss. du projet de Code de proc. civ. Séance du 15 prarial an 13.

II. Le numéro 2 de la rédaction communiquée portoit : *par tous créanciers fondés en titre authentique, ou autorisés par une permission du juge de paix* (1).

La section du Tribunat dit :

« 1.° *Par tous créanciers fondés en titre authentique*. La section croit qu'on ne peut s'empêcher de répéter les termes employés par l'article 820 du Code civil, qui dit : *titre exécutoire*.

« 2.° *Par une permission du juge de paix*. Il est juste de conférer ce droit au juge de paix ; mais il ne faut pas l'ôter au président du tribunal de première instance, d'autant mieux qu'on peut avoir besoin de faire apposer le scellé en plusieurs endroits qui ne dépendent pas de la même justice de paix.

« La section propose de dire : *par une permission de tout président de tribunal de première instance, ou même du juge de paix qui devra apposer le scellé* » (2).

La rédaction a été réformée d'après ces propositions.

III. L'orateur du Conseil a dit sur cet article :

« L'apposition des scellés après décès est une

(1) Réd. comm. art. 961. — (2) Proc. verb. de la sect. de lég. du Trib. Observ. sur l'art. 961 de la réd. comm.

mesure conservatrice des successions ; souvent superflue, elle est plusieurs fois utile et même nécessaire. Dans ces deux cas, elle peut être requise par tous ceux qui y ont intérêt. On regarde comme tels les prétendants-droit à la succession ou à la communauté, les créanciers fondés en titre exécutoire, et même ceux qui, sans un pareil titre, en produisent un assez apparent pour que le président du tribunal d'arrondissement, ou, en cas d'urgence, le juge de paix, trouve convenable de les autoriser à requérir le scellé.

« Si ceux qui ont un intérêt résultant de leur qualité, le conjoint survivant ou des héritiers, sont absents et non représentés, les personnes qui demeuroient avec le défunt, ainsi que ses serviteurs et domestiques, pourront requérir pour eux. Ils tiennent leur mission de ce sentiment de bienfaisance qui nous porte à prendre soin des affaires des absents ; de ce devoir réciproque qui nous suggère de faire pour autrui ce que nous voudrions que l'on fît pour nous. Dans plusieurs occasions les lois doivent supposer ce devoir, et inviter à le remplir » (1).

ARTICLE 910.

Les prétendants-droit et les créanciers mineurs émancipés, pourront requérir l'apposition des scellés sans l'assistance de leur curateur.

(1) Exposé des motifs p. 183 et 184.

S'ils sont mineurs non émancipés, et s'ils n'ont pas de tuteur, ou s'il est absent, elle pourra être requise par un de leurs parents.

Voyez les notes sur l'article précédent.

ARTICLE 911.

Le scellé sera apposé, soit à la diligence du ministère public, soit sur la déclaration du maire ou adjoint de la commune, et même d'office par le juge de paix,

1.° Si le mineur est sans tuteur, et que le scellé ne soit pas requis par un parent;

2.° Si le conjoint, ou si les héritiers ou l'un d'eux sont absents;

3.° Si le défunt étoit dépositaire public; auquel cas le scellé ne sera apposé que pour raison de ce dépôt et sur les objets qui le composent.

I. Dans la rédaction communiquée, le numéro 1 étoit tel qu'on le trouve dans le Code, et le numéro 2 portoit : *Si le conjoint ayant intérêt, ou si les héritiers ou l'un d'eux sont absents* (1).

La section du Tribunat proposa de réunir les deux numéros, et de dire : *Si le conjoint ou l'un de ses héritiers sont absents, mineurs ou interdits, et que le scellé ne soit pas requis par un parent, etc.*

« Ce sera aussi le moyen, continuoit la section,

(1) Réd. comm. art. 963.

de faire concorder l'article du Code de procédure avec l'article 819 du Code civil.

« De plus, la rédaction proposée fera disparoître ces mots : *ayant intérêt*, qui étoient mis pour condition expresse en ce qui regarde le conjoint, et dont la suppression est absolument nécessaire, attendu la difficulté de savoir si le conjoint a ou n'a pas un intérêt réel. La présomption est qu'il a un intérêt : cela suffit » (1).

Le retranchement des mots : *ayant intérêt*, a seul été adopté.

II. L'orateur du Conseil a dit sur cet article :

« Le juge de paix agira même d'office : il doit, plus encore que d'autres, veiller pour ceux qui ne sont pas à portée de pourvoir à leurs droits ; mais il ne lui est pas permis de prévenir ou de suppléer la vigilance des héritiers s'ils sont tous présents, ou celle des tuteurs et curateurs qui sont responsables, et qui peuvent avoir de justes motifs d'éviter des formalités et des frais superflus. La justice ne portera pas des regards indiscrets dans l'intérieur des familles lorsque son intervention ne sera pas réclamée par les parties ou par la nécessité. Le motif de prévenir la négligence des tuteurs et des abus possibles n'autorise pas à une surveillance inquié-

(1) Proc. verb. de la sect. de légis. du Trib. Observ. sur l'art. 965 de la réd. comm.

tante, qui deviendroit elle-même un abus certain et général. Les tuteurs, qui souvent sont les pères ou les mères, et qui toujours doivent en avoir les sentiments, sont investis, comme les juges de paix, de la confiance de la loi. Les juges de paix ne sont tuteurs, à cet égard, que de ceux qui n'en ont point. Les scellés ne seront donc apposés d'office que dans trois cas : si le mineur n'a point de tuteur, et qu'un de ses parents ne requière pas ; si le conjoint ou l'un des héritiers est absent ; si le défunt étoit dépositaire public ; et, dans ce cas même, le scellé d'office ne portera que sur les objets de dépôt » (1).

ARTICLE 912.

Le scellé ne pourra être apposé que par le juge de paix des lieux ou par ses suppléants.

La rédaction communiquée ajoutoit : *Pourra néanmoins celui du domicile l'apposer par suite, s'il ne l'a été, dans les autres demeures situées hors de sa justice, mais seulement dans l'étendue de l'arrondissement du tribunal de première instance duquel il relève* (2).

La section du Tribunat ne fit point d'observations. La disposition fut néanmoins retranchée par les considérations que l'orateur du Tribunat a exposées en ces termes :

(1) Exposé des motifs, p. 184 et 185. — (2) Réd. comm. art. 964.

« On sait que *le droit de suite* étoit, dans l'ancienne jurisprudence, un des abus les plus onéreux aux parties. Au moyen de ce droit, si un homme venoit à décéder à Paris, les mêmes officiers qui avoient apposé les scellés sur l'appartement où il étoit mort devoient se transporter à grands frais pour faire la même opération dans toutes les provinces où il avoit quelque habitation. Ces excursions sont réprimées par l'article 912, qui prononce que le scellé ne pourra être apposé que par le juge de paix des lieux ou par ses suppléants » (1).

ARTICLE 913.

Si le scellé n'a pas été apposé avant l'inhumation, le juge constatera, par son procès-verbal, le moment où il a été requis de l'apposer, et les causes qui ont retardé soit la réquisition soit l'apposition.

I. L'article avoit été communiqué en ces termes : *Si le scellé n'a pas été apposé avant l'inhumation, il ne pourra l'être après qu'en vertu d'ordonnance du juge de paix* (2).

La section du Tribunat dit :

« La section désire la suppression de la disposition, qui seroit sans objet, puisque, même après l'inhumation, le juge de paix pourroit toujours

(1) Disc. de l'orat. du Trib. p. 230. — (2) Réd. comm. art. 965.

rendre une ordonnance portant qu'il se transportera pour apposer les scellés;

« Et elle propose de remplacer cette disposition par une autre relative aux procès-verbaux de carence.

« C'est en effet lorsque le juge de paix se présente pour apposer le scellé qu'il doit voir s'il y a lieu à apposition.

« S'il n'y a pas d'effets mobiliers, ou s'il n'y a que des effets qui soient en évidence, et qu'en un mot il n'y ait pas lieu d'apposer le scellé pour la conservation des droits des absents, le juge de paix doit se borner à faire un procès-verbal qui constate qu'il n'y a pas de meubles, ou qui désigne les meubles qui sont en évidence.

« Le numéro 8 de l'article 966 (914 *du Code*) parle d'une description sommaire des effets qui ne sont pas mis sous les scellés; mais cette disposition ne suffiroit pas, attendu qu'elle se trouve dans un article qui organise le procès-verbal d'apposition de scellés, et qu'elle ne s'applique qu'aux effets qui sont en évidence, et qui conséquemment ne doivent pas être mis sous les scellés, indépendamment des autres effets qui exigent l'apposition des scellés.

« D'ailleurs, il faut bien organiser dans cette partie, qui est relative aux juges de paix, le mode d'opérer en fait de procès-verbal de carence, attendu que, lorsqu'il s'agit d'un procès-verbal de carence après apposition de scellés, l'opération ne peut concerner que les notaires, ainsi que la section l'établira ci-après sur l'article 995 (943 *du Code*).

« D'après ces observations, l'article en discussion seroit ainsi conçu :

« *S'il n'y avoit aucun effet mobilier, le juge de paix dressera un procès-verbal de carence.*

« *S'il n'y avoit que des effets mobiliers non susceptibles d'apposition de scellés, le juge de paix fera un procès-verbal contenant description sommaire des effets* » (1).

Ces observations ont donné lieu à l'addition de l'article 924. On s'est borné à améliorer la rédaction de l'article qui nous occupe, et on a cru devoir le conserver par des considérations que l'orateur du Conseil a exposées en ces termes :

« Le but du scellé étant de prévenir les soustractions, il importe de l'apposer aussitôt après le décès. Si l'on a différé d'y procéder jusqu'après l'inhumation, ce retard sera mentionné, les causes en seront expliquées ; elles peuvent mettre sur la voie des fraudes » (2).

ARTICLE 914.

Le procès-verbal d'apposition contiendra,

1.° La date des an, mois, jour et heure ;

2.° Les motifs de l'apposition ;

---

(1) Proc. verb. de la sect. de lég du Trib. Observ. sur l'art. 965 de la réd. comm. — (2) Exposé des motifs, p. 185.

3.° Les noms, profession et demeure du requérant, s'il y en a, et son élection de domicile dans la commune où le scellé est apposé, s'il n'y demeure;

4.° S'il n'y a pas de partie requérante, le procès-verbal énoncera que le scellé a été apposé d'office ou sur le réquisitoire ou sur la déclaration de l'un des fonctionnaires dénommés dans l'article 911;

5.° L'ordonnance qui permet le scellé, s'il en a été rendu;

6.° Les comparutions et dires des parties;

7.° La désignation des lieux, bureaux, coffres, armoires, sur les ouvertures desquels le scellé a été pposé;

8.° Une description sommaire des effets qui ne sont pas mis sous les scellés;

9.° Le serment, lors de la clôture de l'apposition, par ceux qui demeurent dans le lieu, qu'ils n'ont rien détourné, vu ni su qu'il ait été rien détourné directement ni indirectement;

10.° L'établissement du gardien présenté, s'il a les qualités requises; sauf, s'il ne les a pas, ou s'il n'en est pas présenté, à en établir un d'office par le juge de paix.

I. Le numéro 8 de l'article a donné lieu dans le Conseil aux explications suivantes:

« L'article 965 est discuté.

1. « M. ** observe que le juge de paix doit mettre sous les scellés tout ce qui en est susceptible.

2. « M. ** répond qu'il est impossible de ne pas laisser dehors les choses qui sont à l'usage de la personne ou du ménage; que la loi ne pouvant

toutes les énumérer, il ne reste qu'à ordonner qu'elles seront décrites.

1. « M. ** objecte que les juges de paix grossiront leur procès-verbal par de longues descriptions.

2. « M. ** dit qu'ils n'y ont pas intérêt, puisque leurs honoraires sont réglés sur le nombre des séances.

1. « M. ** retire son observation.

« L'article est adopté » (1).

II. Les numéros 2 et 4 de l'article ont été ajoutés sur la demande de la section du Tribunat, qui a dit :

« La section desire que le procès-verbal énonce aussi la cause de l'apposition.

« De plus, il faut prévoir le cas où il n'y a pas de partie provocante » (2).

A la suite de ces observations, la section proposa la rédaction qui est dans le Code.

ARTICLE 915.

Les clefs des serrures sur lesquelles le scellé a été apposé, resteront, jusqu'à sa levée, entre les mains du greffier de la justice de paix, lequel fera mention,

(1) Discuss. du C. d'État. Séance du 15 prairial an 13. — (2) Proc. verb. de la sect. de lég. du Trib. Observ. sur l'art. 966 de la réd. comm.

sur le procès-verbal, de la remise qui lui en aura été faite; et ne pourront le juge ni le greffier aller, jusqu'à la levée, dans la maison où est le scellé, à peine d'interdiction, à moins qu'ils n'en soient requis, ou que leur transport n'ait été précédé d'une ordonnance motivée.

Cet article a été adopté sans discussion ni observations.

ARTICLE 916.

Si, lors de l'apposition, il est trouvé un testament ou autres papiers cachetés, le juge de paix en constatera la forme extérieure, le sceau et la suscription s'il y en a, paraphera l'enveloppe avec les parties présentes, si elles le savent ou le peuvent, et indiquera les jour et heure où le paquet sera par lui présenté au président du tribunal de première instance; il fera mention du tout sur son procès-verbal, lequel sera signé des parties, sinon mention sera faite de leur refus.

L'orateur du Conseil a dit sur cet article :

« Il est toujours urgent de connoître les testaments, qui sont la loi domestique des familles et des successions. Si l'on a des indices qu'il en existe quelqu'un, le juge de paix en fera la recherche; il en décrira l'état, il s'en saisira pour le présenter au président du tribunal de l'arrondissement, qui, aux termes des articles 1007 et 1008 du Code civil, doit donner son attache pour l'exécution, et l'ouvrir s'il est clos » (1)

---

(1) Exposé des motifs, p. 185 et 186.

ARTICLE 917.

Sur la réquisition de toute partie intéressée, le juge de paix fera, avant l'apposition du scellé, la perquisition du testament dont l'existence sera annoncée; et s'il le trouve, il procédera ainsi qu'il est dit ci-dessus.

Cet article a été adopté sans discussion ni observations.

ARTICLE 918.

Aux jour et heure indiqués, sans qu'il soit besoin d'aucune assignation, les paquets trouvés cachetés seront présentés par le juge de paix au président du tribunal de première instance, lequel en fera l'ouverture, en constatera l'état, et en ordonnera le dépôt si le contenu concerne la succession.

I. L'article avoit été présenté en ces termes :

Aux jour et heure indiqués, sans qu'il soit besoin d'autre assignation, le paquet sera présenté par le juge de paix au président, lequel en fera l'ouverture, en constatera l'état, et ordonnera la remise du paquet à celui à qui il appartient, s'il ne dépend pas de la succession; et s'il en dépend, il ordonnera qu'il sera déposé (1).

Cette rédaction donna lieu à la discussion suivante :

---

(1) 1.re réd. art. 969.

« L'article 969 est discuté.

2. « M. LE RAPPORTEUR dit que les tribunaux, dans leurs observations, prévoyant le cas où l'on trouveroit des paquets cachetés et relatifs à des tiers, ont dit que les porter au juge, ce seroit violer la foi du dépôt.

1. « M. ** dit que cependant cette précaution est le seul moyen d'empêcher la soustraction de papiers qui peuvent être d'un grand intérêt.

3. « M. LE MINISTRE DE LA JUSTICE desire que l'ouverture du paquet ne soit faite que d'après une autorisation accordée contradictoirement avec la personne que les papiers intéressent; car on ne doit pas mettre au grand jour le secret des familles.

2. « M. ** y consent, pourvu que les papiers ne soient rendus que d'après une ordonnance du juge.

4. « M. ** dit qu'aucune raison ne justifie la violation d'un dépôt. Cependant, d'après l'article, il faudroit présenter au juge même le paquet dont la suscription indiqueroit le propriétaire, et qui, si le défunt vivoit encore, auroit pu être retiré ou rendu sans aucune formalité.

3. « M. LE MINISTRE DE LA JUSTICE dit qu'en appelant le propriétaire on lui donne la facilité de s'opposer à l'ouverture du paquet, et l'on sauve ainsi tous les inconvénients. »

2. « M. ** ajoute que d'ailleurs on lui remettra

les papiers sans en faire la description au procès-verbal, lorsqu'ils seront de nature à demeurer secrets, et qu'ils n'intéresseront pas la succession.

4. « M. ** dit que dans toute l'Europe les dernières intentions des citoyens sont tellement respectées, qu'on n'ouvre jamais les paquets dans lesquels ils n'ont pas voulu laisser pénétrer l'œil d'un tiers. Mieux vaudroit exposer les héritiers à perdre, que de s'écarter de cet usage.

2. « M. ** dit que nous avons des lois prohibitives qu'on frusteroit impunément, si un paquet cacheté pouvoit être remis à son adresse sans avoir été ouvert. Ce n'est pas là un dépôt : la maxime que les dépôts sont sacrés est vraie ; mais il ne faut pas en faire une application abusive. L'étendue illimitée qu'on propose de lui donner auroit les plus graves inconvénients : un coupable, par exemple, pourroit sauver tous ses complices. Il ne doit pas y avoir de secret pour la justice. Qu'on remette les papiers sans conséquence à leur propriétaire; qu'on ne leur donne pas de publicité, rien de plus juste; mais qu'on les examine.

4. « M. ** dit que les lois prohibitives n'ont d'effet qu'après la mort : elles seroient barbares si, pendant la vie, elles enchaînoient les propriétés dans la main de celui qui les possède.

« L'intérêt des familles ne peut pas être opposé ici : celui qui voudroit dépouiller la sienne le peut faire de son vivant. Certainement, si quelqu'un se déclaroit par un acte détenteur d'un dépôt, le dépôt seroit restitué. Il n'y a pas plus d'inconvénient à lui laisser faire cette déclaration sur l'enveloppe d'un paquet.

« On ne parviendra donc pas à empêcher la fraude; et alors pourquoi lui opposer des moyens qui blessent la foi publique?

« Quelquefois il peut être utile qu'un hypocrite soit démasqué; mais il est nécessaire que jamais le secret des familles ne soit trahi. Quel trouble on y porteroit si, par l'examen indiscret de papiers que le défunt a voulu dérober à tous les regards, on découvroit l'infidélité d'une épouse, l'illégitimité de ses enfants!

« Quant aux individus coupables, ils sont hors des règles ordinaires. La justice a le droit de tout scruter chez eux. Si par suite de ses recherches le secret d'autrui se trouve révélé, c'est un malheur : l'intérêt public ne permet pas d'y faire attention.

5. « M. LE PRÉSIDENT dit que le respect pour les dépôts consiste dans l'exactitude à les rendre, et non dans la précaution de les tenir secrets. On satisfait à ce devoir lorsqu'on ne les examine qu'en présence de ceux auxquels ils appartiennent, et qu'ensuite on les leur remet.

« Que cet examen trahisse les intrigues d'une femme galante, qu'il fasse reconnoître un coupable, peu importe : le législateur ne doit pas ménager l'adultère, et il est utile à l'État que le crime soit découvert.

« Le droit de propriété doit sans doute être respecté tant qu'il subsiste; mais il s'éteint dans chacun avec la vie.

« Tout ce qu'on peut donc desirer, c'est qu'un papier cacheté ne soit ouvert qu'en présence de la personne à laquelle il appartient, et que la description des papiers qu'il contient ne soit pas insérée au procès-verbal.

« S'il renferme des lettres missives, on les rendra sans les lire; si c'est un billet, on appliquera le principe qu'étant censé entre les mains du débiteur il est regardé comme acquitté; si l'on trouve des pièces qui dévoilent un délit, on les communiquera au ministère public.

« L'article est renvoyé à la section pour être rédigé conformément aux propositions de *M. le Président* » (1).

II. L'article fut donc reproduit, adopté sans discussion, et communiqué tel qu'il est dans le Code, si ce n'est qu'il étoit terminé ainsi : *s'il dépend de la succession* (2).

---

(1) Discuss. du C. d'État. Séance du 15 prairial. an 13. — (2) Réd. comm. art. 970.

La section du Tribunat demanda qu'on dît : *si le paquet concerne la succession.*

« Au reste, ajouta-t-elle, l'article ne fait aucune innovation à l'article 1007 du Code civil, qui ordonne le dépôt d'un testament entre les mains d'un notaire » (1).

Voyez la note sur l'article suivant.

ARTICLE 919.

Si les paquets cachetés paroissent, par leur suscription, ou par quelque autre preuve écrite, appartenir à des tiers, le président du tribunal ordonnera que ces tiers seront appelés dans un délai qu'il fixera, pour qu'ils puissent assister à l'ouverture : il la fera au jour indiqué, en leur présence ou à leur défaut; et si les paquets sont étrangers à la succession, il les leur remettra sans en faire connoître le contenu, ou les cachetera de nouveau pour leur être remis à leur première réquisition.

L'orateur du Conseil a dit sur cet article :

« Les règles relatives aux testaments s'étendent aux papiers sous cachets. Quoiqu'ils paroissent appartenir à des tiers, ils peuvent être réellement au défunt et à sa succession, à laquelle il auroit eu dessein de les soustraire : ils seront portés au président du tribunal, qui en fera l'ouverture, les tiers

(1) Proc. verb. de la sect. de législ. du Trib. Observ. sur l'art. 970 de la réd. comm.

appelés, et les leur remettra s'ils en sont véritablement propriétaires.

« On a concilié les égards dus à des tiers avec la justice, qui ne permet pas que des simulations de dépôt soient pratiquées au préjudice des créanciers ou de la réserve que la loi fait aux héritiers du sang » (1).

ARTICLE 920.

Si un testament est trouvé ouvert, le juge de paix en constatera l'état, et observera ce qui est prescrit en l'article 916.

Cet article a été adopté sans discussion ni observations.

ARTICLE 921.

Si les portes sont fermées, s'il se rencontre des obstacles à l'apposition des scellés, s'il s'élève, soit avant soit pendant le scellé, des difficultés, il y sera statué en référé par le président du tribunal. A cet effet, il sera sursis, et établi par le juge de paix garnison extérieure, même intérieure si le cas y échet; et il en référera sur-le-champ au président du tribunal.

Pourra néanmoins le juge de paix, s'il y a péril dans le retard, statuer par provision, sauf à en référer ensuite au président du tribunal.

ARTICLE 922.

Dans tous les cas où il sera référé par le juge de

(1) Exposé des motifs, p. 186.

paix au président du tribunal, soit en matière de scellé, soit en autre matière, ce qui sera fait et ordonné sera constaté sur le procès-verbal dressé par le juge de paix; le président signera ses ordonnances sur ledit procès-verbal.

ARTICLE 923.

Lorsque l'inventaire sera parachevé, les scellés ne pourront être apposés, à moins que l'inventaire ne soit attaqué, et qu'il ne soit ainsi ordonné par le président du tribunal.

Si l'apposition des scellés est requise pendant le cours de l'inventaire, les scellés ne seront apposés que sur les objets non inventoriés.

L'orateur du Conseil a dit sur ces trois articles :

« Le juge de paix n'est chargé de l'apposition des scellés que comme le magistrat le plus à portée de procéder promptement ; il n'a que les opérations conservatoires. S'il se présente des obstacles, s'il s'élève des difficultés, il n'est pas compétent pour les décider, si ce n'est en cas d'urgence et par provision. Il en chargera son procès-verbal, et en référera au président du tribunal de l'arrondissement, qui statuera sur le procès-verbal même.

« Les scellés deviennent inutiles lorsque l'inventaire est terminé; car l'inventaire doit présenter le détail des objets que les scellés conservoient en masse, et en opérer le chargement. Après l'inventaire on ne recourra donc point aux scellés, à moins qu'il n'y en ait des motifs vérifiés et jugés par le président du tribunal » (1).

ARTICLE 924.

S'il n'y a aucun effet mobilier, le juge de paix dressera un procès-verbal de carence.

S'il y a des effets mobiliers qui soient nécessaires à l'usage des personnes qui restent dans la maison, ou sur lesquels le scellé ne puisse être mis, le juge de paix fera un procès-verbal contenant description sommaire desdits effets.

I. Dans la séance du 22 février 1806, où les notaires de Paris furent admis à présenter leurs réclamations *, la cinquième des demandes qu'ils formèrent étoit celle-ci :

« Laisser aux notaires la confection des inventaires dans tous les cas, et celle des procès-verbaux de carence, qui, concernant presque toujours des gens sans fortune, exigent la diminution des frais ».

Sur ce chef de réclamation s'engagea la discussion suivante :

1. « M. le Rapporteur dit qu'il est inutile d'appeler un notaire lorsqu'il y a carence. Si le juge de paix ne trouve rien, il le constatera, et n'apposera point les scellés.

2. « M. ** ajoute que le juge de paix peut seul

---

(1) Exposé des motifs, p. 186 et 187.

* *Voyez* les notes sur les art. 746, 747 et 748.

avoir caractère pour attester la carence à la justice, parceque c'est à lui qu'il appartient de recevoir la plainte s'il en est fait, et d'interroger.

« La réclamation des notaires est rejetée » (1).

II. L'orateur du Tribunat a exposé de la manière suivante les motifs qui ont empêché d'admettre cette demande :

« Il y a des circonstances où l'apposition de scellés devient une formalité superflue, même en l'absence des héritiers. Par exemple, s'il n'y a rien dans la succession, alors *un procès-verbal de carence* est le seul qu'on puisse dresser.

« De même, si les effets mobiliers qui en dépendent sont tels qu'ils soient nécessaires à l'usage des habitants de la maison, ou qu'ils ne puissent être renfermés dans un scellé, *un procès-verbal de description sommaire* suffit à leur conservation.

« Avant la révolution, le droit de faire ces actes, ainsi que le droit de faire les inventaires, n'appartenoit pas toujours aux mêmes officiers. On distinguoit le cas où le scellé avoit été apposé par un officier royal, et le cas où il avoit été apposé par un officier seigneurial.

« Dans la première hypothèse, le droit de faire les inventaires et les autres actes qui les suppléent appartenoit, à Paris sur-tout, aux notaires, privativement à tout autre officier.

(1) Discuss. du C. d'Etat. Séance du 22 février 1806.

« Dans la seconde hypothèse, au contraire, ces actes pouvoient être faits par les mêmes officiers qui avoient apposé le scellé, à moins que les parties ne jugeassent à propos d'y faire procéder par des notaires.

« C'est ce qui résultoit de l'arrêt de règlement du 3 décembre 1569.

« Depuis la révolution, cette distinction cessa par l'effet du décret du 6 mars 1793, dont l'article 10 attribue la confection des inventaires, des procès-verbaux de description et des procès-verbaux de carence, aux notaires exclusivement, même dans les lieux où elle étoit attribuée aux juges et aux greffiers.

« Si cette disposition avoit l'avantage d'établir plus d'uniformité dans les opérations, elle avoit, d'un autre côté, cet inconvénient que, dans les successions même les plus pauvres, toutes les fois qu'il y avoit des héritiers absents, il falloit appeler en même temps le juge de paix et le notaire ; l'un pour constater qu'il n'y avoit pas lieu à apposer les scellés, l'autre pour constater la carence, ou faire la description. De cette duplicité de ministère, il résultoit des frais disproportionnés avec les forces de l'hérédité.

« L'article 924 détruit du moins l'excès de cet inconvénient. Les procès-verbaux de carence et de description sommaire, dans les cas prévus, seront dressés par le juge de paix : de sorte que le ministère du notaire ne sera plus nécessaire que lorsqu'il sera question de faire un inventaire proprement dit » (1).

ARTICLE 925.

Dans les communes où la population est de vingt mille ames et au-dessus, il sera tenu, au greffe du tribunal de première instance, un registre d'ordre pour les scellés, sur lequel seront inscrits, d'après la déclaration que les juges de paix de l'arrondissement seront tenus d'y faire parvenir dans les vingt-quatre heures de l'apposition, 1.° les noms et demeures des personnes sur les effets desquelles le scellé aura été apposé; 2.° le nom et la demeure du juge qui a fait l'apposition; 3.° le jour où elle a été faite.

L'orateur du Tribunat a dit sur cet article :

« L'article 925 contient une innovation dont il est aisé de sentir l'objet.

« Dans les communes où la population est de vingt mille ames et au-dessus, il sera tenu, au greffe du tribunal de première instance, un registre d'ordre pour les scellés.

« Cette précaution est la plus simple et la moins dispendieuse pour mettre les tiers intéressés et les héritiers présomptifs eux-mêmes à portée d'éviter les surprises, toujours trop faciles dans une population nombreuse » (2).

---

(1) Disc. de l'orat. du Trib. p. 231, 232 et 233. — (2) Ibid. p. 231.

TITRE II.

DES OPPOSITIONS AUX SCELLÉS.

SOMMAIRES

DES ARTICLES QUI COMPOSENT CE TITRE.

1. *Comment les oppositions aux scellés peuvent être faites* (art. 926).
2. *Ce qu'elles doivent contenir* (art. 927).

ARTICLE 926.

Les oppositions aux scellés pourront être faites, soit par une déclaration sur le procès-verbal de scellés, soit par exploit signifié au greffier du juge de paix.

ARTICLE 927.

Toutes oppositions à scellés contiendront, à peine de nullité, outre les formalités communes à tout exploit,

1.° Élection de domicile dans la commune ou dans l'arrondissement de la justice de paix où le scellé est apposé, si l'opposant n'y demeure pas;

2.° L'énonciation précise de la cause de l'opposition.

Ces deux articles ont été adoptés sans discussion ni observations.

TITRE III.

DE LA LEVÉE DU SCELLÉ.

SOMMAIRES

DES ARTICLES QUI COMPOSENT CE TITRE.

1. *Du temps pendant lequel les scellés doivent demeurer apposés. Des exceptions à cette règle, et de la manière dont les parties absentes sont alors représentées* (art. 928).
2. *Du cas où il y a des mineurs* (art. 929).
3. *Par qui la levée des scellés peut être requise* (art. 930).
4. *Formalités pour parvenir à la lévée des scellés* (art. 931).
5. *Quelles personnes peuvent assister à la levée des scellés et à l'inventaire* (art. 932).
6. *Comment y assiste l'opposant qui a des intérêts différents ou antérieurs* (art. 933).
7. *Exclusion des opposants pour la conservation des droits de leur débiteur* (art. 934).
8. *Du choix des notaires, commissaires-priseurs et experts* (art. 935).
9. *Contenu du procès-verbal de levée* (art. 936).
10. *Levée graduelle et réapposition des scellés* (art. 937).
11. *Réunion et inventaire des objets de même nature* (art. 938).

12. *Remise des objets et papiers appartenant à des tiers* (art. 939).
13. *Cas où la cause de l'apposition des scellés vient à cesser* (art. 940).

ARTICLE 928.

Le scellé ne pourra être levé et l'inventaire fait que trois jours après l'inhumation s'il a été apposé auparavant, et trois jours après l'apposition si elle a été faite depuis l'inhumation, à peine de nullité des procès-verbaux de levée de scellés et inventaire, et de dommages et intérêts contre ceux qui les auront faits ou requis : le tout, à moins que, pour des causes urgentes et dont il sera fait mention dans son ordonnance, il n'en soit autrement ordonné par le président du tribunal de première instance. Dans ce cas, si les parties qui ont droit d'assister à la levée ne sont pas présentes, il sera appelé pour elles, tant à la levée qu'à l'inventaire, un notaire nommé d'office par le président.

L'orateur du Conseil a dit sur cet article :

« Les scellés ne doivent être levés que trois jours après leur apposition, afin de donner aux intéressés le temps d'y comparoître » (1).

ARTICLE 929.

Si les héritiers ou quelques uns d'eux sont mineurs non émancipés, il ne sera pas procédé à la levée des

(1) Exposé des motifs, p. 187.

scellés, qu'ils n'aient été, ou préalablement pourvus de tuteurs, ou émancipés.

Cet article a été adopté sans discussion ni observations.

ARTICLE 930.

Tous ceux qui ont droit de faire apposer les scellés pourront en requérir la levée, excepté ceux qui ne les ont fait apposer qu'en exécution de l'article 909, n.° 3 ci-dessus.

La rédaction communiquée portoit : *excepté néanmoins ceux qui, n'ayant aucun droit, les ont fait apposer pour se garantir du soupçon de spoliation* (1).

La section du Tribunat dit:

« La section desire qu'un pareil motif ne soit pas donné à l'article. Elle propose de dire, comme dans le numéro 3 de l'article 961 (909 *du Code*) : *excepté les personnes qui demeuroient avec le défunt, ou ses serviteurs ou domestiques* » (2).

On a préféré de renvoyer purement et simplement au numéro 3 de l'article 909, ce qui non seulement remplit les vues du Tribunat, mais généralise encore la proposition.

---

(1) Réd. comm. art. 981. — (2) Proc. verb. de la sect. de lég. du Trib. Observ. sur l'art. 981 de la réd comm.

ARTICLE 931.

Les formalités pour parvenir à la levée des scellés, seront,

1.° Une réquisition à cet effet, consignée sur le procès-verbal du juge de paix;

2.° Une ordonnance du juge, indicative des jour et heure où la levée sera faite;

3.° Une sommation d'assister à cette levée, faite au conjoint survivant, aux présomptifs héritiers, à l'exécuteur testamentaire, aux légataires universels et à titre universel, s'ils sont connus, et aux opposants.

Il ne sera pas besoin d'appeler les intéressés demeurant hors de la distance de cinq myriamètres; mais on appellera pour eux, à la levée et à l'inventaire, un notaire nommé d'office par le président du tribunal de première instance.

Les opposants seront appelés aux domiciles par eux élus.

La première rédaction dispensoit d'appeler les parties intéressées demeurant hors de la distance de *trois myriamètres* (1).

Au Conseil, on attaqua le fond même de la disposition, et il s'engagea sur ce sujet la discussion suivante :

« L'article 980 est discuté.

1. « M. le Ministre de la justice dit que la disposition qui dispense d'appeler les intéressés

(1) 1.re réd. art. 980.

lorsqu'ils demeurent hors de la distance de trois myriamètres est bien sévère. Elle peut tomber sur le légataire universel lui-même.

2. « M.** observe qu'elle n'est pas nouvelle; qu'elle a pour objet d'empêcher que la succession ne soit ruinée en frais de garde, ce qui arriveroit infailliblement si, par exemple, il falloit appeler et attendre à Paris un citoyen résidant à Marseille.

1. « M. le Ministre de la justice dit qu'il ne propose pas d'imposer indéfiniment aux parties présentes l'obligation d'appeler les absents, à quelque distance qu'ils se trouvent, mais qu'il voudroit qu'on ne s'arrêtât pas à une distance aussi courte que celle de trois myriamètres.

3. « M. le Président propose de fixer la distance à cinq myriamètres.

« L'article est adopté avec cet amendement » (1).

ARTICLE 932.

Le conjoint, l'exécuteur testamentaire, les héritiers et les légataires universels et ceux à titre universel, pourront assister à toutes les vacations de la levée du scellé et de l'inventaire, en personne ou par un mandataire.

Les opposants ne pourront assister, soit en personne, soit par un mandataire, qu'à la première vacation : ils seront tenus de se faire représenter, aux

(1) Discuss. du C. d'Etat. Séance du 23 prairial an 13.

vacations suivantes, par un seul mandataire pour tous, dont ils conviendront; sinon il sera nommé d'office par le juge.

Si parmi ces mandataires, se trouvent des avoués du tribunal de première instance du ressort, ils justifieront de leurs pouvoirs par la représentation du titre de leur partie; et l'avoué le plus ancien, suivant l'ordre du tableau, des créanciers fondés en titre authentique, assistera de droit pour tous les opposants: si aucun des créanciers n'est fondé en titre authentique, l'avoué le plus ancien des opposants fondés en titre privé assistera. L'ancienneté sera définitivement réglée à la première vacation.

L'orateur du Conseil a observé sur cet article que « les opposants ne seroient pas même autorisés à assister à leurs frais aux séances subséquentes » (1).

ARTICLE 933.

Si l'un des opposants avoit des intérêts différents de ceux des autres, ou des intérêts contraires, il pourra assister en personne, ou par un mandataire particulier, à ses frais.

ARTICLE 934.

Les opposants pour la conservation des droits de leur débiteur ne pourront assister à la première vacation, ni concourir au choix d'un mandataire commun pour les autres vacations.

---

(1) Exposé des motifs, p. 187 et 188.

Ces deux articles ont été adoptés sans discussion ni observations.

ARTICLE 935.

Le conjoint commun en biens, les héritiers, l'exécuteur testamentaire, et les légataires universels ou à titre universel, pourront convenir du choix d'un ou deux notaires, et d'un ou deux commissaires-priseurs ou experts; s'ils n'en conviennent pas, il sera procédé, suivant la nature des objets, par un ou deux notaires, commissaires-priseurs ou experts, nommés d'office par le président du tribunal de première instance. Les experts prêteront serment devant le juge de paix.

L'article avoit été communiqué en ces termes:

Si le conjoint commun, les héritiers, l'exécuteur testamentaire et les légataires universels, ne conviennent pas du choix des notaires, commissaires-priseurs et experts, il sera procédé par deux notaires, commissaires-priseurs et experts, pour chaque nature d'objet, l'un nommé par le conjoint, et l'autre par l'exécuteur, à l'exclusion de ceux présentés par les héritiers et légataires.

S'il n'y a ni conjoint ni exécuteur testamentaire, il sera procédé par le plus ancien des officiers nommés par la ligne paternelle et le plus ancien de ceux nommés par la ligne maternelle; s'il n'y a que des héritiers d'une seule ligne, il sera procédé par les deux plus anciens officiers.

S'il y a un conjoint et des héritiers, il sera pro-

cédé par l'officier nommé par le conjoint, et le plus ancien de ceux nommés par les héritiers (1).

La section du Tribunat dit :

« L'article suppose qu'on emploiera le ministère de plus d'un notaire et de plus d'un commissaire-priseur ou expert.

« Il faut pourtant qu'un seul notaire puisse suffire. En plusieurs endroits il n'y a qu'un notaire : dans la plupart des villes, un notaire seul procède à un inventaire en présence de témoins ; ce qui est moins onéreux pour les parties que le concours de deux notaires.

« Quant au commissaire-priseur ou expert, la section pense aussi qu'il suffit d'en nommer un seul, d'autant que la prisée qui doit se faire ne devient pas la règle invariable de toutes les parties qui peuvent avoir intérêt.

« L'article seroit ainsi conçu :

« *Le conjoint commun en biens, les héritiers, l'exécuteur testamentaire et les légataires universels, pourront convenir du choix d'un ou deux notaires, et d'un seul commissaire-priseur ou expert, nommés par le président du tribunal de première instance : l'expert prêtera serment devant le juge de paix* » (2).

---

(1) Réd. comm. art. 986. — (2) Proc. verb. de la sect. de lég. du Trib. Observ. sur l'art. 986 de la réd. comm.

Lors de la relute de ses observations, la section ajouta :

« La section croit nécessaire de dire que, lorsqu'il n'y aura qu'un notaire, il se fera assister de témoins, attendu qu'il y aura des cas où, d'après le présent Code, le notaire pourra instrumenter seul comme délégué. Après ces mots de la rédaction proposée : *nommés par le président du tribunal de première instance*, on diroit : *Le notaire procédera en présence de témoins. Dans tous les cas, l'expert prêtera serment devant le juge de paix* » (1).

On n'a pas cru nécessaire de rappeler la nécessité de l'assistance de témoins : elle étoit suffisamment établie par la loi du 25 ventose an XI ; et, d'un autre côté, il n'étoit pas possible de confondre le cas où le notaire, faisant un inventaire, agit comme notaire avec celui où il opère comme délégué du tribunal.

Du reste, la rédaction du Code n'est que celle du Tribunat, rendue plus claire et plus complète.

ARTICLE 936.

Le procès-verbal de levée contiendra, 1.° la date ; 2.° les noms, profession, demeure et élection de domicile du requérant ; 3.° l'énonciation de l'ordonnance délivrée pour la levée ; 4.° l'énonciation de la sommation prescrite par l'article 931 ci-des-

(1) Proc. verb. de la sect. de lég. du Trib. Observ. sur l'art. 986 de la réd. comm. Relute.

sus; 5.° les comparutions et dires des parties; 6.° la nomination des notaires, commissaires-priseurs et experts qui doivent opérer; 7.° la reconnoissance des scellés s'ils sont sains et entiers; s'ils ne le sont pas, l'état des altérations, sauf à se pourvoir ainsi qu'il appartiendra pour raison desdites altérations; 8.° les réquisitions à fin de perquisitions, le résultat desdites perquisitions, et toutes autres demandes sur lesquelles il y aura lieu de statuer.

ARTICLE 937.

Les scellés seront levés successivement, et à fur et mesure de la confection de l'inventaire; ils seront réapposés à la fin de chaque vacation.

ARTICLE 938.

On pourra réunir les objets de même nature, pour être inventoriés successivement suivant leur ordre; ils seront, dans ce cas, replacés sous les scellés.

ARTICLE 939.

S'il est trouvé des objets et papiers étrangers à la succession et réclamés par des tiers, ils seront remis à qui il appartiendra; s'ils ne peuvent être remis à l'instant, et qu'il soit nécessaire d'en faire la description, elle sera faite sur le procès-verbal des scellés, et non sur l'inventaire.

Ces quatre articles ont été adoptés sans discussion ni observations.

ARTICLE 940.

Si la cause de l'apposition des scellés cesse avant qu'ils soient levés, ou pendant le cours de leur levée, ils seront levés sans description.

Cet article a été ajouté sur la demande de la section du Tribunat, qui a dit :

« Il est nécessaire de prévoir le cas où la cause de l'apposition du scellé viendroit à cesser avant que l'inventaire fût commencé, ou pendant le cours du scellé. Si, par exemple, le scellé n'a été apposé que par suite de la réquisition d'un créancier, et que ce créancier soit d'accord avec les héritiers tous majeurs, il faut bien que la levée du scellé puisse s'effectuer sans autre formalité.

« Une disposition expresse devient nécessaire à cet égard, à raison des termes absolus de l'article 988 (937 *du Code*) » (1).

A la suite de ces observations, la section a proposé la rédaction qui est devenue celle du Code.

---

(1) Proc. verb. de la sect de lég. du Trib. Observ. sur l'art. 990 *bis* de la réd. comm.

TITRE IV.

DE L'INVENTAIRE.

SOMMAIRES

DES ARTICLES QUI COMPOSENT CE TITRE.

1. *Par qui l'inventaire peut être requis* (art. 941).
2. *En présence de qui il doit être fait* (art. 942).
3. *Ce qu'il doit contenir* (art. 943).
4. *Référés en cas de difficultés* (art. 944).

ARTICLE 941.

L'inventaire peut être requis par ceux qui ont droit de requérir la levée du scellé.

ARTICLE 942.

Il doit être fait en présence, 1.° du conjoint survivant, 2.° des héritiers présomptifs, 3.° de l'exécuteur testamentaire si le testament est connu, 4.° des donataires, et légataires universels ou à titre universel, soit en propriété, soit en usufruit, ou eux dûment appelés, s'ils demeurent dans la distance de cinq myriamètres; s'ils demeurent au-delà, il sera appelé pour tous les absents un seul notaire, nommé par le président du tribunal de première instance, pour représenter les parties appelées et défaillantes.

Ces deux articles ont été adoptés sans discussion ni observations.

ARTICLE 943.

Outre les formalités communes à tous les actes devant notaires, l'inventaire contiendra,

1.° Les noms, professions et demeures des requérants, des comparants, des défaillants et des absents, s'ils sont connus, du notaire appelé pour les représenter, des commissaires-priseurs et experts ; et la mention de l'ordonnance qui commet le notaire pour les absents et défaillants ;

2.° L'indication des lieux où l'inventaire est fait ;

3.° La description et estimation des effets, laquelle sera faite à juste valeur et sans crue ;

4.° La désignation des qualité, poids et titre de l'argenterie ;

5.° La désignation des espèces en numéraire ;

6.° Les papiers seront cotés par première et dernière ; ils seront paraphés de la main d'un des notaires ; s'il y a des livres et registres de commerce, l'état en sera constaté ; les feuillets en seront pareillement cotés et paraphés s'ils ne le sont ; s'il y a des blancs dans les pages écrites, ils seront bâtonnés ;

7.° La déclaration des titres actifs et passifs ;

8.° La mention du serment prêté, lors de la clôture de l'inventaire, par ceux qui ont été en possession des objets avant l'inventaire ou qui ont habité la maison dans laquelle sont lesdits objets, qu'ils n'en ont détourné, vu détourner, ni su qu'il en ait été détourné aucun ;

9.° La remise des effets et papiers, s'il y a lieu, entre les mains de la personne dont on conviendra, ou qui à défaut sera nommée par le président du tribunal.

Ces mots du numéro 6 : *dans les pages écrites*, ont été ajoutés d'après la discussion suivante :

« L'article 991 est discuté.

1. « M. ** dit que lorsqu'un négociant vient à mourir, et que ses enfants continuent son commerce, on leur fera tort si l'on exige que les blancs qui restent sur des registres timbrés soient bâtonnés.

2. « M. ** dit qu'il ne s'agit pas de faire bâtonner toutes les feuilles blanches qui restent : on s'arrêtera au dernier article du registre, et l'on ne remplira que les intervalles qu'on rencontrera jusque-là.

3. « M. le Président dit qu'il seroit nécessaire de donner à l'article une rédaction qui prévînt toute équivoque.

« L'article est adopté sauf rédaction. » (1).

ARTICLE 944.

Si, lors de l'inventaire, il s'élève des difficultés, ou s'il est formé des réquisitions pour l'administration de la communauté ou de la succession, ou pour autres objets, et qu'il n'y soit déféré par les autres parties, les notaires délaisseront les parties à se pourvoir en référé devant le président du tribunal de première instance; ils pourront en référer eux-mêmes s'ils résident dans le canton où siége le tribunal : dans ce

(1) Discuss. du C. d'État. Séance du 23 prairial an 13.

cas, le président mettra son ordonnance sur la minute du procès-verbal.

L'article avoit été adopté sans discussion ni observations, en ces termes :

Si lors de l'inventaire il s'élève des difficultés, ou s'il est formé des réquisitoires pour l'administration de la communauté ou de la succession, ou pour autres objets, et qu'il n'y soit déféré par les autres parties, les notaires délaisseront les parties à se pourvoir en référé devant le président du tribunal de première instance, sans qu'il puisse en être référé par les notaires (1).

Dans l'audience que les notaires de Paris obtinrent, et dont il a été parlé aux notes sur les articles 746, 747 et 748, ils demandèrent « qu'on laissât aux notaires, dans les cas où il n'y a pas de scellé, le droit de référer des contestations élevées dans le cours des inventaires et autres actes reçus par eux, au président du tribunal, qui mettroit son ordonnance au bas de leurs minutes, conformément à l'usage antique et toujours en vigueur, et dont l'objet est l'expédition des affaires et l'économie des frais » (2).

Sur ce chef de demande s'engagea la discussion suivante :

1. « UN DES DÉPUTÉS DES NOTAIRES observe que

---

(1) 1.re réd. art. 993 et réd. comm. art. 994. — (2) Discuss. du C. d'Etat. Séance du 22 février 1806.

cette demande a pour objet d'éviter aux parties les frais des réassignations, et d'abréger les formes.

2. « M. ** dit que ce qui tend à éviter les frais doit assurément être préféré, et qu'en effet, si les notaires réfèrent, le juge n'appellera les parties que lorsqu'il ne sera pas convaincu.

3. « M. ** dit que l'article attaqué par les notaires a été ajouté précisément pour diminuer les frais.

2. « M. ** demande si le notaire prendra des vacations.

4. « Un des députés des notaires répond qu'il en prendra, mais qu'il n'en sera payé à aucun autre officier.

5. « Un autre député ajoute que la marche qu'on a toujours suivie est celle-ci : lorsque les scellés avoient été apposés, le commissaire au Châtelet autrefois, et depuis le juge de paix, portoit les dires consignés sur sa minute, et l'ordonnance étoit écrite sur cette minute même. Lorsqu'il n'y avoit pas eu de scellés, c'étoit le notaire qui remplissoit cette fonction, sans que jamais il intervînt ni huissiers ni avoués.

6. « M. ** dit que ce seroit tout confondre. Les parties feroient elles-mêmes leurs dires, le notaire seroit le rapporteur, et les parties ne seroient pas défendues » (1).

Rien ne fut alors décidé; mais depuis, et dans la

(1) Discuss. du C. d'État. Séance du 22 février 1806.

rédaction définitive présentée le 29 mars 1806, on a modifié l'article, en partie conformément à la demande des notaires.

ARTICLE RETRANCHÉ.

La rédaction communiquée contenoit un article ainsi conçu :

Les procès-verbaux de carence seront faits, en vertu d'ordonnance du juge de paix, par son greffier (1).

La section du Tribunat dit :

« La section croit que, toutes les fois qu'il y a eu apposition de scellés, le ministère du juge de paix se borne à la levée des scellés, et qu'alors, s'il y a lieu à un procès-verbal de carence, il ne peut y être procédé que par un notaire : ce qui est d'autant plus vrai, que le juge de paix ne peut procéder à la levée du scellé qu'en présence d'un notaire.

« Ainsi, de deux choses l'une : ou le scellé n'a pas été apposé, et alors le juge de paix peut faire un procès-verbal de carence, comme la section l'a proposé sur l'article 965 (913 *du Code*); ou le scellé a été apposé, et, dans ce cas, le procès-verbal de carence ne peut être fait que par un notaire.

« La section demande la suppression de l'article » (2).

---

(1) Réd. comm. art. 995. — (2) Proc. verb. de la sect. de législ. du Trib. Observ. sur l'art. 995 de la réd. comm.

L'article fut retranché.

Mais depuis, on a statué formellement sur la réclamation présentée par les notaires, tendante à ce qu'ils fussent chargés des procès-verbaux de carence; et cette réclamation a été rejetée, ainsi qu'il a été dit dans les notes sur l'article 924.

TITRE V.

DE LA VENTE DU MOBILIER.

SOMMAIRES

DES ARTICLES QUI COMPOSENT CE TITRE.

1. *Forme de la vente des meubles dépendants d'une succession, lorsqu'il y a des créanciers saisissants ou opposants, ou que les héritiers le jugent nécessaire* (art. 945).
2. *Par qui la vente est requise, ordonnée et faite* (art. 946).
3. *Vacation des parties* (art. 947).
4. *Manière de statuer sur les difficultés* (art. 948).
5. *Lieu où se fait la vente* (art. 949).
6. *Du cas où il y a des non-comparants* (art. 950).
7. *Mention au procès-verbal de la présence ou de l'absence du requérant* (art. 951).
8. *Dans quel cas les règles ci-dessus cessent d'être nécessaires* (art. 952).

ARTICLE 945.

Lorsque la vente des meubles dépendants d'une succession aura lieu en exécution de l'article 826 du Code civil, cette vente sera faite dans les formes prescrites au titre *des Saisies-exécutions.*

L'article avoit été communiqué en ces termes :

La vente des meubles dépendants d'une succession sera faite dans les formes prescrites au titre des Saisies-exécutions (1).

La section du Tribunat dit :

« Cet article doit être coordonné avec l'article 826 du Code civil » (2).

A la suite de ces observations, la section proposa la rédaction qui est dans le Code.

ARTICLE 946.

Il y sera procédé sur la réquisition de l'une des parties intéressées, en vertu de l'ordonnance du président du tribunal de première instance, et par un officier public.

La section du Tribunat avoit demandé qu'au lieu de dire : *par un officier public,* on dît : *par l'officier auquel la loi attribue cette fonction* (3).

---

(1) Réd. comm. art. 996. — (2) Proc. verb. de la sect. de législ. du Trib. Observ. sur l'art. 996 de la réd. comm. — (3) Ibid. Observ. sur l'art. 997 de la réd. comm.

ARTICLE 947.

On appellera les parties ayant droit d'assister à l'inventaire, et qui demeureront ou auront élu domicile dans la distance de cinq myriamètres : l'acte sera signifié au domicile élu.

La rédaction communiquée portoit : *On appellera*, PAR UN ACTE EXTRAJUDICIAIRE, *les parties, etc.* (1).

Ces mots : *par un acte extrajudiciaire*, furent supprimés sur la demande de la section du Tribunat, qui motiva cette proposition sur ce « qu'autrement il faudroit les répéter toutes les fois qu'il est question de parties présentes ou dûment appelées » (2).

ARTICLE 948.

S'il s'élève des difficultés, il pourra être statué provisoirement en référé par le président du tribunal de première instance.

ARTICLE 949.

La vente se fera dans le lieu où sont les effets, s'il n'en est autrement ordonné.

ARTICLE 950.

La vente sera faite tant en absence que présence, sans appeler personne pour les non-comparants.

---

(1) Réd. comm. art. 998. — (2) Proc. verb. de la sect. de législ. du Trib. Observ. sur l'art. 998 de la réd. comm.

ARTICLE 951.

Le procès-verbal fera mention de la présence ou de l'absence du requérant.

Ces quatre articles ont été adoptés sans discussion ni observations.

ARTICLE 952.

Si toutes les parties sont majeures, présentes et d'accord, et qu'il n'y ait aucun tiers intéressé, elles ne seront obligées à aucune des formalités ci-dessus.

L'orateur du Conseil a dit sur cet article :

« Souvent le mobilier des successions doit être vendu, soit pour qu'il ne périsse pas, soit pour l'acquit des dettes et charges. On procédera à cette vente avec les formalités prescrites au titre des *Saisies-exécutions*, à moins que toutes les parties majeures, présentes, et sans qu'il y ait des tiers intéressés, ne s'accordent à éviter des frais qui ne sont indispensables que lorsque l'intérêt des absents, des mineurs ou des refusants exige les solennités et la garantie d'une vente publique » (1).

---

(1) Exposé des motifs, p. 188 et 189.

TITRE VI.

DE LA VENTE DES BIENS IMMEUBLES.

Notions préliminaires.

Les dispositions sur la vente des immeubles par suite de l'ouverture d'une succession avoient d'abord été placées dans le titre *des Partages et Licitations*. Elles étoient moins nombreuses et autrement rédigées. Les articles qui les contenoient ne correspondent qu'aux articles 958, 959, 960, 961, 962, 963, 964 et 965 du Code.

Voici comment ils ont été distraits du titre *des Partages et Licitations* pour former un titre particulier.

A la suite de ses observations sur le livre I.er de la II.e partie, la section du Tribunat dit :

« Le projet de Code de procédure a prévu plusieurs des cas où les ventes volontaires d'immeubles ne peuvent être consommées qu'en vertu de l'autorité de la justice, mais il ne les a pas prévus tous.

« Par exemple, il a bien réglé comment devoit être faite la vente du bien de mineur, lorsqu'il s'agit de licitation ; mais il ne l'a pas réglée, lorsqu'elle doit avoir lieu pour un bien qui n'est pas indivis.

« On peut faire la même remarque en ce qui concerne l'aliénation des immeubles appartenant à titre de fonds dotal à la femme mariée.

« Il paroît utile au complément du projet, et pour qu'il corresponde exactement aux dispositions du Code civil, que la procédure à tenir dans ces circonstances y soit indiquée; il ne faut pour cela qu'insérer une légère addition dans le livre I.er de la II.e partie du projet, qu'on pourroit intituler : *des Procédures particulières.*

« A la fin de ce livre, après les dix titres qu'il contient, on en mettroit un onzième ainsi conçu :

TITRE XI.

DES VENTES D'IMMEUBLES APPARTENANT AUX MINEURS, ET DES FONDS DOTAUX DES FEMMES MARIÉES.

« Art.... *Le tuteur du mineur non émancipé, ou le curateur spécial du mineur non émancipé, qui aura été autorisé par délibération de famille à aliéner des biens immeubles appartenant audit mineur dans les cas prévus par les articles* 457 *et* 458 *du Code civil, présentera au président du tribunal sa requête tendante à obtenir l'homologation de cette délibération.*

« Art.... *La femme mariée qui voudra obtenir la permission d'aliéner des biens immeubles à elle ap-*

partenant à titre de fonds dotal, dans les cas prévus aux quatre premiers paragraphes de l'article 1558 *du Code civil, présentera au président du tribunal une requête dans laquelle elle énoncera les motifs de l'aliénation.*

« Art.... *Dans les deux cas ci-dessus, la partie requérante joindra à sa requête le cahier des charges et conditions de la vente qu'elle entend faire.*

« Art.... *Ce cahier ainsi que la requête seront communiqués au ministère public, et le tribunal statuera sur le tout en la chambre du conseil.*

Le jugement qui homologuera la délibération de famille tendante à l'aliénation des immeubles du mineur, et celui qui permettra à la femme mariée d'aliéner son fonds dotal, indiquera en même temps le jour où l'adjudication en devra être faite.

« Art.... *Cette adjudication sera faite devant le tribunal, ou un de ses membres, par lui commis.*

« *Si les biens qui sont l'objet de l'adjudication appartiennent à un mineur non émancipé, son subrogé-tuteur y sera appelé.*

« Art.... *Seront observées au surplus, quant à la rédaction du cahier des charges, aux affiches et placards indicatifs de la vente, aux délais et remises de l'adjudication, les règles prescrites aux articles . . . . du titre* des Licitations.

« Art.... *Seront également observées, quant à l'adjudication et à ses suites, les règles prescrites aux articles . . . . . . du titre* des Expropriations forcées » (1).

La section de législation du Conseil d'Etat ne crut pas qu'il fût besoin de dispositions particulières pour la femme ; mais, dans la séance du 11 mars 1806, un de ses membres vint dire qu'elle « s'étoit aperçue qu'il manquoit dans le projet de Code un titre pour la vente des biens immeubles des mineurs, et qu'en conséquence elle l'avoit chargé de présenter une rédaction » (2), dont il fit en effet lecture.

Je rendrai compte des articles dont elle se composoit à mesure que ma matière m'y conduira. Quant à présent, il suffit de dire qu'elle comprenoit les articles du titre *des Partages et Licitations*, qui étoient relatifs à la vente des immeubles.

Ce titre nouveau fut discuté de suite, et adopté avec des amendements. Il n'a pas été communiqué officieusement à la section du Tribunat ; on n'en eut pas le temps ; et d'ailleurs, cette section avoit déja fait ses observations sur la plupart des articles, puisqu'ils étoient extraits du premier projet.

Dans la rédaction définitive, on a cru devoir embrasser la matière dans son ensemble, et régler tout à-la-fois ce qui regarde les majeurs, ce qui concerne les mineurs, et ce qui se rapporte aux uns et aux

---

(1) Proc. verb. de la sect. de législ. du Trib. Observ. finales sur le liv. I.er de la II.e partie. — (2) Discuss. du C. d'État. Séance du 11 mars 1806.

autres. On a donc ajouté les premiers articles, et on a eu soin de combiner la rédaction de tous avec le système adopté sur les réclamations des notaires, à la suite de la séance dont il a été rendu compte sur les notes qui accompagnent les articles 746, 747 et 748.

C'est ainsi que s'est formé le titre qui nous occupe.

SOMMAIRES

DES ARTICLES QUI COMPOSENT CE TITRE.

1. *Du cas où les biens à vendre n'appartiennent qu'à des majeurs* (art. 953).
2. *Dans quelles circonstances un avis de parents est ou n'est pas nécessaire, lorqu'il y a des mineurs* (art. 954).
3. *Nomination d'experts pour la vente des biens des mineurs ; enchères ; devant quel officier les enchères sont reçues* (art. 955).
4. *Forme et contenu de l'avis des experts* (art. 956).
5. *Remise de leur rapport* (art. 957).
6. *Cahier des charges* (art. 958).
7. *Lecture à l'audience du cahier des charges* (art. 959).
8. *Annonce de l'adjudication préparatoire par des placards* (art. 960).
9. *Apposition des placards* (art. 961).
10. *Insertion dans les journaux* (art. 962).
11. *Renouvellement des placards, et de l'insertion pour l'adjudication définitive* (art. 963).

12. *Du cas où les enchères ne s'élèvent pas au prix de l'estimation* (art. 964).
13. *Forme de la réception des enchères et de l'adjudication* (art. 965).

ARTICLE 953.

Si les immeubles n'appartiennent qu'à des majeurs, ils seront vendus, s'il y a lieu, de la manière dont les majeurs conviendront.

S'il y a lieu à licitation, elle sera faite conformément à ce qui est prescrit au titre *des Partages et Licitations.*

ARTICLE 954.

Si les immeubles n'appartiennent qu'à des mineurs, la vente ne pourra en être ordonnée que d'après un avis de parents.

Cet avis ne sera point nécessaire lorsque les immeubles appartiendront en partie à des majeurs et à des mineurs, et lorsque la licitation sera ordonnée sur la demande des majeurs.

Il sera procédé à cette licitation ainsi qu'il est prescrit au titre *des Partages et Licitations.*

I. Ces deux articles ont été ajoutés depuis la séance où l'on a entendu les notaires *, et par les raisons qui ont été indiquées dans les notions préliminaires.

II. L'orateur du Conseil en a exposé, de la manière suivante les motifs et le système :

* *Voyez* les notes sur les art. 746, 747 et 748.

« Des majeurs procéderont comme il leur conviendra, ils ont l'entière et libre disposition de leurs biens et actions. Cela est trivial, cependant on a voulu le dire afin de ne pas perdre l'occasion de marquer que les formalités ne sont pas imposées à tout le monde, mais seulement à ceux auxquels elles sont nécessaires pour les garantir des préjudices dont ils ne pourroient autrement se défendre.

« La vente des immeubles des mineurs doit toujours être faite publiquement, et aux enchères. Le Code civil avoit retracé ce principe de tous les temps. La manière de s'y conformer qui ne se trouvoit autrefois que dans quelques arrêts de règlement, est organisée dans le titre de la *Vente des biens immeubles.*

« Le Code civil permet la vente des immeubles des mineurs indifféremment devant un juge commis par le tribunal, ou devant un notaire. Les formalités essentielles à la vente, c'est-à-dire, l'estimation, les enchères, leur publicité annoncée par des placards, seront les mêmes; seulement les enchères qui ne sont admises dans les tribunaux que par le ministère des avoués, pourront être reçues chez les notaires de la part de toute personne. Cette différence vient de la plus grande solennité inséparable des ventes en justice; de ce que les avoués sont dans les tribunaux les organes nécessaires des clients qui s'y présentent; enfin de l'espèce de garantie qu'on y exige de la part des avoués qui enchérissent.

« Chez les notaires, on procède plus tractativement; y forcer le ministère des avoués seroit un contre-sens à la forme volontaire et contractuelle qui doit y être suivie. L'avoué que la confiance de son client y enverra, y paroîtra donc comme un conseil volontaire, ou comme tout autre mandataire; comme le client lui-même pourroit y paroître.

« La faculté que le Code civil a donnée de procéder à la vente, soit devant un juge, soit devant un notaire à ce commis, sera appliquée selon les circonstances. On doit cette confiance aux magistrats, que leur choix sera déterminé par le vœu des familles, et par l'utilité qu'ils verront eux-mêmes pour les mineurs, ou d'épargner des frais, ou de sacrifier cette épargne à la probabilité, si elle se rencontre, de parvenir à une adjudication plus solennelle, et à une vente à plus haut prix » (1).

III. L'édition officielle du Code de procédure rapporte en note, sous l'article 954, l'article 459 du Code civil, qui est ainsi conçu :

La vente se fera publiquement, en présence du subrogé-tuteur, aux enchères qui seront reçues par un membre du tribunal de première

---

(1) Exposé des motifs, p. 189 et suiv.

instance ou par un notaire à ce commis, et à la suite de trois affiches apposées, par trois dimanches consécutifs, aux lieux accoutumés dans le canton.

Chacune de ces affiches sera visée et certifiée par le maire des communes où elles auront été apposées.

ARTICLE 955.

> Lorsque le tribunal civil homologuera les délibérations du conseil de famille relatives à l'aliénation des biens immeubles des mineurs, il nommera, par le même jugement, un ou trois experts, suivant que l'importance des biens paroîtra l'exiger, et ordonnera que, sur leur estimation, les enchères seront publiquement ouvertes devant un membre du tribunal ou devant un notaire à ce commis aussi par le même jugement.

I. Cet article étoit le premier du titre présenté dans la séance du 11 mars 1806.

La rédaction proposée portoit : *Il nommera, par le même jugement, trois experts* (1).

Cette rédaction engagea dans le Conseil la discussion suivante :

« L'article 1.er est discuté.

1. « M. LE PRÉSIDENT demande que le juge ait la faculté de ne nommer qu'un seul expert quand les biens sont modiques.

---

(1) 1.re réd. du tit. VI du liv. II de la II.e partie, art. 1.er

2. « M.** dit qu'il faut, sur ce point, s'en rapporter à la prudence des familles.

1. « M. LE PRÉSIDENT observe que l'article ne les en charge pas. On peut laisser ce soin au tribunal, et ne pas le lier par une règle trop étroite.

2. « M.** trouve que, dans tous les cas, une estimation par trois experts est bien coûteuse.

1. « M. LE PRÉSIDENT en convient; mais cet inconvénient lui paroît moins considérable que d'abandonner les intérêts du mineur à un seul expert qui peut être gagné pour estimer beaucoup au-dessous de la valeur.

« Au surplus, *M. le Président* aime mieux faire agir le tribunal que la famille, car jusqu'ici les parents n'ont pas toujours fait preuve de ce zèle que la loi leur suppose pour l'avantage du mineur.

« L'article est adopté avec l'amendement de *M. le Président* » (1).

II. Voyez dans les notes sur les articles 953 et 954, l'exposé des motifs fait par l'orateur du Conseil.

ARTICLE 956.

Les experts, après avoir prêté serment, rédigeront leur rapport en un seul avis, à la pluralité des voix; il présentera les bases de l'estimation qu'ils auront faite.

---

(1) Discuss. du C. d'État. Séance du 11 mars 1806.

ARTICLE 957.

Ils remettront la minute de leur rapport ou au greffe ou chez le notaire, suivant qu'un membre du tribunal ou un notaire aura été commis pour recevoir les enchères.

Ces deux articles faisoient partie des articles nouveaux insérés dans le projet présenté à la séance du 11 mars 1806. Ils ont été adoptés sans discussion.

ARTICLE 958.

Les enchères seront ouvertes sur un cahier de charges, déposé au greffe ou chez le notaire commis, et contenant,

1.° L'énonciation du jugement homologatif de l'avis des parents;

2.° Celle du titre de propriété;

3.° La désignation sommaire des biens à vendre, et le prix de leur estimation;

4.° Les conditions de la vente.

I. L'article avoit été présenté en ces termes:

Le poursuivant déposera au greffe l'enchère pour parvenir à la vente des biens.

Elle contiendra,

1.° *Les noms, demeure et profession du poursuivant; les noms et demeure de son avoué;*

2.° *Les noms, professions et demeures des colicitants;*

3.° *Le vu du jugement qui aura ordonné la vente;*

4.° *La désignation détaillée des biens à vendre;*

5.° *L'établissement de la propriété;*

6.° *Les conditions de la vente.*

Copie de l'enchère sera signifiée aux avoués des colicitants, par un simple acte, huitaine avant le dépôt au greffe (1).

Cette rédaction donna lieu, dans le Conseil, à la discussion suivante :

« L'article 1011 est discuté.

1. « M. ** observe que l'expression *établissement de la propriété*, employée dans le numéro 5 de l'article, n'est peut-être pas l'expression propre : celle de *désignation des titres*, proposée par divers Cours d'appel, paroît préférable.

2. « M. ** répond que l'expression *établir la propriété*, est admise dans la langue; que celle qu'on propose d'y substituer ne signifieroit pas assez; car il s'agit de justifier que les biens appartiennent à la succession.

3. « M. LE MINISTRE DE LA JUSTICE pense qu'on pourroit dire : *justification de la propriété.*

4. « M. LE RAPPORTEUR propose de se servir de l'expression *énonciation des titres de propriété.*

2. « M. ** préfère cette dernière expression.

---

(1) 1.re réd. art. 1011.

« L'article est adopté avec ce dernier amendement » (1).

II. On substitua donc à ces mots : *l'établissement de la propriété*, ceux-ci : *l'énonciation des titres de propriété* (2). Du reste, l'article fut communiqué tel qu'il avoit été présenté.

La section du Tribunat dit :

« Au lieu de *l'enchère*, dire : *le cahier des charges*. Ce cahier est nécessaire pour servir de base à l'adjudication.

« On ne trouve pas la même nécessité dans l'enchère, qui n'est que la mise à prix faite par le poursuivant. L'estimation relatée dans le cahier des charges constitue par elle-même cette mise à prix » (3).

ARTICLE 959.

> Ce cahier sera lu à l'audience, si la vente se fait en justice. Lors de sa lecture, le jour auquel il sera procédé à la première adjudication, ou adjudication préparatoire, sera annoncé. Ce jour sera éloigné de six semaines au moins.

La première rédaction et la rédaction communiquée contenoient un article ainsi conçu :

Il y aura au moins deux publications de quin-

---

(1) Discuss. du C. d'État. Séance du 23 prairial an 13. — (2) Réd. comm. art. 1013. — (3) Proc. verb. de la sect. de lég. du Trib. Observ. sur l'art. 1013 de la réd. comm.

zaine en quinzaine avant l'adjudication préparatoire (1).

La section du Tribunat avoit demandé la suppression de cet article.

« C'est, disoit-elle, celui dont le changement est le plus impérieusement prescrit par la nécessité de changer le système, et de se rapprocher du Code civil » (2).

Dans le projet présenté à la séance du 21 mars 1806, on substitua à cet article celui qui nous occupe.

ARTICLE 960.

L'adjudication préparatoire, soit devant le tribunal, soit devant le notaire, sera indiquée par des affiches. Ces affiches ou placards ne contiendront que la désignation sommaire des biens, les noms, professions et domiciles du mineur, de son tuteur et de son subrogé-tuteur, et la demeure du notaire, si c'est devant un notaire que la vente doit être faite.

I. L'article avoit été communiqué dans les termes suivants :

La première publication de l'enchère sera annoncée par un placard contenant,

1.° *Les noms, profession et demeure du défunt; ceux du poursuivant; les noms et demeure de son*

---

(1) 1.re réd. art. 1012, et réd. comm. art. 1014. — (2) Proc. verb. de la sect. de législ. du Trib. Observ. sur l'art. 1014 de la réd. comm.

avoué; les noms, professions et demeures des copropriétaires;

2.° *La désignation des biens, ainsi qu'elle est prescrite pour la saisie immobilière;*

3.° *L'indication du jour de la première publication* (1).

La section du Tribunat présenta sur cet article des observations générales, qu'elle fit porter également sur les articles 1011 et 1018, correspondant aux articles 961 et 964 du Code.

Elle dit:

« Les dispositions de ces articles ont fait naître des observations sur leur ensemble.

« Elles en ont fait naître d'autres sur les détails.

« Quant à l'ensemble, on a remarqué qu'elles renouveloient la formalité de diverses publications d'enchères, et celle d'une adjudication sauf quinzaine, sous le nom d'adjudication préparatoire.

« La première de ces formalités ne produit que des frais; chaque remise entraîne des actes et des vacations d'avoué, de greffe et d'huissier, sans amener un seul enchérisseur. Ceux qui veulent acheter attendent avec raison l'adjudication.

« La seconde formalité n'a d'autre utilité que de rendre fixes les conditions et le jour de l'adjudication définitive.

« Mais elle a l'inconvénient de former un con-

(1) Réd. comm. art. 1010.

trat incertain, et de multiplier les affiches d'une manière ruineuse. Ce malheur deviendroit plus que jamais inévitable dans le systême que présente le projet.

« A cela, il faut ajouter une considération décisive, c'est que ce systême se trouve en contradiction avec l'article 459 du Code civil, qui, pour la vente des biens des mineurs, prescrit trois affiches par trois dimanches consécutifs.

« Or, si le Code civil veut que les affiches soient apposées par trois dimanches consécutifs, il s'ensuit qu'on ne peut pas mettre entre leur apposition les intervalles de quinzaine au moins, qu'exigeroit l'exécution des articles 1012, 1014 et 1015 du projet (962, 959 *et* 963 *du Code*).

« Il est vrai que le Code civil n'a eu en vue que les aliénations des biens des mineurs; mais outre que la minorité est la circonstance la plus fréquente qui donne lieu aux licitations judiciaires, il est convenable de n'avoir pour ces sortes de procédure qu'une seule et même forme, et cette forme sera aussi bonne qu'on pourra le desirer, si d'un côté elle se concilie avec le Code civil, et que de l'autre elle conserve ce qu'il pourroit y avoir d'avantageux dans la pratique ancienne, sans en laisser subsister les inconvénients.

« La section du Tribunat pense qu'on peut atteindre ce but en donnant une autre série aux articles proposés, comme on le verra ci-après, et modifiant quelques unes de leurs dispositions de détail.

« Ce sont maintenant ces modifications de détail que nous allons présenter » (1).

III. Je rappellerai ces observations de détail sous les articles auxquels elles se rapportent; mais je dois dire ici que la proposition de supprimer l'adjudication préparatoire n'a pas été adoptée, par des raisons que l'orateur du Tribunat a exposées en ces termes :

« La section de législation du Tribunat avoit douté s'il ne seroit pas utile de supprimer aussi les formalités de l'adjudication préparatoire, qui n'est qu'un contrat incertain et provisoire, par lequel les frais de l'adjudication définitive sont assez-notablement grossis ; mais les avantages que cette formalité présente l'ont emporté. On l'a regardée comme un moyen d'établir quelque chose de fixe dans le vague des enchères, et d'éviter les fraudes que pourroit encourager la précipitation trop brusque d'une adjudication isolée, qui seroit tout-à-la-fois la première et la dernière » (2).

III. Dans ses observations spéciales sur l'article 960, la section du Tribunat dit :

---

(1) Proc. verb. de la sect. de lég. du Trib. Observ. sur l'art. 1010 de la réd. comm. —(2) Disc. de l'orat. du Trib., p. 233.

« Sur le numéro 2, on observe qu'une désignation détaillée des biens est nécessaire pour la saisie immobilière; parceque l'adjudication qui la suit purge la propriété des tiers, et qu'il faut bien, d'après cela, qu'ils soient avertis, pour former leur revendication à temps utile *.

« Mais comme l'adjudication sur licitation ne produit pas cet effet important, une désignation *sommaire* pourroit suffire dans les placards » (1).

IV. Dans le projet présenté à la séance du 11 mai 1806, qui a donné à l'article sa rédaction actuelle, on a profité de l'observation du Tribunat.

ARTICLE 961.

Ces placards seront apposés, par trois dimanches consécutifs,

1.° A la principale porte de chacun des bâtiments dont la vente sera poursuivie;

2.° A la principale porte des communes de la situation des biens; et à Paris, à la principale porte seulement de la municipalité dans l'arrondissement de laquelle les biens sont situés;

3.° A la porte extérieure du tribunal qui aura permis la vente; et à celle du notaire, si c'est un notaire qui doit y procéder.

Les maires des communes où ces placards auront

---

(1) Proc. verb. de la sect. de lég. du Trib. Observ. sur l'art. 1010 de la réd. comm.

*Nota. Sur ce motif, *Voy.* l'art. 731 et les notes qui l'accompagnent.

été apposés, les viseront et certifieront sans frais, sur un exemplaire qui restera joint au dossier.

I. L'article avoit été communiqué en ces termes:

Lesdits placards seront apposés,

1.° *Aux principales portes des bâtiments dont la vente est poursuivie;*

2.° *A la principale place des communes de la situation des biens;*

3.° *A celle du domicile de chacune des parties dans l'instance de licitation, si elles sont domiciliées hors de l'arrondissement du tribunal de première instance, et à la porte de leurs avoués, si elles en ont constitué;*

4.° *A celle du domicile de l'avoué du poursuivant;*

5.° *A la porte de la justice de paix du lieu de la situation des immeubles;*

6.° *A la porte extérieure du tribunal de la situation;*

7.° *A celle du tribunal devant lequel la vente est poursuivie* (1).

Nous venons de voir, dans les notes sur l'article précédent, que la section du Tribunat s'étoit élevée contre la multiplicité des affiches.

Par suite de la même idée, elle dit, sur l'article 1011, correspondant à l'article 961 du Code:

---

(1) Réd. comm. art. 1011.

« Une modification est nécessaire pour le paragraphe 2 de cet article, en ce qui concerne Paris, où les principales places sont tellement nombreuses, que les seuls frais d'affiches y coûtent des sommes énormes.

« Sur les paragraphes 3 et 4, on remarque que l'affiche à la porte des parties poursuivantes et colicitantes, et à celles de leurs avoués, sont des formalités dispendieuses, et elles le deviendroient encore davantage, s'il falloit la faire à la porte de ceux qui, se trouvant domiciliés hors de l'arrondissement, peuvent en être très-éloignés.

« Il paroît donc utile de supprimer cette affiche au domicile des uns et des autres, parceque ces différents domiciles ne sont pas des lieux publics. Les parties et les avoués feront bien poser eux-mêmes un exemplaire du placard chez eux, s'ils le trouvent convenable, sans qu'il soit besoin d'en faire une formalité de la procédure.

« En conséquence de ces observations, la section propose la rédaction suivante :

« *Ces affiches seront apposées par trois dimanches consécutifs aux lieux suivants :*

« 1.° *A la principale porte de chacun des bâtiments dont la vente sera poursuivie ;*

« 2.° *A la principale porte des communes de la situation de biens, et, s'il y a plusieurs municipalités dans la commune, à la principale porte seu-*

lement de la municipalité dans l'arrondissement de laquelle les biens sont situés ;

« 3.° *A la porte de la justice de paix du lieu de la situation des immeubles ;*

« 4.° *A la porte extérieure du tribunal de la situation ;*

« 5.° *A celle du tribunal devant lequel la vente est poursuivie.*

« *Les maires des communes où ces affiches auront été apposées, les viseront et certifieront sur un exemplaire qui, à cet effet, restera joint au dossier* » (1).

II. Les retranchements demandés par la section du Tribunat, ont été faits dans le projet présenté à la séance du 11 mars 1806; mais on remarquera que dans le numéro 2 on n'a point suivi la rédaction présentée par la section du Tribunat. Elle avoit parlé dans le système de la loi du 19 vendémiaire an IV, qui avoit divisé en plusieurs municipalités les villes de Bordeaux, Lyon et Marseille ; mais elle n'avoit pas pris garde que ce système étoit changé par la loi du 15 ventose an XIII, qui a donné à ces villes la même organisation qu'aux autres communes, et n'a conservé qu'à la commune de Paris celle qu'elle tenoit de la loi du 19 vendémiaire.

---

(1) Proc. verb. de la sect. de législ. du Trib. Observ. sur l'art. 1011 de la réd. comm.

III. L'orateur du Tribunat a dit sur cet article :

« Vous remarquerez avec satisfaction qu'on s'est particulièrement appliqué à réformer les frais considérables des affiches manuscrites que personne ne lisoit, parcequ'en effet elles étoient ordinairement illisibles. La même réforme a été portée aussi sur la multiplication excessive des placards imprimés. Leur nombre a été réduit à ce qu'il y a d'absolument nécessaire pour la publicité de la vente » (1).

ARTICLE 962.

Copie desdits placards sera insérée dans un journal, conformément à l'article 683 ci-dessus. Cette insertion sera constatée ainsi qu'il est dit au titre *de la Saisie immobiliaire.* Elle sera faite huit jours au moins avant le jour indiqué pour l'adjudication préparatoire.

L'article avoit été communiqué en ces termes :

Copie dudit placard sèra insérée dans un journal; cette insertion et l'apposition du placard seront constatées ainsi qu'il est dit au titre des Saisies immobilières.

Ledit placard et ladite insertion seront faits quinze jours francs au moins avant la première publication (2).

La section du Tribunat dit :

---

(1) Disc. de l'orat. du Trib. p. 233. — (2) Réd. comm. art. 1012.

« Un extrait du placard seroit préférable dans le cas dont il s'agit. Il suffiroit qu'il contînt l'indication en résumé des objets à vendre, et celle du domicile du poursuivant et des avoués en cause, ainsi que celle de l'adjudication.

« Mais on pense qu'il vaudroit mieux ne pas faire de cette insertion aux journaux une formalité de procédure, quoiqu'on l'ait prescrite comme telle dans les matières de saisie-exécution et d'expropriation forcée. La raison en est facile à sentir. Lorsqu'il s'agit d'une saisie mobilière ou immobilière, tout est rigoureux, et la loi doit user d'une égale défiance envers l'une et l'autre partie, avec d'autant plus de raison que des tiers se trouvent intéressés dans les effets de la procédure; mais lorsqu'il s'agit d'une vente volontaire, elle peut facilement présumer que les parties ne négligeront rien de ce qui peut y donner de la publicité: leur intérêt à cet égard lui répond de leurs soins » (1).

Il faut observer que lorsque la section du Tribunat faisoit ces réflexions, le placard devoit contenir plus d'énonciations, et des énonciations plus étendues que n'en exige l'article 960.

La rédaction que l'article 962 a maintenant, est celle qu'on lui avoit donnée dans le projet présenté dans la séance du 11 mars 1806.

(1) Proc. verb. de la sect. de législ. du Trib. Observ. sur l'art. 1013 de la réd. comm.

ARTICLE 963.

L'apposition des placards et l'insertion aux journaux seront réitérées huit jours au moins avant l'adjudication définitive.

L'article avoit été communiqué en ces termes :
L'apposition des placards et l'insertion aux journaux seront réitérées avant l'adjudication préparatoire et celle définitive, et il y aura huit jours francs au moins entre lesdites apposition et insertion, et chacune desdites adjudications (1).

La section du Tribunat, se référant aux observations qui ont été rapportées sur l'article 960, ainsi qu'à celles qu'elle avoit faites sur l'article 1014 du projet, et qu'on trouve dans les notes sur l'article 959, dit :
« Même remarque que sur l'article précédent » (2).
La rédaction que l'article a dans le Code, est celle que lui a donnée le projet présenté à la séance du 11 mars 1806.

ARTICLE 964.

Au jour indiqué pour l'adjudication définitive, si les enchères ne s'élèvent pas au prix de l'estimation, le tribunal pourra ordonner, sur un nouvel avis de

(1) Réd. comm. art. 1015. — (2) Proc. verb. de la sect. de lég. du Trib. Observ. sur l'art. 1015 de la réd. comm.

parents, que l'immeuble sera adjugé au plus offrant, même au-dessous de l'estimation; à l'effet de quoi l'adjudication sera remise à un délai fixé par le jugement, et qui ne pourra être moindre de quinzaine.

Cette adjudication sera encore indiquée par des placards apposés dans les communes et lieux, visés, certifiés, et insérés dans les journaux, comme il est dit ci-dessus, huit jours au moins avant l'adjudication.

L'article avoit été communiqué en ces termes :
Si aucune des enchères ne s'élève au prix de l'estimation, le tribunal pourra, après quatre publications au moins, ordonner, sur la demande d'une des parties intéressées, que le bien sera adjugé au plus offrant, même au-dessous de la prisée (1).

Cet article étoit un de ceux sur lesquels portoient les observations qu'on a vues dans les notes sur l'article 960.

La section du Tribunat, le discutant ensuite particulièrement et dans l'esprit des mêmes observations, dit :

« Les dispositions de cet article sont adoptées, en retranchant la nécessité des quatre publications » (2).

A la suite de ces observations, la section proposa la rédaction suivante :

---

(1) Réd. comm. art. 1018. — (2) Proc. verb. de la sect. de lég. du Trib. Observ. sur l'art. 1018 de la réd. comm.

Au jour indiqué pour l'adjudication, si aucune des enchères ne s'élève au prix de l'estimation, le tribunal pourra ordonner, sur la demande des parties intéressées, que le bien sera adjugé au plus offrant, même au-dessous de la prisée, à l'effet de quoi l'adjudication sera remise à un délai fixé par le juge, et qui ne pourra être moindre de quinzaine.

Cette adjudication sera indiquée par une quatrième affiche en placard, qui sera apposée, visée et certifiée comme il est dit ci-dessus, huit jours au moins avant l'adjudication.

Dans le projet présenté à la séance du 11 mars 1806, on a substitué à cette rédaction celle qu'on trouve dans le Code.

ARTICLE 965.

Seront observées, au surplus, relativement à la réception des enchères, à la forme de l'adjudication et à ses suites, les dispositions contenues dans les articles 707 et suivants du titre *de la Saisie immobiliaire*: néanmoins, si les enchères sont reçues par un notaire, elles pourront être faites par toutes personnes, sans ministère d'avoué.

Cet article avoit été communiqué en ces termes:

Seront observées au surplus, relativement à l'adjudication, sa forme et ses suites, les formalités prescrites au titre des Saisies immobiliaires(1).

(1) Réd. comm. art. 1017.

La section du Tribunat pensa « qu'il seroit bon d'indiquer les articles du titre *des Saisies immobilières*, auxquels celui-ci se réfère » (1).

On a eu égard à cette observation dans le projet présenté à la séance du 11 mars 1806, qui a donné à l'article la rédaction qu'il a dans le Code.

TITRE VII.

DES PARTAGES ET LICITATIONS.

ARTICLES DU CODE CIVIL

DONT LE PRÉSENT TITRE ORGANISE L'EXÉCUTION.

I. L'orateur du Conseil a dit :

« Soit que les effets mobiliers et les titres de la succession aient eu besoin d'être conservés par les scellés, et décrits dans un inventaire ; soit qu'il ait été nécessaire de vendre tout ou partie des meubles et des immeubles ; soit qu'on ait pu s'abstenir de tous ces préalables, la succession doit être partagée. Le Code civil contient dans le titre important des Successions, un chapitre de l'action *de Partage et de sa forme*. Le Code de procédure vient y ajouter ce qui lui appartient, la marche de cette

---

(1) Proc. verb. de la sect. de lég. du Trib. Observ. sur l'art. 1017 de la réd. comm.

action, celle de l'instance et la manière de la terminer » (1).

II. Les articles dont parle ici l'orateur du Conseil, et que l'édition officielle du Code de procédure rapporte en note à la tête de ce titre, sont les articles suivants :

Art. 823. *Si l'un des cohéritiers refuse de consentir au partage, ou s'il s'élève des contestations, soit sur le mode d'y procéder, soit sur la manière de le terminer, le tribunal prononce comme en matière sommaire, ou commet, s'il y a lieu, pour les opérations du partage, un des juges, sur le rapport duquel il décide les contestations.*

824. *L'estimation des immeubles est faite par experts choisis par les parties intéressées, ou, à leur refus, nommés d'office.*

Le procès-verbal des experts doit présenter les bases de l'estimation : il doit indiquer si l'objet estimé peut être commodément partagé ; de quelle manière ; fixer enfin, en cas de division, chacune des parts qu'on peut en former, et leur valeur.

825. *L'estimation des meubles, s'il n'y a pas eu de prisée faite dans un inventaire régulier, doit être faite par gens à ce connoissant, à juste prix et sans crue.*

826. *Chacun des cohéritiers peut demander sa*

---

(1) Exposé des motifs, p. 191.

part en nature des meubles et immeubles de la succession : néanmoins, s'il y a des créanciers saisissants ou opposants, ou si la majorité des cohéritiers juge la vente nécessaire pour l'acquit des dettes et charges de la succession, les meubles sont vendus publiquement en la forme ordinaire.

827. *Si les immeubles ne peuvent pas se partager commodément, il doit être procédé à la vente par licitation devant le tribunal.*

Cependant les parties, si elles sont toutes majeures, peuvent consentir que la licitation soit faite devant un notaire, sur le choix duquel elles s'accordent.

828. *Après que les meubles et immeubles ont été estimés et vendus, s'il y a lieu, le juge-commissaire renvoie les parties devant un notaire dont elles conviennent, ou nommé d'office, si les parties ne s'accordent pas sur le choix.*

On procède, devant cet officier, aux comptes que les copartageants peuvent se devoir, à la formation de la masse générale, à la composition des lots, et aux fournissements à faire à chacun des copartageants..

829. *Chaque cohéritier fait rapport à la masse, suivant les règles qui seront ci-après établies, des dons qui lui ont été faits, et des sommes dont il est débiteur.*

830. *Si le rapport n'est pas fait en nature, les*

cohéritiers à qui il est dû, prélèvent une portion égale sur la masse de la succession.

Les prélèvements se font, autant que possible, en objets de même nature, qualité et bonté, que les objets non rapportés en nature.

831. *Après ces prélèvements, il est procédé, sur ce qui reste dans la masse, à la composition d'autant de lots égaux qu'il y a d'héritiers copartageants, ou de souches copartageantes.*

832. *Dans la formation et composition des lots, on doit éviter, autant que possible, de morceler les héritages, et de diviser les exploitations; et il convient de faire entrer dans chaque lot, s'il se peut, la même quantité de meubles, d'immeubles, de droits ou de créances de même nature et valeur.*

833. *L'inégalité des lots en nature se compense par un retour, soit en rente, soit en argent.*

834. *Les lots sont faits par l'un des cohéritiers, s'ils peuvent convenir entre eux sur le choix, et si celui qu'ils avoient choisi accepte la commission: dans le cas contraire, les lots sont faits par un expert que le juge-commissaire désigne.*

Ils sont ensuite tirés au sort.

835. *Avant de procéder au tirage des lots, chaque copartageant est admis à proposer ses réclamations contre leur formation.*

836. *Les règles établies pour la division des masses à partager, sont également observées dans*

la subdivision à faire entre les souches copartageantes.

837. *Si, dans les opérations renvoyées devant un notaire, il s'élève des contestations, le notaire dressera procès-verbal des difficultés et des dires respectifs des parties, les renverra devant le commissaire nommé pour le partage; et, au surplus, il sera procédé suivant les formes prescrites par les lois sur la procédure.*

838. *Si tous les cohéritiers ne sont pas présents, ou s'il y a parmi eux des interdits ou des mineurs, même émancipés, le partage doit être fait en justice, conformément aux règles prescrites par les articles* 819 *et suivants, jusques et compris l'article précédent. S'il y a plusieurs mineurs qui aient des intérêts opposés dans le partage, il doit leur être donné à chacun un tuteur spécial et particulier.*

839. *S'il y a lieu à licitation, dans le cas du précédent article, elle ne peut être faite qu'en justice avec les formalités prescrites pour l'aliénation des biens des mineurs. Les étrangers y sont toujours admis.*

SOMMAIRES

DES ARTICLES QUI COMPOSENT CE TITRE.

1. *Comment est provoqué le partage qui doit être fait en justice* (art. 966).
2. *A qui appartient la poursuite lorsqu'il y a plus de deux demandeurs* (art. 967).

3. *Comment est nommé le tuteur spécial qui doit être donné à chaque mineur ayant des intérêts opposés* (art. 968).
4. *Nomination du juge-commissaire, et estimation des immeubles par des experts* (art. 969.)
5. *De quelle manière le partage ou la vente par licitation est ordonné* (art. 970).
6. *Forme de la nomination des experts, de leur rapport et de la prestation de leur serment* (art. 971).
7. *Entérinement du rapport, et formalités de la vente* (art. 972).
8. *Comment il est prononcé sur les difficultés qui s'élèvent relativement au cahier des charges* (art. 973).
9. *Du cas où il n'y a pas lieu à licitation quoique chaque immeuble ait été déclaré impartageable* (art. 974).
10. *Composition et tirage au sort des lots, quand les droits des intéressés sont déja liquidés* (art. 975).
11. *Renvoi devant un notaire, dans les autres cas, pour les comptes, rapports, formation de masses, prélèvement, composition des lots et fournissements* (art. 976).
12. *Comment procède le notaire commis, et du renvoi à l'audience en conseil* (art. 977).
13. *Formation des lots* (art. 978).
14. *Acte par lequel la composition est établie* (art. 979).
15. *Clôture du procès-verbal de composition* (art. 980).
16. *Homologation du partage* (art. 981).
17. *Tirage et délivrance des lots* (art. 982).

18. *Délivrance des extraits du procès-verbal de partage* (art. 983).
19. *Application des formalités ci-dessus aux licitations et partages tendant à faire cesser l'indivision, dans le cas où toutes les parties ne sont pas* suî juris (art. 984).
20. *Dans quelles circonstances ces formalités cessent d'être nécessaires* (art. 985).

ARTICLE 966.

Dans les cas des articles 823 et 838 du Code civil, lorsque le partage doit être fait en justice, la partie la plus diligente se pourvoira.

L'article avoit été communiqué en ces termes :

Si, lorsqu'il s'agit de procéder à un partage définitif, les parties ne s'accordent point, si tous les cohéritiers ne sont pas présents, ou s'il y a parmi eux des interdits ou des mineurs, même émancipés, la partie la plus diligente pourra former la demande devant le tribunal du lieu de l'ouverture de la succession (1).

La section du Tribunat dit :

« Il est bon d'ajouter aux cas prévus par cet article, celui où l'immeuble dotal d'une femme mariée fait partie des objets à partager, ainsi que cela est indiqué par l'article 1558 du Code civil.

---

(1) Réd. comm. art. 1004.

On pourroit donc étendre ainsi les dispositions :

« *Lorsqu'il s'agit de procéder à un partage définitif, si les parties ne s'accordent point, si tous les cohéritiers ne sont pas présents, s'il y a parmi eux des interdits ou des mineurs, si parmi les immeubles à partager, il y a quelques portions qui appartiennent à titre de fonds dotal à une femme mariée, la partie la plus diligente pourra former la demande devant le tribunal du lieu de l'ouverture de la succession* » (1).

On a trouvé beaucoup plus simple de retrancher tous les détails, et de se référer en général au Code civil.

ARTICLE 967.

Entre deux demandeurs, la poursuite appartiendra à celui qui aura fait viser le premier l'original de son exploit par le greffier du tribunal : ce visa sera daté du jour et de l'heure.

L'orateur du Tribunat a dit sur cet article :

« Une amélioration a été faite relativement à la poursuite des demandes de licitation ou partage.

« On sait que le droit d'accomplir ces sortes de poursuites appartient à la partie la plus diligente. C'est une ancienne règle, et le projet la confirme.

---

(1) Proc. verb. de la sect. de légis. du Trib. Observ. sur l'art. 1004 de la réd. comm.

« Mais il y avoit un malheur qui s'attachoit à cette règle, c'est que plusieurs parties réclamoient quelquefois toutes à-la-fois l'avantage d'avoir été la plus diligente, et il n'étoit pas toujours facile de décider entre elles. De là naissent des contestations incidentes, dont les frais étoient souvent plus pesants que ceux de la procédure principale.

« L'article 967 retranche cet aliment aux discussions. Un simple *visa* donné par le greffier sur l'original de la demande, fixera désormais la priorité entre deux prétendants à la poursuite » (1).

ARTICLE 968.

Le tuteur spécial et particulier qui doit être donné à chaque mineur ayant des intérêts opposés, sera nommé suivant les règles contenues au titre *des Avis de parents.*

L'article communiqué étoit ainsi conçu :

Si plusieurs mineurs, parties au partage, ont des intérêts opposés, il leur sera donné à chacun un tuteur spécial et particulier, et un curateur, s'ils sont émancipés. Ces nominations seront faites conformément aux règles prescrites au titre des Avis de parents (2).

La section du Tribunat dit :

« Depuis le Code civil, les praticiens étoient en

---

(1) Disc. de l'orat. du Trib. p. 234. — (2) Réd. comm. art. 1006.

doute de savoir quel titre on devoit conférer à l'homme chargé d'assister un mineur émancipé dans les actes relatifs à l'aliénation de ses immeubles, et si cet homme devoit être un curateur, ou bien un tuteur *ad hoc* comme autrefois.

« L'article proposé fait cesser heureusement cette incertitude : seulement il faut ôter toute ombre d'ambiguité dans les termes, de peur que les mêmes praticiens n'aillent se figurer qu'il faut au mineur émancipé, un tuteur spécial tout-à-la-fois, et un curateur.

« On rédigeroit donc ainsi l'article :

« *Si plusieurs mineurs, parties au partage, ont des intérêts opposés, il leur sera donné à chacun un tuteur spécial et particulier.*

« *S'ils sont émancipés, il leur sera donné à chacun un curateur.*

« *Ces nominations seront faites conformément aux règles prescrites au titre* des Avis de parents » (1).

Il n'a pas été rendu compte de cette proposition au Conseil. La rédaction qu'on trouve dans le Code a été présentée et adoptée sans explications ni discussion.

ARTICLE 969.

Le même jugement qui prononcera sur la demande en partage, commettra, s'il y a lieu, un juge, con-

(1) Proc. verb. de la sect. de lég du Trib. Observ. sur l'art 1006 de la réd. comm.

formément à l'article 823 du Code civil, et ordonnera que les immeubles, s'il y en a, seront estimés par experts de la manière prescrite en l'article 824 du même Code.

I. L'article avoit été présenté en ces termes :

Sur la demande portée à l'audience, le tribunal prononcera comme en matière sommaire, ou commettra un juge pour les opérations du partage : le même jugement ordonnera que les immeubles seront visités par experts convenus par les parties, sinon nommés d'office, à l'effet de les estimer, et de constater s'ils peuvent se partager commodément (1).

La discussion suivante s'engagea au Conseil d'Etat :

« L'article 1005 est discuté.

1. « M. ** pense qu'il convient de substituer le mot *et* au mot *ou* dans la première phrase de cet article.

2. « M. ** dit que le tribunal ne commet pas un juge dans tous les cas, mais seulement lorsque la difficulté qui se présente n'a pas été levée à l'audience.

3. « M. LE RAPPORTEUR dit qu'on a employé la même rédaction que dans le Code civil.

« L'article est adopté » (2).

---

(1) 1.re réd. art. 1005. — (2) Discuss. du C. d'État. Séance du 23 prairial an 13.

II. La même rédaction fut donc communiquée (1) à la section du Tribunat, qui dit:

« Cet article est tiré en partie du Code civil, article 823; mais il ne le rappelle pas avec assez d'exactitude.

« Le Code civil porte que le tribunal commet, s'il y a lieu, pour les opérations du partage, un des juges *sur le rapport duquel il décide les contestations.*

« Par la construction même de cette phrase, on voit que si la commission du juge est relative d'une manière générale *aux opérations du partage*, son objet principal et immédiat est de faire le rapport des contestations qui s'élèvent à leur sujet.

« Mais si cette dernière partie de la phrase étoit omise, et que la construction en fût intervertie, comme elle l'est dans le projet, on pourroit penser que le juge est chargé de faire lui-même les opérations du partage, et cela entraîneroit à des méprises dans la pratique.

« Il faut donc rétablir à cet égard la rédaction telle qu'elle est dans le Code civil.

« D'un autre côté, il est inutile d'entrer dans aucun détail sur la maniere dont les experts doivent être nommés, puisque l'article suivant renvoie, à cet égard, aux règles générales.

« Enfin, cet article ne peut pas prescrire d'une manière absolue aux juges d'ordonner une exper-

(1) Réd. comm. art. 1007.

tise, puisqu'il peut y avoir des successions qui ne soient composées que de biens mobiliers.

« Ces observations conduisent à la rédaction suivante :

« *Sur la demande portée à l'audience, le tribunal prononcera comme en matière sommaire, ou commettra, s'il y a lieu, pour les opérations du partage, un juge, sur le rapport duquel les contestations seront décidées. Si la demande en partage a des immeubles pour objet, le même jugement ordonnera qu'ils seront visités par experts nommés à l'effet de les estimer, et de constater s'ils peuvent se partager commodément* » (1).

III. Dans les conférences verbales qui eurent lieu entre les deux sections, on convint de la rédaction suivante :

Sur la demande portée à l'audience, le tribunal prononcera comme en matière sommaire, ou commettra, s'il y a lieu, pour les opérations du partage, un des juges, sur le rapport duquel les contestations seront décidées.

Ce juge pourra faire lui-même le partage, ou le renvoyer à un notaire dont les parties conviendront; et si elles ne s'accordent pas sur le choix, il sera nommé d'office par le tribunal.

---

(1) Proc. verb. de la sect. de lég. du Trib. Observ. sur l'art. 1007 de la réd. comm.

On procédera devant le notaire, conformément à l'article 828 *du Code civil* (1).

IV. C'est contre cette rédaction, qui n'avoit pas encore été présentée au Conseil, que réclamèrent les notaires de Paris dans la séance du 22 février 1806 *.

Ils demandèrent « qu'il fût ordonné que les partages des biens, soit qu'ils intéressassent des mineurs, des absents ou des interdits, soit qu'il se fût élevé des contestations sur la manière d'y procéder, et sur celle de les terminer, fussent renvoyés aux notaires indiqués par les parties, sinon nommés d'office, suivant les dispositions du Code civil, conformément à l'usage, et aux lois et règlements antérieurs » (2).

Cette réclamation donna lieu à la discussion suivante :

1. « M. ** dit que le Code s'est expliqué sur les partages : s'ils doivent avoir lieu entre deux majeurs qui sont d'accord, ils sont faits exclusivement par les notaires : si les copartageants ne peuvent s'accorder; les difficultés seront portées devant les tribunaux.

« La question est seulement de savoir si, après les avoir terminées, le tribunal peut retenir le par-

---

(1) 1.re réd. après comm. art. 933. — (2) Discuss. du C. d'État. Séance du 22 février 1806.

* *Voyez* les notes sur les art. 746, 747 et 748.

tage et le faire. On craint que cette faculté ne fasse tomber les partages entre les mains des avoués.

2. « M. LE PRÉSIDENT dit que la question paroît décidée en faveur des notaires par l'article 828 du Code civil.

3. « M.** dit qu'un partage est un acte que le juge ne peut ni recevoir ni présenter à l'enregistrement.

1. « M.** dit que, d'un côté, l'article 823 du Code civil attribue au juge les partages litigieux que de l'autre, l'article 828 charge les notaires des partages ordonnés en justice; qu'on n'a vu d'autre moyen de concilier les deux dispositions que de laisser l'option au tribunal.

« En permettant au juge de simplifier la marche de l'affaire, on a espéré aussi diminuer les dépenses; et, pour que cette intention ne soit pas trompée, on aura soin de régler avec une sage économie les frais de greffe.

4. « L'UN DES DÉPUTÉS DES NOTAIRES observe que l'esprit du Code civil a été de ne déférer au juge que la connoissance des difficultés qui pourroient s'élever à l'occasion du partage; mais que quand elles sont decidées, il reste un acte à faire; que cet acte, le Code le renvoie aux notaires; et qu'il n'a pas voulu charger le juge de faire les calculs et les opérations de détail qui constituent le matériel du partage.

2. « M. le Président dit qu'il faut examiner avant tout lequel des deux systêmes est le plus avantageux aux parties.

5. « M. ** dit que les notaires sont institués pour constater la volonté des parties, écrire pour ainsi dire sous leur dictée, et imprimer aux conventions le sceau de l'authenticité. Il ne leur appartient donc dans aucun cas de réclamer le renvoi des actes. Ils doivent attendre les personnes qui veulent et peuvent se servir de leur ministère.

« D'après ces principes, il ne doit leur être permis de recevoir que les partages des majeurs qui sont d'accord. S'il s'agit de majeurs en différend, ou de mineurs, qui ne peuvent jamais avoir de volonté, il faut nécessairement recourir à la justice.

« Mais quel sera l'office du tribunal ?

« Ici commencent les difficultés.

« Les notaires prétendent que le tribunal doit renvoyer devant un commissaire, pris dans son sein, les points litigieux, et ensuite la confection du partage devant un notaire.

« Mais ce commissaire devient inutile, si le tribunal ne peut rien terminer définitivement sur son rapport. Si les difficultés qui naissent à l'occasion d'un partage sont faciles à résoudre, si, quand elles sont levées, le partage se trouve fait, pourquoi faire au tribunal l'injure de supposer qu'il n'est pas capable de l'achever? Pourquoi jeter les parties dans de nouveaux frais, en les forçant d'employer un notaire?

« Et qu'on y prenne garde; si l'on adoptoit le système des notaires, il faudroit leur abandonner en entier, même le partage où des mineurs seroient intéressés, toutes les fois qu'il ne donneroit lieu à aucune contestation. Ainsi, ou les mineurs seroient privés de la protection de la justice, ou les partages faits avec eux ne devroient, comme autrefois, être que provisionnels. Or, l'un et l'autre seroit également contraire au Code civil : il a voulu que les partages des mineurs fussent faits sous les yeux de la justice; il a voulu aussi dispenser des partages provisionnels, qui ne fixoient pas le sort des parties; et en conséquence, il a établi certaines formes qui, quand elles ont été observées, rendent le partage fait avec un mineur définitif et irrévocable. On doit bien se garder de porter atteinte à une disposition aussi salutaire.

« Le système du projet est bien plus raisonnable que celui qu'on propose d'y substituer : si le tribunal peut faire directement le partage, il le fait; si, pour y parvenir, il faut se livrer à un examen plus réfléchi, il nomme un rapporteur; si le partage est embarrassé de calculs et d'opérations, il le renvoie devant un notaire.

« On sent moins l'utilité de ces dispositions quand on ne s'arrête qu'aux successions qui présentent un grand intérêt; mais si l'on fait attention que dans les départements et dans les campagnes, la plupart des successions se composent d'un actif peu considérable, on sent combien il est important de ménager les frais. On atteindra ce but en ne multipliant pas inutilement les opérations, et en réduisant les frais de justice.

6. « M.** dit qu'on devroit du moins trouver dans l'article 931 du projet, une distinction entre les partages des majeurs et ceux des mineurs.

« Au surplus, *l'opinant* pense que tous les partages doivent être renvoyés aux notaires : d'abord ils les feront toujours mieux que ceux qui n'en ont pas, comme eux, l'habitude : ensuite, c'est se faire illusion que de croire que le juge rédigera lui-même le partage ; il chargera toujours de ce travail des officiers ministériels ; enfin, si le partage est fait par le juge, la minute en sera déposée au greffe, et les parties seront souvent obligées de venir de très-loin pour en prendre connoissance. Si au contraire le partage est renvoyé à un notaire, on choisira celui qui se trouvera le plus à la proximité des héritiers.

« Les notaires d'ailleurs apportent dans les affaires un esprit de conciliation : les officiers établis près les tribunaux s'attachent à faire naître des difficultés.

« On a fait valoir l'intérêt de diminuer les frais.

« Mais personne n'accuse les notaires de prendre

des droits exorbitans. En tout cas, on pourroit les taxer par un règlement.

« Toutes ces considérations prouvent qu'on ne peut laisser aux juges la confection des partages qu'en ordonnant qu'ils les feront eux-mêmes, sous peine de nullité.

1. « M. ** dit que tel est aussi le vœu de la section. C'est dans cette vue qu'elle refuse aux avoués tout droit d'assistance.

7. « M. ** dit que la demande des notaires tend évidemment à modifier le Code civil, dont l'article 459 prononce que *la vente se fera publiquement, en présence du subrogé-tuteur, aux enchères, qui seront reçues par un membre du tribunal civil, ou par un notaire à ce commis.*

« Voilà l'alternative bien tracée, et laissée à la disposition du tribunal : pourquoi rendroit-on aujourd'hui obligatoire ce qui n'est que facultatif dans le Code civil ? Pourquoi convertiroit-on la délégation qu'il permet en un droit absolu au profit des notaires ?

« *L'opinant* est loin de regarder cette innovation comme utile ; mais il doit au moins rester pour constant, qu'on modifieroit en cette partie le Code civil, ce qui ne paroît point entrer dans les vues du Conseil.

2. « M. le Président dit que le moyen le plus sûr d'exclure les avoués, c'est d'exiger que le partage soit écrit de la main du juge.

8. « UN DES DÉPUTÉS DES NOTAIRES prend la liberté d'observer qu'il ne seroit pas toujours possible au juge d'écrire lui-même le partage.

« Il ajoute qu'il lui sera même très-difficile de se livrer à un travail aussi long et aussi minutieux; que d'ailleurs, les parties n'auront pas, avec un magistrat qui peut prononcer d'autorité sur leur sort, et qu'on ne peut pas toujours approcher, les mêmes facilités qu'avec un notaire qu'elles abordent librement à toute heure, et vis-à-vis duquel elles n'ont pas de réserve à garder.

9 « M.** dit que si tous les notaires de la France étoient aussi habiles que ceux de Paris, il n'y auroit pas d'inconvénient à leur renvoyer les partages; mais que dans les départements, on ne trouve pas toujours des notaires instruits; que souvent les parties peuvent si peu s'en rapporter à eux, qu'elles font dresser par des personnes plus exercées le projet de partage; et le portent au notaire.

2. « M. LE PRÉSIDENT demande si le Conseil aperçoit des difficultés à ordonner que le partage sera écrit de la main du juge.

5. « M. ** répond que même un homme dans la vigueur de l'âge peut n'être pas en état d'écrire une longue minute.

10. « L'UN DES DÉPUTÉS DES NOTAIRES représente que l'insuffisance de quelques notaires des départements peut être un motif d'apporter plus de sévérité dans les choix; mais ne sauroit être une rai-

son de dépouiller tous les notaires ; que cependant on y tend, puisque le tribunal de première instance de Paris a arrêté qu'aucun partage ne leur seroit renvoyé. Par suite de ce système, trois cents partages que le tribunal s'est réservés sont à faire en ce moment, et trois cents familles sont en souffrance.

2. « M. LE PRÉSIDENT demande par qui les partages seront écrits, s'ils ne le sont pas par le juge lui-même.

5. M. ** répond que tout ce qui est fait au Palais est écrit par les greffiers.

2. « M. LE PRÉSIDENT dit que si les partages sont écrits par les greffiers, ils seront aussi faits par eux sous l'influence des avoués ; qu'il est donc plus avantageux pour les parties d'être renvoyées devant des notaires qui ne procèdent que dans des vues de conciliation.

1. « M. ** pense que les greffiers ne doivent pas écrire les partages.

« Il observe qu'au surplus dans les tribunaux les parties ont pour conciliateur le juge lui-même.

11. « M. LE MINISTRE DE LA JUSTICE dit que toutes les difficultés étant levées au moment où l'on procède au partage, il n'y a pas de raison pour ne pas renvoyer la confection de l'acte aux notaires.

2. « M. LE PRÉSIDENT dit que ce seroit un malheur pour les parties de dépendre doublement du juge,

qui, après avoir prononcé sur leur différend, les règleroit encore d'autorité par l'acte qu'il dresseroit.

« Cette doctrine n'est pas celle du Code civil. L'article 823 n'exige le renvoi au juge que lorsqu'il y a des difficultés, et l'article 828, au contraire, ordonne de renvoyer devant un notaire dans tous les autres cas.

« Si le tribunal entier pouvoit faire le partage, à la bonne heure ; mais il y a de l'inconvénient à laisser un seul juge l'arrêter d'autorité.

12. « M. ** dit que, d'après le Code civil, le partage avec des mineurs ne peut pas être fait devant notaire. Les autorités que les notaires citent à l'appui de leurs réclamations, loin de leur être favorables, sont au contraire la base des deux articles qu'ils attaquent.

13. « M. ** observe que quand le partage est fait devant notaire, les parties présentent elles-mêmes leurs observations ; mais que quand il est fait devant le tribunal, elles ne peuvent s'expliquer que par l'organe des avoués. Voilà déja un premier avantage.

« Ensuite, s'il faut des experts, on les nomme facilement et sans frais quand un notaire est saisi du partage, au lieu que devant le tribunal, la nomination des experts entraîne des formes très-dispendieuses.

« Il est de fait que les notaires font très-bien les

partages; qu'ils concilient très-souvent les parties. On peut d'autant mieux les leur abandonner, que leur ministère cesse dès qu'il y a contestation, et qu'alors on va au tribunal. Dans le systême proposé, rien ne seroit plus facile que d'attirer tous les partages devant la justice. Le juge au surplus ne feroit que copier s'il étoit obligé d'écrire de sa main : il ne pourroit pas dicter, car on ne dicte pas des chiffres.

2. « M. LE PRÉSIDENT dit que l'une des plus grandes objections qu'on puisse proposer contre le systême du projet, c'est que, toutes les difficultés ayant été réglées par le tribunal au moment où l'on vient au partage, tous les juges ont pris couleur. Or, il peut arriver que le juge chargé de faire le partage soit obligé d'opérer dans une opinion différente de la sienne. Il vaut donc mieux renvoyer les parties devant un tiers dont l'impartialité n'est point équivoque. Sans doute que cette considération perdroit sa force si le partage pouvoit être fait par le tribunal entier; mais le confier à un juge qui a son opinion formée, cela présente de grandes difficultés.

1. « M.** observe que l'on a parlé mal-à-propos de l'influence des avoués : ils se trouvent naturellement écartés, puisqu'on ne leur alloue point de rétribution.

« Quant à l'inconvénient d'abandonner le partage à un seul juge, il est beaucoup moins sérieux qu'on ne pense, le juge étant obligé de référer au tribunal.

2. « M. le Président dit qu'il est presqu'impossible de ne pas imprimer la teinte de son opinion à tout ce qu'on fait, même sans s'en apercevoir. Le juge qui regardera comme injuste le jugement intervenu, sera naturellement porté à favoriser l'opinion contraire.

« Si l'on veut une exception pour les mineurs, qu'on le dise; quand le juge trouvera l'affaire simple, il renverra devant un notaire. Ce ne sera, après tout, qu'une exception. Mais il seroit dangereux d'établir en principe qu'il en sera ainsi pour tous les partages.

12. « M** dit que, de l'aveu des notaires, il est impossible de ne pas faire prononcer par le tribunal lorsqu'il y a contestation entre des majeurs. Il ne s'agit donc plus que des mineurs. Ceux-là, la justice leur doit une protection spéciale, et voilà pourquoi il n'y a de définitifs à leur égard que les partages auxquels elle a imprimé son cachet.

« Or, l'article qu'on discute ne tend qu'à assurer les effets de cette protection. La confection des lots, qui constitue le partage, n'est rien: il n'y a là qu'une opération presque mécanique. Ce qu'il y a d'important, c'est l'estimation des biens. Fixer la valeur de chaque chose est une précaution indispensable pour l'intérêt des mineurs.

« Au reste, *l'opinant* observe de nouveau que la loi doit être la même dans toute la France, et que de là naissent de grandes difficultés. Les notaires de Paris sont fort instruits, très-désintéressés, et cependant souvent les partages étoient faits par des jurisconsultes. Mais on ne trouve pas par-tout ailleurs les mêmes lumières ni la même moralité. Si donc, dans une ville, il y a trois notaires dont aucun ne soit digne d'une entière confiance, il n'y auroit pas de raison à obliger le juge de renvoyer devant un des trois.

2. « M. le Président dit que les parties sont bien plus puissantes contre un notaire que contre un juge, et qu'il est hors de tous les principes de faire d'un juge un notaire, qui cependant reprendra ensuite le rôle de juge pour venir prononcer avec les autres.

« Au reste, on attaque rarement les partages faits par les notaires.

11. « M. le Ministre de la justice fait une observation dans l'intérêt public.

« Il ne pense pas, avec *le douzième opinant*, qu'on gagnera à rendre le juge maître du partage. Tant que les partages se feront au Palais, on ne parviendra jamais à écarter les avoués : ils conserveront toujours une très-grande influence, et ils s'en serviront pour fomenter des procès. Déja ce motif les a fait exclure des fonctions de notaires : on a craint qu'ils n'embrouillassent les actes, et n'y semassent des germes de contestation. Un notaire n'a pas intérêt à les faire naître.

« De quoi s'agit-il au surplus?

« L'article suppose une contestation entre majeurs. Mais on ne voit pas qu'est-ce qui empêcheroit le juge de renvoyer devant un notaire, où les parties trouveroient plus de simplicité, plus d'habitude, en un mot plus d'aptitude à bien faire, que dans un magistrat jurisconsulte, qui, étranger à la pratique de ces sortes d'opérations, ne pourroit voir que par les yeux des experts.

« A l'égard des mineurs, *M. le Ministre de la justice* convient qu'on ne peut se dispenser de faire judiciairement les partages où ils sont intéressés; mais il voudroit que le partage fût d'abord rédigé par un notaire, puis présenté au tribunal pour y être homologué sur les conclusions du ministère public.

14. « M. ** dit qu'on veut sans doute maintenir la disposition du Code civil. Or, si les parties refusent, que fera le juge d'appel?

« L'article 838 du Code civil veut que les partages des mineurs soient faits en justice; mais il explique que c'est pour procéder conformément à l'article 819 et suivants, ce qui comprend les articles 828 et 837. Dès-lors, le Code n'admet point de différence entre les mineurs et les majeurs qui ne peuvent pas s'accorder. Il faut donc voir si la disposition de l'article 828 est impérative ou purement facultative: cette expression: *le juge renvoie*, est évidemment impérative.

« Il est vrai que l'article 823 veut qu'il y ait un

juge commis; mais on ne peut bien entendre une loi qu'autant qu'on en rapproche toutes les parties: ici l'article 823 est expliqué par l'article 828 qui le suit, et qui réduit le ministère du juge commis aux opérations préliminaires.

« Tel paroît avoir été l'esprit du Code. C'est ainsi que *l'opinant* l'appliqueroit s'il étoit juge d'appel; car si l'on établissoit la concurrence entre le juge et le notaire, aucun partage ne seroit fait par le juge, à moins qu'on ne le forçât d'écrire de sa main, ce qui seroit trop exiger: le greffier s'offriroit aux parties pour en tirer des émoluments, et il s'empareroit de tous les partages.

12. « M. ** dit que l'article 837 ne regarde pas les mineurs.

2. « M. le Président voudroit que les partages fussent toujours faits par les notaires, et que pour les mineurs seulement ils fussent communiqués au ministère public. » (1).

C'est par suite de cette discussion que la section a présenté et que le Conseil a adopté la rédaction qu'on trouve dans le Code.

V. L'orateur du Conseil en a expliqué le système de la manière suivante:

« Avant la révolution, les commissaires au Châtelet faisoient les partages entre les mineurs, et

---

(1) Discuss. du C. d'État. Séance du 22 février 1806.

même entre toutes personnes, lorsque les partages étoient ordonnés par justice; ils avoient prétendu faire aussi tous ceux où des mineurs seroient intéressés, même quand le partage ne seroit pas ordonné par justice. Leur prétention avoit été réprimée; et, lorsque le partage étoit volontaire, les notaires avoient été maintenus dans la faculté d'y procéder, quoique des mineurs y fussent intéressés.

« Là suppression des commissaires fit cesser les contestations trop fréquentes entre eux et les notaires. Elles ont été à la veille de se renouveler depuis la promulgation du Code civil, non entre les commissaires, puisqu'il n'y en a plus, mais entre les avoués et les notaires.

« Sans doute, disoit-on, un partage peut être fait par un notaire comme par tout autre amiable compositeur, lorsqu'on est d'accord : le notaire est un fonctionnaire public, mais pour donner seulement l'authenticité aux conventions qu'on veut lui porter à rédiger. L'action en partage appartient, comme toutes les autres actions, aux tribunaux. Le refus ou l'impossibilité d'y procéder amiablement, qui donne ouverture à cette action, la classe nécessairement parmi les affaires contentieuses ou judiciaires, auxquelles les notaires sont étrangers.

« Les notaires faisoient valoir l'intérêt des familles, dont ils ont la confiance, conservent les titres, connoissent les affaires; la nature de leur ministère, qui, n'ayant rien de contentieux, peut remplacer par une conciliation utile la décision des tribunaux : ils invoquoient le texte même du Code civil, qui dit, article 828, que le juge commis pour les opérations du partage renvoie les parties devant un notaire pour y procéder aux comptes que les copartageants se doivent, à la formation de la masse générale, à la composition des lots, et aux fournissements à faire à chacun des copartageants.

« On répondoit que le renvoi au notaire étoit une faculté accordée au juge pour le soulager, et point une obligation qui le soumît à se dépouiller de ce qu'il croyoit pouvoir faire, et que s'il vouloit terminer lui-même les opérations du partage, le recours au notaire devenoit un circuit inutile.

« La juridiction des tribunaux à conserver dans son intégrité; l'intérêt des avoués, qui est, à plus d'un égard, celui du public qu'ils servent, et dont ils sont les mandataires nécessaires; l'intérêt des notaires, qui n'est pas moins celui des citoyens lorsqu'ils veulent recourir à eux pour faire rédiger et authentiquer leurs accords; l'intérêt prédominant du public, auquel sont subordonnés les droits et les prérogatives des officiers, et même des tribunaux établis pour son utilité ; enfin la nécessité de prévenir des incertitudes et des contestations, ont donné de l'importance à cette question.

« Il a été reconnu que les partages se compliquent souvent d'opérations de calcul et de combinaisons qui ne sont pas plus du ministère des juges que des vérifications ou des opérations d'experts; que les juges doivent décider les questions contentieuses, et abandonner l'application de leurs décisions à ceux qui ont charge par la loi de les exécuter; que, lors même qu'on donneroit aux juges la faculté de s'y livrer, ainsi qu'on se l'étoit d'abord proposé, ou ils se seroient détournés de leurs occupations essentielles, ou ils s'en seroient remis aux greffiers, à des commis, ou aux avoués; que les juges qui s'assujettiroient à procéder eux-mêmes aux comptes, à la formation de la masse générale, à la composition des lots, ne pourroient le faire pour les parties avec le même avantage que le notaire, qui a plus de temps à leur donner, dont les fonctions ont un caractère plus amiable, plus propre à la conciliation.

« On s'est convaincu que le véritable esprit du Code civil est d'appeler les notaires comme les délégués naturels des tribunaux dans tout ce que les partages n'offrent pas de contentieux.

« Il en sera donc commis un, lorsque le cas le requerra, pour les opérations du partage, comme il est commis un juge. La division de leurs fonctions est faite par la nature des opérations : le juge-commissaire, pour le rapport au tribunal et pour préparer ses décisions ; le notaire, pour les calculs et l'application de ce qui est décidé » (1).

(1) Exposé des motifs, p. 193 et suiv.

VI. L'orateur du Tribunat s'est exprimé ainsi:

« L'article 976 et plusieurs de ceux qui suivent déclarent comment doit s'exécuter l'article 828 du Code civil, relativement aux comptes des copartageants, à la formation de la masse générale, à la composition des lots, et au fournissement à faire par chacun des copartageants.

« Peut-il jamais y avoir lieu à ce que le juge procède directement et par lui-même à ces opérations? C'est un point qui avoit été fortement controversé depuis un an, non pas dans le sein de la magistrature, mais entre les corporations d'institutions différentes, qui concourent à l'avantage d'être utiles aux parties.

« D'après les dispositions du projet qui vous est soumis, les magistrats n'auront plus à craindre de se voir détournés de leurs fonctions pour se livrer à des opérations qui ne tiennent pas immédiatement à l'exercice de la puissance judiciaire. Décider les points contentieux sera, dans les partages, comme dans les autres affaires, l'unique objet de leur auguste ministère. Mais ces travaux purement pratiques de dépouillement de pièces, de calculs, de conférences avec les parties, qu'une liquidation exige, resteront confiés, comme ils l'ont toujours été, à un ordre d'officiers moins élevés, sur les opérations desquels la justice elle-même pourra exercer une censure salutaire.

« Cet ordre d'officiers existoit autrefois dans le

corps des commissaires enquêteurs et examinateurs. Aujourd'hui que ce corps ne subsiste plus, les fonctions qui leur étoient attribuées en cette partie ont dû l'être naturellement aux notaires. L'heureuse habitude qu'ils ont contractée d'un ministère dont les premières vertus sont l'exactitude, la régularité et l'esprit de conciliation, les rend plus propres que tout autre à faire, comme officiers délégués par la justice, ce qu'ils font déja si souvent comme officiers investis de la confiance des parties.

« Il y a toutefois cette différence, que lorsqu'ils agissent sur la réquisition immédiate des parties, c'est un véritable contrat qu'ils rédigent; contrat qui recèle en lui-même tout le principe de sa force, et qui, pour cela, doit être accompagné de toutes les solennités propres à assurer qu'il est légitime.

« Au contraire, dans les liquidations où les notaires opèrent sur la délégation de la justice, ce n'est plus un contrat qu'ils rédigent, mais un acte destiné à régler les intérêts de ceux qui refusent de contracter, ou qui en sont incapables; et, comme un tel acte ne reçoit point son autorité de lui-même, mais de la sanction de la justice, il est aisé de sentir pour quelles raisons l'article 977 du projet a dispensé le notaire, dans ces occasions, de l'assistance d'un autre notaire et de celle des témoins instrumentaires » (1).

---

(1) Disc. de l'orat. du Trib. p. 235, 236 et 237.

ARTICLE 970.

En prononçant sur cette demande, le tribunal ordonnera par le même jugement le partage s'il peut avoir lieu, ou la vente par licitation, qui sera faite soit devant un membre du tribunal, soit devant un notaire.

Cet article a été ajouté par suite des changements admis sur le précédent.

ARTICLE 971.

Il sera procédé aux nominations, prestations de serment et rapports d'experts, suivant les formalités prescrites au titre *des Rapports d'experts* : néanmoins lorsque toutes les parties seront majeures, il pourra n'être nommé qu'un expert, si elles y consentent.

L'orateur du Conseil a dit sur cet article :

« On a adopté, pour les cas où des estimations sont nécessaires, la nomination d'experts en nombre impair déja introduite dans le titre *des Rapports*, afin de prévenir les partages et les frais d'une nouvelle expertise » (1).

ARTICLE 972.

Le poursuivant demandera l'entérinement du rapport, par requête de simples conclusions d'avoué à

(1) Exposé des motifs, p. 191.

avoué. On se conformera pour la vente aux formalités prescrites dans le titre *de la Vente des biens immeubles*, en ajoutant dans le cahier des charges,

Les noms, demeure et profession du poursuivant, les noms et demeure de son avoué;

Les noms, demeures et professions des colicitants.

Copie du cahier des charges sera signifiée aux avoués des colicitants par un simple acte, dans la huitaine du dépôt au greffe ou chez le notaire.

L'article avoit été adopté dans les termes suivants, tant par le Conseil que par le Tribunat:

Le poursuivant demandera l'entérinement du rapport par requête d'avoué à avoué: si le rapport constate que l'immeuble ne peut se partager, le tribunal ordonnera la vente à l'audience des criées, ou devant un notaire qu'il commettra (1).

Ce n'est que dans la rédaction définitive que la section l'a présenté tel qu'il se trouve dans le Code.

ARTICLE RETRANCHÉ.

Il y avoit ici, dans le projet communiqué, un article qui étoit ainsi conçu:

Si les experts estiment que les immeubles peuvent se partager, ils indiqueront de quelle manière, et fixeront chacune des parts qu'on peut en former et la valeur de chacune desdites parts (2).

Cet article, qui avoit été adopté sans discussion

(1) Réd. comm. art. 1009. — (2) Ibid. art. 1021.

par le Conseil et par le Tribunat, a été retranché de la dernière rédaction par la section de législation du Conseil.

ARTICLE 973.

S'il s'élève des difficultés sur le cahier des charges, elles seront vidées à l'audience, sans aucune requête, et sur un simple acte d'avoué à avoué.

Cet article a été adopté sans discussion ni observations.

ARTICLE 974.

Lorsque la situation des immeubles aura exigé plusieurs expertises distinctes, et que chaque immeuble aura été déclaré impartageable, il n'y aura cependant pas lieu à licitation, s'il résulte du rapprochement des rapports que la totalité des immeubles peut se partager commodément.

I. L'article avoit été communiqué en ces termes: *S'il a été fait plusieurs rapports, en cas que chacun d'eux constate que l'immeuble n'est pas partageable, s'il résulte du rapprochement desdits rapports que la totalité des immeubles peut se partager en nature, il n'y aura pas lieu à la licitation, et le partage sera fait en nature* (1).

La section du Tribunat dit:

« De même qu'à l'article 1009 (972 *du Code*), on

---

(1) Réd. comm. art. 1022.

a dit que le tribunal ordonneroit la vente par licitation, de même, en s'occupant du cas prévu par celui qui le précède, il est convenable de dire *que le tribunal ordonnera le partage.*

« Le lecteur en distinguera plus facilement les deux divisions naturelles de la matière du présent titre, et la liaison avec les articles suivants en sera mieux sentie.

« On pourroit aussi changer la construction de la phrase, et rédiger l'article en ces termes :

« *Lorsque la situation des immeubles aura exigé plusieurs expertises distinctes, quoique chaque immeuble, par le procès-verbal d'experts dont il auroit été l'objet, eût été déclaré impartageable ; néanmoins il n'y aura pas lieu à licitation s'il résulte du rapprochement desdits rapports que la totalité des immeubles peut se partager en nature.*

« *Dans ce cas, comme dans celui de l'article précédent, le tribunal, en prononçant sur la demande en entérinement des rapports, ordonnera le partage* » (1).

Cette rédaction avoit été adoptée par le Conseil ; mais depuis la séance où les notaires furent entendus, elle a été changée.

II. L'orateur du Conseil a dit sur cet article :

---

(1) Proc. verb. de la sect. de lég. du Trib. Observ. sur l'art. 1022 de la réd. comm.

« On a décidé une question importante relative aux licitations. Il peut arriver que, de divers immeubles existant dans une succession, aucun ne soit susceptible de partage. Faudra-t-il les vendre? Non, si la totalité peut se partager commodément; si l'on en peut former des lots qui, donnant à chaque cohéritier sa part en nature, épargnent la nécessité et les frais d'une licitation » (1).

III. L'orateur du Tribunat s'est exprimé ainsi:

« L'article 974 prévient les controverses sur un point important. Il exclut la nécessité d'une licitation là où il y a une masse d'immeubles partageable, lors même que chacun de ces immeubles, considéré lui seul, eût été déclaré impartageable. Telle doit être en effet une sage législation, que nul n'y soit forcé d'aliéner sa propriété lorsqu'il y a des moyens de la conserver dans ses mains » (2).

ARTICLE 975.

Si la demande en partage n'a pour objet que la division d'un ou de plusieurs immeubles sur lesquels les droits des intéressés soient déja liquides, les experts, en procédant à l'estimation, composeront les lots ainsi qu'il est prescrit par l'article 466 du Code civil; et après que leur rapport aura été entériné, les

---

(1) Exposé des motifs, p. 191 et 192. — (2) Disc. de l'orat. du Trib. p. 234.

lots seront tirés au sort, soit devant le juge-commissaire, soit devant un notaire commis par le tribunal.

ARTICLE 976.

Dans les autres cas, le poursuivant fera sommer les copartageants de comparoître, au jour indiqué, devant le juge-commissaire, qui renverra les parties devant un notaire dont elles conviendront, si elles peuvent et veulent en convenir, ou qui, à défaut, sera nommé d'office par le tribunal, à l'effet de procéder aux comptes, rapports, formation de masses, prélèvements, composition de lots et fournissements, ainsi qu'il est ordonné par le Code civil, article 828.

Il en sera de même après qu'il aura été procédé à la licitation, si le prix de l'adjudication doit être confondu avec d'autres objets dans une masse commune de partage pour former la balance entre les divers lots.

I. Ces deux articles avoient été communiqués dans les termes suivants :

1023. *Lorsqu'il aura été procédé à la licitation, ou s'il résulte des rapports des experts que les immeubles peuvent se partager en nature, le poursuivant fera sommer, par acte d'avoué, ses cohéritiers de comparoître, à jour indiqué, devant le juge-commissaire.*

1024. *Le juge-commissaire renverra les parties devant un notaire dont elles conviendront, sinon qui sera par lui nommé d'office, à l'effet de procéder aux comptes, rapports, formation de masses, prélèvements, composition de lots et fournissements, ainsi qu'il est ordonné par le Code civil* (1).

La section du Tribunat dit :

« Ces articles et ceux du Code civil auxquels ils sont relatifs ont donné lieu à plusieurs questions.

« La première est de savoir s'il y a toujours lieu à renvoyer les parties devant le juge-commissaire, après qu'il a été procédé à une licitation.

« La négative est évidente, puisqu'il arrive le plus souvent que la portion que doit prendre chaque partie dans le prix de l'objet licité, se trouve fixée d'avance par le cahier des charges et par le jugement d'adjudication.

« Il n'y a donc qu'une circonstance où la distribution du prix puisse devenir l'objet d'une opération ultérieure, c'est lorsqu'il doit être confondu avec d'autres biens dans une masse commune, pour établir la balance entre les divers lots.

« Cette distinction nécessaire ne se trouve pas assez exprimée dans l'article 1023 (975 *du Code*).

« Une seconde question, c'est de savoir si, même en matière de partage, il est toujours nécessaire de procéder à des comptes, rapports, formations de masse, prélèvements, etc., et si les diverses procédures et renvois, exigés pour ces sortes d'opérations, deviennent également indispensables dans toutes les circonstances.

(1) Réd. comm. art. 1023 et 1024.

« La section a reconnu qu'à cet égard toutes les affaires ne devoient pas être rangées dans la même classe.

« Sans doute il en est où la composition de la masse et des lots sont des opérations compliquées, qui exigent, après le rapport d'expert, un travail particulier, et alors il y a lieu à renvoi.

« Mais aussi il en est d'autres où ces opérations deviennent très-simples, et se trouvent toutes faites par le rapport même des experts; et alors il n'y a pas lieu à renvoi.

« Le premier cas arrive, soit lorsque les parties ont à partager une masse entière de biens de diverses natures, soit lorsqu'ayant à partager seulement un objet déterminé, les droits que chacune d'elles y peut prétendre sont susceptibles d'une liquidation ultérieure.

« Le second cas arrive, lorsque les parties n'ont à faire qu'une simple division d'immeubles sur lesquels le droit de chacun est fixé; et c'est le genre d'affaires qui se présente le plus fréquemment, même en matière de succession, chez les habitants des campagnes.

« Il faut donc faire la distinction de ces deux espèces.

« Elle devient d'autant plus nécessaire, que le Code civil lui-même prescrit deux modes différents pour la formation des lots dans les partages qui intéressent des mineurs.

« Aux termes de l'article 466 du Code, ces lots doivent être formés par les experts qui ont procédé à l'estimation.

« Suivant les articles 828 et 834, ils doivent être faits par un cohéritier ou par un seul expert que le juge désigne.

« D'où vient cette double disposition?

« C'est que la première s'applique au cas où l'estimation et le rapport d'experts sont suffisants pour établir le partage, au lieu que la seconde s'applique au cas où le partage, outre une estimation et une expertise, exige encore une liquidation.

« La troisième question est de savoir si, lorsqu'il y a lieu à liquidation, et à faire les différentes opérations indiquées par l'article 828 du Code civil, le juge-commissaire peut en aucun cas y procéder lui-même.

« La section du Tribunat a pensé que non.

« Les raisons qu'elle a eues pour se décider ainsi, se tirent des termes mêmes du Code civil, de l'intérêt des parties, et de la dignité du juge.

« Les termes du Code civil, article 828, ne donnent ni au juge, ni même au notaire, la mission de procéder à ces opérations; mais ils indiquent suffisamment que ce sont les parties qui y procèdent, de sorte que l'homme public devant qui elles agissent n'est que le rédacteur et le garant de la légitimité de leurs opérations.

« Cet homme public, le Code civil (article 828)

le désigne par la dénomination d'officier; et il est évident qu'autant cette dénomination est exacte et convenable en l'appliquant au notaire, autant elle seroit fausse et messéante, si on l'appliquoit à un juge.

« La fonction de juge consiste à juger, c'est-à-dire à décider des points litigieux ; et bien loin que le Code civil ait voulu le faire sortir des limites de ce ministère pour ce qui concerne les partages, nous avons remarqué au contraire dans l'une de nos précédentes observations, que c'est à ce ministère qu'il avoit été expressément rappelé par l'article 823 du même Code.

« Une liquidation ne peut pas se faire sans conférence et sans pourparlers entre les parties et l'officier devant qui elles y procèdent : ces conférences entraînent à des familiarités inévitables, et ne sont pas toujours exemptes d'emportements et de tumulte. Il seroit contraire à toute dignité que le cabinet du magistrat fût le théâtre de ces conversations et de ces débats : enfin le mécanisme de pareilles opérations est en général trop étranger aux fonctions des juges, pour que la plupart de ceux-ci les pussent consommer avec promptitude et facilité.

« Quel recours d'ailleurs pourroient avoir les parties contre les lenteurs ou les défauts de ces opérations? par qui pourroient-elles faire accélérer sa plume, ou en faire réformer les erreurs. De cela seul que le juge-commissaire est le rapporteur de toutes les difficultés qui s'élèvent sur les opérations du partage, il résulte la conséquence forcée qu'il ne peut procéder lui-même à ces opérations, car il ne sauroit être juge impartial sur un acte auquel il auroit participé, et où il seroit intéressé par le sentiment actif et secret de l'amour-propre.

« Ces diverses considérations ont conduit la section à penser que toutes les fois que le rapport d'experts ne suffisoit pas à l'établissement de la masse et des fournissements à faire aux parties, le juge ne pouvoit point se réserver le soin d'y procéder lui-même, mais qu'il devoit toujours renvoyer à cet effet devant un notaire » (1).

A la suite de ces observations, la section proposa la rédaction qui se trouve dans le Code.

II. L'orateur du Conseil a ainsi expliqué le système des deux articles :

« Si le partage n'a pour objet que la division d'un ou plusieurs immeubles sur lesquels les droits des parties sont déja liquidés, il ne sera besoin ni d'acte ni de jugement de partage ; les experts formeront les lots à la suite de l'estimation des biens.

« Si le partage embrasse des biens de toute nature, exige une composition de succession, des distractions, des calculs, des rapports de dons et

(1) Proc. verb. de la sect. de lég. du Trib. Observ. sur les art. 1023 et 1024 de la réd. comm.

de sommes reçus, en un mot, s'il n'a pas la simplicité rare prévue par l'article 975, alors il peut exiger la décision d'un tribunal pour les questions contentieuses, et l'intervention d'un notaire qui rassemble les éléments du partage, les classe, les coordonne, et en établisse les résultats » (1).

ARTICLE 977.

Le notaire commis procédera seul et sans l'assistance d'un second notaire ou de témoins; si les parties se font assister auprès de lui d'un conseil, les honoraires de ce conseil n'entreront point dans les frais de partage, et seront à leur charge.

Au cas de l'article 837 du Code civil, le notaire rédigera en un procès-verbal séparé les difficultés et dires des parties : ce procès-verbal sera par lui remis au greffe, et y sera retenu.

Si le juge-commissaire renvoie les parties à l'audience, l'indication du jour où elles devront comparoître leur tiendra lieu d'ajournement.

Il ne sera fait aucune sommation pour comparoître soit devant le juge, soit à l'audience.

ARTICLE 978.

Lorsque la masse du partage, les rapports et prélèvements à faire par chacune des parties intéressées auront été établis par le notaire, suivant les articles 829, 830 et 831 du Code civil, les lots seront faits par l'un des cohéritiers, s'ils sont tous majeurs, s'ils s'ac-

---

(1) Exposé des motifs p. 192.

cordent sur le choix, et si celui qu'ils auront choisi accepte la commission; dans le cas contraire, le notaire, sans qu'il soit besoin d'aucune autre procédure, renverra les parties devant le juge-commissaire, et celui-ci nommera un expert.

ARTICLE 979.

Le cohéritier choisi par les parties, ou l'expert nommé pour la formation des lots, en établira la composition par un rapport qui sera reçu et rédigé par le notaire à la suite des opérations précédentes.

ARTICLE 980.

Lorsque les lots auront été fixés, et que les contestations sur leur formation, s'il y en a eu, auront été jugées, le poursuivant fera sommer les copartageants à l'effet de se trouver à jour indiqué, en l'étude du notaire, pour assister à la clôture de son procès-verbal, en entendre lecture, et le signer avec lui, si elles le peuvent et le veulent.

ARTICLE 981.

Le notaire remettra l'expédition du procès-verbal de partage à la partie la plus diligente pour en poursuivre l'homologation par le tribunal: sur le rapport du juge-commissaire, le tribunal homologuera le partage, s'il y a lieu, les parties présentes, ou appelées si toutes n'ont pas comparu à la clôture du procès-verbal, et sur les conclusions du procureur du Roi, dans le cas où la qualité des parties requerra son ministère.

ARTICLE 982.

Le jugement d'homologation ordonnera le tirage des lots, soit devant le juge-commissaire, soit devant le notaire, lequel en fera la délivrance aussitôt après le tirage.

ARTICLE 983.

Soit le greffier, soit le notaire, seront tenus de délivrer tels extraits, en tout ou en partie, du procès-verbal de partage que les parties intéressées requerront.

Ces sept articles ont été substitués à deux autres du projet communiqué, qui étoient ainsi conçus :

Art. 1025. *En cas de difficultés dans le cours des opérations, le notaire dressera procès-verbal séparé des dires respectifs des parties, et les renverra, à jour indiqué, devant le juge-commissaire; et, si le juge renvoie les parties à l'audience, il indiquera le jour où elles devront comparoître, sans qu'il puisse être fait aucune sommation.*

Art. 1026. *Si les parties ne s'accordent pas sur le choix d'un cohéritier chargé de faire les lots, le notaire renverra les parties, à jour indiqué, devant le juge-commissaire, qui nommera un expert* (1).

Voici comment ce changement a été amené.

La section du Tribunat a dit sur les deux articles communiqués :

(1) Réd. comm. art. 1025 et 1026.

« L'article 1026 ne fait que retracer les dispositions de l'article 834 du Code civil.

« L'article 1025 retrace celles de l'article 837 du même Code, avec cette différence, que l'article 837 du Code civil dit simplement que le notaire dressera procès-verbal des difficultés, et que l'article 1025 du projet énonce de plus que ce procès-verbal sera *séparé* du reste des opérations.

« La section adopte cette modification; mais cet article 837 du Code civil ajoute à la fin, qu'il *sera procédé au surplus suivant les formes prescrites par les lois sur la procédure.*

« On rappelle ici cette dernière disposition, parcequ'il semble qu'elle ne doit pas rester inutile, et qu'il convient d'organiser en effet la procédure à suivre, depuis l'instant où le renvoi devant le notaire est prononcé jusqu'au tirage des lots inclusivement.

« C'est une lacune que laisse le projet, et qu'il est d'autant plus important de remplir, que les formes de cette procédure ont déja donné lieu dans les tribunaux et chez les notaires, à beaucoup de difficultés.

« Voici à cet égard les idées auxquelles s'est arrêtée la section du Tribunat.

« D'abord le notaire n'est pas, en cette occasion, comme dans les fonctions habituelles de son ministère, un officier chargé de rédiger les points sur lesquels les parties consentent. Il reçoit, au contraire, sa mission de la justice pour rédiger les points mêmes sur lesquels les parties ne consentent pas, ou sur lesquels elles sont incapables de consentir.

« Il est donc, à proprement parler, dans cette circonstance, un commissaire liquidateur qui opère pour les parties et avec les parties, mais dont les opérations ne recevant pas leur force de la convention, doivent la recevoir de l'autorité de la justice.

« Tel est le développement naturel du principe posé par l'article 466 du Code civil, qui prononce que le partage à l'égard des mineurs doit être fait *en justice;* principe qui s'applique également aux partages des interdits, à ceux des absents et à ceux des immeubles dotaux des femmes mariées.

« A l'égard des majeurs présents et maîtres de leurs droits, il est inutile de tracer une marche particulière pour eux, puisqu'ils peuvent à toute époque de la procédure, s'accorder pour choisir telle forme qu'ils voudront dans le partage.

« Le principe étant ainsi établi, il en découle plusieurs conséquences :

« L'une, que le notaire, en sa qualité de commissaire de la justice, et tant qu'il agit comme tel, n'a besoin ni de l'assistance d'un second notaire, ni de la présence des témoins instrumentaires comme dans les autres actes;

« L'autre, que son opération n'est pas définitive; mais que la justice doit l'examiner, ce qui emporte avec soi le pouvoir de la modifier; de là il est raisonnable de conclure que c'est dans le greffe de la justice, que doit être déposée la minute de l'acte dressé par le notaire, parceque dans ce greffe se trouve en même temps la minute du jugement qui infirme ou ratifie ses opérations.

« Une seconde idée devant laquelle s'est arrêtée la section, c'est que les jugements, par l'effet de l'organisation judiciaire, reçoivent plus difficilement et plus lentement que les actes notariés, toute la plénitude de leur force. En effet, ils sont attaquables par la voie de l'opposition; ils le sont par la voie de l'appel; et il ne faut pas que ces voies restent trop long-temps ouvertes contre le jugement qui statue sur les fournissements à faire aux parties : autrement les copartageants ne pourroient disposer de ce qui leur seroit échu, sans exposer leur propre tranquillité, ou celle de leurs acquéreurs.

« C'est pour cela qu'autrefois, lorsqu'il y avoit des partages dans lesquels se trouvoient compris des biens substitués, on portoit les demandes en homologation de ces partages devant les Parlements, afin que le jugement devînt souverain.

« Si l'ordre actuel des tribunaux ne permet pas de suivre entièrement cette méthode, il permet du moins de limiter le temps de l'appel et de l'opposition.

« Cette limitation est d'autant plus nécessaire, que suivant l'article 438 du projet (445 *du Code*), le délai d'interjeter appel ne court pour les jugements par défaut que du jour où le jugement a été exécuté de la manière indiquée par l'article 152 (158 *du Code*).

« Or, suivant cet article 152, il faut que pour faire courir les délais de l'opposition, il y ait, en vertu du jugement rendu par défaut, quelque saisie, vente ou emprisonnement, ou paiement exécuté, ou enfin quelque acte duquel il résulte non seulement que le jugement a reçu son exécution, mais encore *que cette exécution a été connue de la partie défaillante.*

« Il est aisé de sentir combien ces conditions seroient difficiles à remplir pour l'exécution d'un jugement d'homologation de partage, lequel n'emporte pas ordinairement de condamnation contre les parties.

« Il s'ensuivroit donc que, sans une disposition particulière, ces sortes de jugements, lorsqu'ils seroient rendus par défaut, seroient indéfiniment attaquables, et laisseroient la propriété des choses partagées indéfiniment incertaine.

« Ces idées, et quelques autres qui s'expliquent assez d'elles-mêmes, ont déterminé la section du Tribunat à proposer la série d'articles suivants au nombre desquels sont replacés les articles 1025 et 1026 qu'on vient d'examiner.

Art... « *Le notaire commis dressera seul son acte de liquidation et fournissement, sans qu'il soit be-*

soin de l'assistance d'un second notaire ou de témoins instrumentaires; et si, aux opérations qui se feront devant lui, les parties se font assister d'un conseil, il sera à leurs frais, sans qu'aucune vacation de ce conseil puisse entrer en partage.

Art... « *S'il s'élève des difficultés dans le cours des opérations, le notaire dressera procès-verbal séparé des dires respectifs des parties, et les délaissera à se pourvoir devant le juge-commissaire, auquel à cet effet il remettra son procès-verbal.*

« *Si le juge renvoie les parties à l'audience, l'indication du jour où elles devront comparoître, leur tiendra lieu d'ajournement.*

« *Dans l'un comme dans l'autre cas, il ne pourra être fait aucune sommation.*

Art... « *Lorsque la musse du partage, les rapports et prélèvements à faire par chacune des parties intéressées, auront été établis par le notaire suivant les articles* 829, 830 *et* 831 *du Code civil, les lots seront faits par l'un des cohéritiers, s'ils peuvent convenir entre eux sur le choix, et si celui qu'ils avoient choisi accepte la commission: dans le cas contraire, le notaire, sans qu'il soit besoin d'une autre procédure, renverra les parties devant le juge-commissaire, et celui-ci nommera un expert.*

Art... *Le cohéritier choisi par les parties, ou l'expert nommé par le juge pour la formation des lots, en établira la composition par un rapport qui sera reçu et rédigé par le notaire à la suite des opérations précédentes, en conformité des articles* 828 *et* 834 *du Code civil. Les parties pourront faire contre la composition de ces lots leurs réclamations, sur lesquelles il sera statué dans la même forme que sur les autres contestations.*

« Art... *Lorsque les lots auront été fixés, le poursuivant fera sommer les copartageants à l'effet de se trouver, à jour indiqué, en l'étude du notaire, pour assister à la clôture de son procès-verbal et le signer, si elles le peuvent et le veulent.*

« *Le notaire en donnera lecture à toutes les parties qui comparoîtront, et il signera avec elles, si elles peuvent et veulent le faire.*

« Art... *L'acte sera par lui remis en minute au juge-commissaire, qui en fera son rapport au tribunal, et le tribunal statuera définitivement sur les droits des parties pour le tirage des lots et la délivrance à faire de ceux qui leur écherront, et les renverra, soit devant le juge-commissaire, soit devant le même notaire.*

« Art... *Ce jugement ne pourra point être attaqué par la voie de l'opposition, huitaine après la signification qui en aura été faite au domicile des parties.*

« *Il ne pourra pas l'être par la voie de l'appel, même par les parties défaillantes, trois mois après l'expiration du délai qui vient d'être fixé pour l'opposition.*

« Art... *Après l'expiration du délai pour l'appel, ou même auparavant, si toutes les parties sont présentes et y consentent, les lots seront tirés au sort par les parties ou elles dûment appelées.*

« *Si c'est devant le juge-commissaire qu'elles procèdent, les lots seront tirés pour les parties non comparantes, par le greffier : si elles procèdent devant un notaire, ils le seront par cet officier.*

« *Les sommations qui auront été faites aux parties pour cet effet, et toutes celles qu'il sera nécessaire de leur faire pour les autres opérations du partage, seront signifiées à leur domicile, lorsqu'elles n'auront pas d'avoué, et par simple acte d'avoué à avoué, lorsqu'elles en auront constitué dans la cause* » (1).

Tous ces changements ont été admis par la section du Conseil, faits par elle dans la rédaction après communication, et adoptés sans discussion par le Conseil à la séance du 11 mars 1806.

Les modifications que les articles ont reçues depuis, sont la suite des décisions qui sont intervenues sur la réclamation des notaires de Paris, et dont il a été rendu compte dans les notes sur les articles 746, 747 et 748.

ARTICLE 984.

Les formalités ci-dessus seront suivies dans les lici-

(1) Proc. verb. de la sect. de lég. du Trib. Observ. sur les art. 1025 et 1026 de la réd. comm.

tations et partages tendant à faire cesser l'indivision, lorsque des mineurs ou autres personnes non jouissant de leurs droits civils y auront intérêt.

Cet article, qui se trouvoit placé après l'article 964 du Code dans le projet communiqué, où les dispositions des deux titres étoient confondues *, étoit ainsi rédigé :

Les formalités ci-dessus seront applicables aux demandes et poursuites de licitation formées par un copropriétaire dans tous les cas d'indivision (1).

La section du Tribunat dit :

« Les dispositions de cet article sont adoptées, mais comme elles sont applicables aux matières de partage comme aux matières de licitation, il paroît bon d'y comprendre aussi ce qui concerne les poursuites de partages, et de le reporter ainsi modifié à la fin du titre » (2).

Pour satisfaire à ce vœu, on a transporté l'article, et on lui a donné la rédaction qu'il a dans le Code.

ARTICLE 985.

Au surplus, lorsque tous les copropriétaires ou cohéritiers seront majeurs, jouissant de leurs droits civils, présents ou dûment représentés, ils pourront

---

(1) Réd. comm. art. 1019. — (2) Proc verb. de la sect. de législ. du Trib. Observ. sur l'art. 1019 de la réd. comm.

* *Voyez* les notions préliminaires sur le titre précédent.

s'abstenir des voies judiciaires, ou les abandonner en tout état de cause, et s'accorder pour procéder de telle manière qu'ils aviseront.

I. Dans la rédaction communiquée, l'article se trouvoit placé immédiatement après le précédent, et étoit ainsi conçu :

Lorsque tous les copropriétaires seront majeurs et présents, ils procéderont ainsi qu'ils aviseront (1).

La section du Tribunat dit:

« Les dispositions de l'article sont adoptées; mais on demande qu'il soit reporté à la fin du titre comme le précédent.

« Il sera nécessaire aussi d'y faire une restriction pour les demandes qui concernent le partage ou la licitation de l'immeuble dotal d'une femme mariée. Car celle-ci peut être majeure et présente, sans que pour cela il lui soit libre de procéder comme elle aviseroit » (2).

Par suite de ces observations, l'article a été transposé, et on lui a donné la rédaction plus générale qu'il a dans le Code.

II. L'orateur du Conseil a dit sur cet article :

« Une disposition expresse consacre encore ici

---

(1) Réd. comm. art. 1020. — (2) Proc. verb. de la sect. de législ. du Trib. Observ. sur l'art. 1020 de la réd. comm.

que les formes judiciaires ne sont requises dans les partages que lorsque l'intérêt des mineurs et autres personnes semblables les exigent, ou lorsque des majeurs ne peuvent se mettre d'accord; mais, lorsqu'ils parviennent à s'entendre, ils peuvent abandonner les voies judiciaires, quelque chemin qu'ils y aient déja fait, et terminer leur différend ainsi qu'il leur plaît » (1).

III. L'édition officielle rapporte en note, sous cet article, l'article 819 du Code civil.

Il est ainsi conçu :

Si tous les héritiers sont présents et majeurs, l'apposition de scellés sur les effets de la succession n'est pas nécessaire, et le partage peut être fait dans la forme et par tel acte que les parties intéressées jugent convenable.

Si tous les héritiers ne sont pas présents, s'il y a parmi eux des mineurs ou des interdits, le scellé doit être apposé dans le plus bref délai, soit à la requête des héritiers, soit à la diligence du procureur du Roi près le tribunal de première instance, soit d'office par le juge de paix dans l'arrondissement duquel la succession est ouverte.

---

(1) Exposé des motifs, p. 197.

TITRE VIII.

DU BÉNÉFICE D'INVENTAIRE.

Notions générales.

L'orateur du Conseil a dit sur l'ensemble de ce titre :

« Le Code civil a conservé l'antique et utile institution du bénéfice d'inventaire, qui, sans donner aux successions une caution personnelle dans la personne des héritiers, assure à ces mêmes successions des défenseurs intéressés à les liquider avec sagesse et économie. On devoit déja aux lois nouvelles la suppression des lettres et des requêtes en bénéfice d'inventaire. Une simple déclaration d'y vouloir recourir suffit. Le Code civil a réglé que cette déclaration sera faite au greffe. Il ne nous restoit plus qu'à déterminer de quelle manière l'héritier bénéficiaire vendra, s'il y a lieu, les meubles et les immeubles de la succession, donnera caution, et rendra son compte » (1).

(1) Exposé des motifs, p. 197.

SOMMAIRES

DES ARTICLES QUI COMPOSENT CE TITRE.

1. *Comment l'héritier, avant de prendre qualité, peut se faire autoriser à vendre des meubles, et forme de cette vente* (art. 986).
2. *Formalités nécessaires pour autoriser la vente des immeubles dépendants d'une succession bénéficiaire* (art. 987).
3. *Du jugement qui autorise la vente, du mode de vendre, et des peines qu'encourt l'héritier bénéficiaire qui vend illégalement* (art. 988).
4. *Formalités pour la vente du mobilier et des rentes, et peines contre l'héritier bénéficiaire qui néglige de les remplir* (art. 989).
5. *Distribution du prix des meubles* (art. 990).
6. *Distribution du prix des immeubles* (art. 991).
7. *Sommation à l'héritier bénéficiaire pour l'obliger de donner caution* (art. 992).
8. *Délai pour présenter la caution, et comment elle est présentée* (art. 993).
9. *Comment les créanciers provoquants sont représentés en cas de difficulté* (art. 994).
10. *Forme de la reddition du compte du bénéfice d'inventaire* (art. 995).
11. *Contre quelles personnes sont intentées les actions que l'héritier bénéficiaire exerce contre la succession* (art. 996).

ARTICLE 986.

Si l'héritier veut, avant de prendre qualité, et conformément au Code civil, se faire autoriser à procéder à la vente d'effets mobiliers dépendants de la succession, il présentera, à cet effet, requête au président du tribunal de première instance dans le ressort duquel la succession est ouverte.

La vente en sera faite par un officier public, après les affiches et publications ci-dessus prescrites pour la vente du mobilier.

I. Les articles 793 et 794 du Code civil formoient, sous les numéros 1027 et 1028, les deux premiers articles de ce titre dans le projet communiqué. Venoient ensuite, sous les numéros 1029 et 1030, les articles 986 et 987 du Code de la procédure.

On avoit copié textuellement l'article 793, qui est ainsi conçu:

La déclaration d'un héritier, qu'il entend ne prendre cette qualité que sous bénéfice d'inventaire, doit être faite au greffe du tribunal de première instance dans l'arrondissement duquel la succession s'est ouverte: elle doit être inscrite sur le registre destiné à recevoir les actes de renonciation.

A l'égard de l'article 794, l'on en avoit un peu changé la rédaction.

Le voici tel qu'il est dans le Code civil:

Cette déclaration n'a d'effet qu'autant qu'elle est précédée ou suivie d'un inventaire fidèle et exact des biens de la succession, dans les formes réglées par les lois sur la procédure, et dans les délais qui seront ci-après déterminés.

Voici en quels termes il avoit été inséré dans le projet :

Cette déclaration n'a d'effet qu'autant qu'elle a été précédée ou suivie d'un inventaire fidèle et exact des biens de la succession, dans les délais déterminés par le Code civil, et dans les formes ci-dessus prescrites (1).

La section du Tribunat dit :

« Ces articles n'étant que la copie des articles 793 et 794 du Code civil, on pense qu'ils sont déplacés dans le Code de la procédure, avec d'autant plus de raison que, dans l'ordre des idées, l'article 1029 (986 *du Code*) doit être le premier du présent titre, comme on va le voir ci-après » (2).

Ces observations ont décidé à retrancher les deux articles, et à les attacher en note à l'article 786, tels qu'ils étoient dans le projet, sous une seule et unique contexture.

II. La rédaction de l'article 986 ne diffère de la rédaction communiquée qu'en ce que, dans cette

(1) Réd. comm. art. 1028. — (2) Proc. verb. de la sect. de législ. du Trib. Observ. sur l'art. 1028 de la réd. comm.

dernière, on ne trouvoit pas ces mots qui terminent l'article : *pour la vente du mobilier* (1).

La section du Tribunat dit :

« Cet article se rapporte à l'article 796 du Code civil. Il prévoit le cas où les meubles peuvent être vendus à la requête de celui qui, étant habile à succéder, n'a cependant pas encore pris de qualité dans la succession. Ce cas est donc, par sa nature, hors de la matière des successions bénéficiaires, puisqu'il se présente avant qu'il y ait de la part de l'héritier aucune déclaration qui l'engage et détermine son titre.

« A la vérité, ce n'est pas une raison pour supprimer l'article ; mais c'en est une pour ne pas l'entremêler dans la série de ceux qui ne concernent que l'héritier bénéficiaire ; et, pour cela, il paroît convenable de le placer le premier.

« La section desire en outre que l'article du Code civil auquel il se rapporte soit cité.

« On commenceroit donc ainsi le paragraphe 1.er :

« *Lorsque l'héritier, avant de prendre qualité, voudra, conformément à l'article* 796 *du Code civil, se faire autoriser, etc.*

« Il paroît aussi que les dispositions du paragraphe 2 seroient mieux éclaircies, si l'on y faisoit sentir que tout officier public indistinctement ne peut pas être choisi pour faire la vente, etc. ;

---

(1) Réd. comm. art. 1029.

« Si l'on y voyoit avec plus de précision qu'il ne s'agit pas des affiches et placards indiqués au titre précédent pour les matières de licitation, mais des affiches et placards indiqués au titre *de la Vente du mobilier.*

« Ce paragraphe peut être ainsi conçu :

« *La vente en sera faite par l'officier public ayant droit d'y procéder, après les affiches et publications prescrites au titre de la vente du mobilier* » (1).

Des trois additions proposées par le Tribunat, on n'a cru devoir adopter que la dernière.

ARTICLE 987.

S'il y a lieu à vendre des immeubles dépendants de la succession, l'héritier bénéficiaire présentera au président du tribunal de première instance une requête où ils seront désignés ; cette requête sera communiquée au ministère public ; sur ses conclusions et le rapport d'un juge nommé à cet effet, il sera rendu jugement qui ordonnera préalablement que les immeubles seront vus et estimés par un expert nommé d'office.

Cet article a donné lieu dans le Conseil aux explications suivantes :

« L'article 1028 est discuté.

(1) Proc. verb. de la sect. de législ. du Trib. Observ. sur l'art. 1029 de la réd. comm.

1. « M. ** demande s'il n'est pas également permis au créancier de présenter requête.

2. « M. ** dit que cette faculté est de droit, et qu'il est inutile de la maintenir par une disposition expresse; qu'on ne doit s'attacher qu'à empêcher l'héritier bénéficiaire de vendre en fraude des créanciers.

1. « M. ** dit que le créancier peut tout ce qui est permis à l'héritier.

3. « M. le Ministre de la justice dit que le créancier peut poursuivre la succession comme il poursuivroit son débiteur s'il étoit encore vivant, mais que l'héritier ne pourroit faire vendre si la loi ne l'y autorisoit formellement.

2. « M. ** dit que si un héritier bénéficiaire aperçoit qu'avec le prix d'une terre il paiera toutes les dettes de la succession, il doit lui être permis d'employer ce moyen ; mais qu'en même temps qu'on l'y autorise, il convient de prendre des précautions qui l'empêchent d'en abuser pour frauder.

1. « M. ** demande qu'on rappelle dans l'article le droit du créancier.

4. « M. le Président dit que le procès-verbal de la discussion expliquera suffisamment l'esprit dans lequel l'article aura été rédigé.

« L'article est adopté » (1).

---

(1) Discuss. du C. d'Etat Séance du 23 prairial an 13.

ARTICLE 988.

Si le rapport est régulier, il sera entériné sur requête par le même tribunal; et, sur les conclusions du ministère public, le jugement ordonnera la vente.

Il sera procédé à ladite vente suivant les formalités prescrites au titre *des Partages et Licitations.*

L'héritier bénéficiaire sera réputé héritier pur et simple, s'il a vendu des immeubles sans se conformer aux règles prescrites dans le présent titre.

L'orateur du Conseil a dit sur cet article :

« Si l'héritier vend soit des meubles, soit des immeubles, sans se conformer aux règles qui lui sont prescrites, il aura renoncé par ce seul fait au bénéfice d'inventaire, et se sera constitué héritier pur et simple, puisqu'il aura agi comme tel.

« Ceci décide une question importante. On avoit demandé si, l'héritier bénéficiaire ayant vendu un immeuble sans autorisation et sans formalités, la vente seroit nulle. Bien que les tiers qui auroient traité avec lui ne seroient pas sans reproche, on a voulu respecter leurs droits; on a trouvé une garantie suffisante pour les créanciers dans la déchéance du bénéfice d'inventaire, et dans la caution qu'ils ont déja pu demander à l'héritier » (1).

ARTICLE 989.

S'il y a lieu à faire procéder à la vente du mobilier

(1) Exposé des motifs, p. 198 et 199

et des rentes dépendants de la succession, la vente sera faite suivant les formes prescrites pour la vente de ces sortes de biens, à peine contre l'héritier bénéficiaire d'être réputé héritier pur et simple.

La section du Tribunat a dit sur cet article :

« On y remarque qu'il s'agit d'une vente de mobilier, comme dans l'article 1029 (986 *du Code*); mais il y a cette différence, que, dans l'article 1029, il s'agit du mobilier vendu par celui qui a pris qualité d'héritier bénéficiaire : cette observation vient à l'appui de ce qui a été dit à l'article 1029 » (1).

ARTICLE 990.

Le prix de la vente du mobilier sera distribué par contribution entre les créanciers opposants, suivant les formalités indiquées au titre *de la Distribution par Contribution*.

La section du Tribunat avoit demandé la suppression de cet article, « parceque, disoit-elle, l'article 808 du Code civil a suffisamment exprimé que l'héritier bénéficiaire ne peut, après la vente des meubles, en payer le prix que dans l'ordre et de la manière réglés par le juge » (2).

ARTICLE 991.

Le prix de la vente des immeubles sera distribué suivant l'ordre des priviléges et hypothèques.

---

(1) Proc. verb. de la sect. de législ. du Trib. Observ. sur l'art. 1032 de la réd. comm. — (2) Ibid. Observ. sur l'art. 1033.

I. L'article avoit été communiqué en ces termes: *Le prix de la vente des immeubles sera distribué suivant l'ordre des hypothèques, dans la forme prescrite au titre* de l'Ordre (1).

La section du Tribunat dit:

« A supprimer, parcequ'il suppose que, dans le cas de vente d'immeubles faite par l'héritier bénéficiaire, il faudroit toujours ouvrir un ordre judiciaire pour en distribuer le prix. Cela seroit contraire à l'article 806 du Code civil, qui veut au contraire que l'héritier bénéficiaire, en vendant les immeubles, soit tenu d'en déléguer le prix aux créanciers hypothécaires qui se sont fait connoître. Il est évident que, lorsque les délégations sont régulières, et qu'aucun créancier ne s'oppose à leur exécution, il n'y a pas lieu à former une procédure d'ordre.

« D'ailleurs, dans les cas même où une telle procédure ne peut s'éviter, la nécessité de la diriger suivant les règles communes en cette matière se fait assez sentir d'elle-même, sans qu'il soit besoin de la prescrire dans un article exprès » (2).

Les mots: *dans la forme prescrite au titre* DE L'ORDRE, ont été retranchés.

II. L'orateur du Tribunat a dit sur cet article:

---

(1) Réd. comm. art. 1034. — (2) Proc. verb. de la sect. de législ. du Trib. Observ. sur l'art. 1034 de la réd. comm.

« Les formes prescrites dans le titre VII pour les ventes et licitations sont appliquées dans le titre suivant, avec les développements nécessaires, aux ventes d'immeubles qui peuvent avoir lieu dans les successions recueillies sur bénéfice d'inventaire.

« L'article 991 indique que, dans ces occasions, le prix de la vente des immeubles sera distribué suivant l'ordre des priviléges et des hypothèques; mais il est bon d'observer que, de cette disposition, il ne suit pas qu'on soit obligé d'entamer une procédure d'ordre. La loi n'énonce pas cette nécessité, ou plutôt le Code civil a prononcé d'avance qu'il falloit l'éviter, puisqu'il a prescrit à l'héritier bénéficiaire de déléguer les prix des ventes immobiliaires aux créanciers hypothécaires qui se seront fait connoître. La disposition établie dans le projet n'a donc d'autre objet que d'empêcher les délégations qui peuvent être faites d'intervertir l'ordre des priviléges et des hypothèques » (1).

ARTICLE RETRANCHÉ.

Dans la rédaction communiquée, il y avoit ici un article qui étoit ainsi conçu :

L'ordre et la contribution pourront être provoqués par l'héritier bénéficiaire (2).

---

(1) Disc. de l'orateur du Trib. p. 237 et 238. — (2) Réd. comm. art. 1035.

La section du Tribunat dit :

« Si l'article se borne à dire que l'ordre et la contribution pourront être provoqués par l'héritier bénéficiaire, on craint que quelques personnes n'induisent de là que c'est lui seul qui peut les provoquer. Cependant il est certain que cette provocation peut aussi être faite par les créanciers.

« La section desire donc qu'à la fin de l'article, après ces mots : *provoqués par l'héritier bénéficiaire*, on ajoute ceux-ci : *comme par les créanciers* » (1).

On a mieux aimé supprimer l'article, et se référer au droit commun *.

ARTICLE 992.

Le créancier, ou autre partie intéressée, qui voudra obliger l'héritier bénéficiaire à donner caution, lui fera faire sommation, à cet effet, par acte extrajudiciaire signifié à personne ou domicile.

Cet article a donné lieu dans le Conseil aux explications suivantes :

« L'article 1034 est discuté.

1. « M. ** pense qu'il seroit inutile d'exprimer que lorsque la caution ne sera pas admise, l'héritier bénéficiaire sera obligé de déposer le prix de la vente.

(1) Proc. verb. de la sect. de législ. du Trib. Observ. sur l'art. 1035 de la réd. comm.

* *Voyez* les notes sur l'art. 991.

2. « M. ** dit que cette obligation est établie par le droit commun, et même consacrée textuellement dans le Code civil.

« L'article est adopté » (1).

ARTICLE 993.

Dans les trois jours de cette sommation, outre un jour par trois myriamètres de distance entre le domicile de l'héritier et la commune où siége le tribunal, il sera tenu de présenter caution au greffe du tribunal de l'ouverture de la succession, dans la forme prescrite pour les réceptions de caution.

ARTICLE 994.

S'il s'élève des difficultés relativement à la réception de la caution, les créanciers provoquants seront représentés par l'avoué le plus ancien.

ARTICLE 995.

Seront observées, pour la reddition du compte du bénéfice d'inventaire, les formes prescrites au titre *des Redditions de comptes.*

ARTICLE 996.

Les actions à intenter par l'héritier bénéficiaire contre la succession, seront intentées contre les autres héritiers; et s'il n'y en a pas, ou qu'elles soient intentées par tous, elles le seront contre un curateur au

---

(1) Discuss. du C. d'État. Séance du 23 prairial. an 13.

bénéfice d'inventaire, nommé en la même forme que le curateur à la succession vacante.

Ces quatre articles ont été adoptés sans discussion ni observations.

TITRE IX.

DE LA RENONCIATION A LA COMMUNAUTÉ OU A LA SUCCESSION.

SOMMAIRE.

Où sont faites les renonciations à communauté ou à succession.

ARTICLE 997.

Les renonciations à communauté ou à succession seront faites au greffe du tribunal dans l'arrondissement duquel la dissolution de la communauté où l'ouverture de la succession se sera opérée, sur le registre prescrit par l'article 784 du Code civil, et en conformité de l'article 1457 du même Code, sans qu'il soit besoin d'autre formalité.

L'orateur du Tribunat a dit sur cet article :

« Ce titre change quelque chose aux anciennes formes qui étoient usitées pour les renonciations à communauté et à succession; mais ces changements sont le résultat des articles 784 et 1457 du Code civil : la méthode indiquée a ce double avantage sur l'ancienne, qu'elle donne une publicité plus facile à ces renonciations, et qu'elle est moins dispendieuse » (1).

TITRE X.

DU CURATEUR A UNE SUCCESSION VACANTE.

SOMMAIRES

DES ARTICLES QUI COMPOSENT CE TITRE.

1. *Du cas où il y a lieu de nommer un curateur à la succession* (art. 998).
2. *De la concurrence entre deux curateurs* (art. 999).
3. *Inventaire et vente des meubles* (art. 1000).
4. *Vente des immeubles et des rentes* (art. 1001).
5. *Mode d'administration et compte* (art. 1002).

ARTICLE 998.

Lorsqu'après l'expiration des délais pour faire inventaire et pour délibérer, il ne se présente personne qui réclame une succession, qu'il n'y a pas d'héritier connu, ou que les héritiers connus y ont renoncé, cette succession est réputée vacante ; elle est pourvue d'un curateur, conformément à l'article 812 du Code civil.

(1) Disc. de l'orat. du Trib. p. 238.

Dans la première rédaction, la section du Conseil avoit placé après cet article l'article 812 du Code civil (1).

Le Conseil décida que cet article seroit retranché (2).

Par suite on ajouta à l'article 998 la disposition qui le termine, et qui renvoie à l'article 812 du Code civil, lequel est ainsi conçu :

Le tribunal de première instance dans l'arrondissement duquel elle (la succession vacante) *est ouverte, nomme un curaeur sur la demande des personnes intéressées, ou sur la réquisition du procureur du Roi.*

ARTICLE 999.

> En cas de concurrence entre deux ou plusieurs curateurs, le premier nommé sera préféré sans qu'il soit besoin de jugement.

La section du Tribunat avoit demandé la suppression de cet article :

Elle avoit dit :

« La décision ne peut être critiquée. Si l'on vient à nommer un curateur, quoiqu'il en existe un, c'est le premier nommé qui doit être préféré.

« Mais pourquoi prévoir qu'un tribunal peut nommer un curatenr à une succession, lorsque déja il a pourvu à cette nomination? » (3).

---

(1) 1.re réd. art. 1040. — (2) Discuss. du C. d'Etat. Séance du 23 prairial an 13. — (3) Proc. verb. de la sect. de législ. du Trib. Observ. sur l'art. 1043 de la réd. comm.

ARTICLE 1000.

Le curateur est tenu, avant tout, de faire constater l'état de la succession par un inventaire, si fait n'a été, et de faire vendre les meubles suivant les formalités prescrites aux titre *de l'Inventaire* et *de la Vente du mobilier.*

I. Ces mots : *aux titres* DE L'INVENTAIRE *et* DE LA VENTE DU MOBILIER, ont été ajoutés sur la demande de la section du Tribunat (1) *.

II. L'orateur du Tribunat a dit sur cet article :

« Le titre qui traite des obligations du curateur à succession vacante remplit une lacune qui existoit dans notre jurisprudence.

« A la vérité l'article 344 de la Coutume de Paris indiquoit les formes dans lesquelles le curatenr devoit faire vendre le mobilier ; mais aucune règle particulière ne lui avoit encore été prescrite pour la vente des rentes, ni pour celle des immeubles. De là sont résultées plusieurs fois des fraudes, ou au moins des contestations telles que peut les faire naître le soupçon de la fraude. La source de ces difficultés est tarie pour l'avenir par la sagesse de l'article 1001 du projet » (2).

---

(1) Proc. verb. de la sect. de lég. du Trib. Observ. sur l'art. 1044 de la réd. comm. — (2) Disc. de l'orat. du Trib. p. 238.

* *Voyez* les notes sur l'art. 1001.

ARTICLE 1001.

Il ne pourra être procédé à la vente des immeubles et rentes, que suivant les formes qui ont été prescrites au titre *du Bénéfice d'inventaire.*

Ces mots : *au titre* DU BÉNÉFICE D'INVENTAIRE, ont été ajoutés sur la demande de la section du Tribunat, qui, après avoir fait cette proposition, a dit :

« Au reste, la section entend que le curateur à une succession vacante et l'héritier bénéficiaire sont astreints aux mêmes obligations » (1).

ARTICLE 1002.

Les formalités prescrites pour l'héritier bénéficiaire, s'appliqueront également au mode d'administration et au compte à rendre par le curateur à la succession vacante.

I. La section du Tribunat desiroit « que la contexture de l'article prouvât plus clairement que le curateur ne peut être obligé par les créanciers ou autres parties intéressées à donner caution, à la différence des héritiers bénéficiaires » (2).

II. On n'a pas cru devoir changer la rédaction;

---

(1) Proc. verb. de la sect. de législ. du Trib. Observ. sur l'art. 1045 de la réd. comm. — (3) Ibid. Observ. sur l'art. 1046.

mais le vœu de la loi a été clairement exprimé par l'orateur du Conseil, qui a dit :

« La vacance des successions n'exige que la nomination d'un curateur, qui est soumis au même mode d'administration et de compte que l'héritier bénéficiaire. Il seroit sans doute superflu de dire qu'il n'est pas, comme l'héritier bénéficiaire, tenu de donner caution ; on ne sauroit la demander à quelqu'un qui est appelé à remplir un ministère de confiance » (1).

---

(1) Exposé des motifs, p. 199.

LIVRE III.

TITRE UNIQUE.

DES ARBITRAGES.

Notions générales.

I. Au Conseil d'Etat on a demandé la suppression de ce titre. Voici la discussion qui s'engagea à ce sujet :

1. « M. ** présente une observation générale sur la matière de ce titre.

Il lui semble que la loi ne devroit pas s'occuper des compromis. Les citoyens ne sont obligés de se soumettre qu'aux juges qu'elle leur donne, pourquoi les forceroit-on de déférer à ceux qu'ils se choisissent eux-mêmes, et ne laisseroit-elle pas à chacun le droit de leur retiter sa confiance? Avec cette coaction, on ne peut compromettre sans aliéner sa liberté.

2. « M.** répond qu'un compromis est un contrat qui doit, comme les autres, recevoir ses règles de la loi et lier les parties. La liberté n'est pas plus aliénée dans un compromis que dans toute autre

convention. Tout homme use de sa liberté lorsqu'il s'oblige ; ensuite il se trouve lié, mais parcequ'il l'a voulu.

1. « M. ** dit que dans les autres contrats, tels que la vente, le sort des parties étant à l'instant fixé, il ne peut pas, comme dans le compromis, y avoir lieu au changement de volonté.

3. « M. le Président dit que tout homme qui compromet a l'intention de terminer promptement son procès, et que, dans cette vue, il préfère la voie plus accélérée de l'arbitrage, à la marche plus régulière, mais plus lente des tribunaux. Sans doute s'il se contentoit de donner un blanc seing qu'on pût remplir comme on voudroit, il ne faudroit pas le regarder comme lié par cet acte de légèreté; mais lorsqu'il compose lui-même le tribunal dont il veut se rendre justiciable, pourquoi ne seroit-il pas lié?

1. « M. ** dit que l'usage des compromis n'est que la satire de l'administration judiciaire ; qu'il convient d'obliger les citoyens à ne reconnoître pour juges que les ministres de la loi.

2. « M.** dit que les tribunaux ont été institués pour forcer le défendeur à comparoître ; mais que quand les parties sont d'accord sur la manière de terminer leur différend, le respect dû à la liberté oblige de ne pas les contrarier. Que ceux qui ne disposent pas de leurs droits ne puissent compromettre, on le conçoit; mais que ceux qui peuvent

même donner leurs biens n'aient pas la faculté de convenir qu'ils en disposeront de la manière qui paroîtra la plus convenable à la personne en qui ils ont confiance, c'est ce qu'on ne sauroit admettre sans mettre des entraves à la liberté.

1. « M. ** dit que la liberté consiste à suivre sa volonté tant que rien n'est encore terminé; qu'elle permet à chacun d'ôter sa confiance à l'individu qui la perd.

2. « M. ** dit que si les citoyens pouvoient ainsi se délier et revenir quand il leur plaît sur des engagements librement contractés, il n'y auroit plus dans la société que désordre et confusion.

« On passe à la discussion des divers articles du livre » (1).

II. L'orateur du Tribunat a exposé en ces termes le système et l'esprit du titre :

« Les dispositions relatives à l'arbitrage créent sur la matière un droit tout nouveau qui nous a paru plus conforme aux principes que ne l'étoit la législation, ou plutôt la jurisprudence, soit ancienne, soit moderne.

« Aucune loi générale n'avoit, avant celle du 24 août 1790, déterminé d'une manière précise les cas dans lesquels l'arbitrage pouvoit avoir lieu, les

---

(1) Discuss. du C. d'État. Séance du 25 prairial an 13.

formalités auxquelles il étoit assujetti, les effets qu'il devoit produire.

« Des dispositions éparses dans quelques anciennes ordonnances, dans le droit romain, dans quelques coutumes, dans les lois particulières à certaines parties du Royaume, étoient les seules règles qu'il fût possible de consulter : et ces règles encore n'étoient pas si certaines qu'en les suivant avec la plus scrupuleuse attention, on pût être assuré de ne pas s'égarer.

« Tous les tribunaux n'avoient pu les admettre toutes, en sorte que la jurisprudence n'offroit qu'un tableau varié d'usages différents qu'il étoit difficile de connoître et de pratiquer.

« Ainsi, par exemple, dans le ressort de quelques tribunaux, les seules personnes ayant le libre exercice de leurs droits pouvoient se soumettre à l'arbitrage ; dans d'autres, les tuteurs, les curateurs pour leurs pupilles, les communautés, les établissements publics avoient cette faculté. Ici, les parties qui se soumettoient à l'arbitrage pouvoient stipuler, en cas d'appel de la décision des arbitres, telle peine qu'elles jugeoient à propos; ailleurs, la peine ne pouvoit excéder le tiers de la valeur de l'objet litigieux. Là, celui qui interjetoit appel d'un jugement arbitral n'obtenoit audience qu'après avoir payé la peine stipulée; quelques tribunaux se permettoient de modérer cette peine quand elle leur paroissoit excessive, quelquefois même d'en dispenser l'appelant.

« Bien d'autres différences se remarquoient dans le mode de procéder, suivant le lieu dans lequel opéroient les arbitres, et il est facile d'apercevoir quels grands et quels nombreux inconvénients en résultoient.

« La loi du 24 août 1790 en a fait cesser quelques uns, et les principaux sans doute; mais, conçue en six articles seulement, elle n'a pu remédier à tous.

« N'est-elle pas même tombée dans de nouveaux, en autorisant l'arbitrage entre toutes personnes usant de leurs droits, dans tous les cas et en toutes matières; en permettant aux arbitres de proroger leurs pouvoirs; en n'admettant l'appel des jugements arbitraux qu'autant que les parties se le seroient expressément réservé, et auroient de plus désigné le tribunal devant lequel il seroit porté?

« Des lois postérieures à celle dont je viens de parler ont étendu plus loin encore la faculté de se faire juger par des arbitres, et accordé à leurs jugements un bien plus grand effet. Dans certains cas, dans les cas les plus importants, ce n'étoit pas une simple faculté que laissoient ces lois, c'étoit une obligation absolue qu'elles imposoient aux citoyens, de se soumettre à l'arbitrage; et, dans tous, non seulement l'appel, mais le recours en cassation étoient interdits à ceux qui ne s'étoient pas réservé l'un et l'autre.

« Nous croyons pouvoir le dire, sans être accusés d'en faire une censure trop amère, si les lois et la jurisprudence anciennes n'avoient pas donné assez de faveur à l'arbitrage, celle du 24 août 1790 et d'autres plus récentes, lui en avoient accordé une exorbitante. Sans doute les idées libérales qui ont présidé à la rédaction de celles-ci ont dû inspirer une grande confiance dans cette espèce d'institution respectable en elle-même; mais elles ne devoient pas aller jusqu'à la dénaturer.

« Le projet qui vous est présenté la rétablit dans ses attributs essentiels, et permet d'en attendre tous les avantages qu'un acte de cette nature peut et doit produire.

« Il désigne avec précision les personnes qui peuvent se soumettre à l'arbitrage et les matières qui peuvent y être soumises; il détermine la forme de l'acte par lequel les arbitres doivent être choisis, les obligations qui en résultent, les causes qui peuvent en suspendre ou en faire cesser l'effet; il énonce avec clarté les droits et les devoirs des arbitres, donne des règles fixes sur l'instruction et le jugement des procès dont ils seront saisis; il prescrit enfin les formalités à suivre pour l'exécution de leurs jugements, comme aussi pour faire réformer ou annuller ceux qu'ils pourroient rendre en contravention aux lois.

« Toutes ces dispositions nous ont paru, comme je l'ai déja dit, conformes aux principes, et propres à concilier le respect et l'influence qu'il importe tant de conserver aux tribunaux, avec la liberté dont il n'importe pas moins de laisser jouir les citoyens dans l'administration de leurs affaires personnelles » (1).

SOMMAIRES

DES ARTICLES QUI COMPOSENT CE TITRE.

1. *Faculté de compromettre* (art. 1003).
2. *Limites de cette faculté* (art. 1004).
3. *Diverses manières de former le compromis* (art. 1005).
4. *Désignations qui sont nécessaires dans le compromis* (art. 1006).
5. *Durée du compromis* (art. 1007).
6. *Comment les arbitres peuvent être révoqués* (art. 1008).
7. *Forme de procéder par les arbitres* (art. 1009).
8. *De l'appel* (art. 1010).
9. *Par qui doivent être faits les actes de l'instruction et les procès-verbaux* (art. 1011).
10. *Comment finit le compromis* (art. 1012).
11. *Effets, relativement au compromis, du décès de l'une des parties* (art. 1013).
12. *Déportation et récusation des arbitres* (art. 1014).
13. *Du cas où il est formé inscription de faux* (art. 1015).

---

(1) Disc. de l'orat. du Trib. p. 241 et suiv.

ARTICLE 1003.

Toutes personnes peuvent compromettre sur les droits dont elles ont la libre disposition.

I. L'orateur du Conseil a dit sur cet article :

« *Toutes personnes,* dit l'article 1003, *peuvent compromettre sur les droits dont elles ont la libre disposition.* C'est une suite de la règle du droit commun : *illi possunt compromittere qui possunt efficaciter obligari.*

« Par exemple, la femme, le pupille, le mineur, *non possunt efficaciter obligari, stare ergo non potest compromissum* » (1) *.

II. L'orateur du Tribunat s'est exprimé ainsi :

« Il n'est pas inutile d'observer qu'un arbitrage doit nécessairement avoir pour base un compromis.

« Un compromis est un contrat : il en a tous les

(1) Exposé des motifs, p. 207.

* Nota. L'exposé des motifs de ce titre a été fait par feu M.r *Galli.* M.r *Galli* étoit sarde, et fort versé dans la science des lois. On lui doit le livre, intitulé *Les Constitutions piémontoises*, que le Roi de Sardaigne a fait professer dans ses États, et qui a été traduit en françois. Mais M.r *Galli* étoit peu familiarisé avec notre langue; encore moins avec nos usages : et son âge avancé ne devoit pas faire espérer qu'il s'y plieroit. Il ne faut donc pas être étonné de trouver dans son discours des locutions barbares, et une manière de présenter les choses, qui s'éloigne entièrement de la nôtre.

caractères, il doit en avoir tous les effets; mais il doit aussi être soumis à toutes les règles établies par les lois en matière de contrat.

« Nous voyons une application exacte de ces règles dans la permission que le projet accorde à toutes personnes de compromettre sur les droits dont elles ont la libre disposition. On ne pourroit sans injustice refuser à celui que la loi autorise à disposer librement d'un droit quelconque la faculté de soumettre à des arbitres la question de savoir s'il doit perdre ou conserver ce droit, ou de quelle manière il peut en jouir.

« Il est juste, au contraire, de ne pas accorder cette faculté à celui qui ne peut pas disposer librement du droit qu'il conteste ou qui lui est contesté. Le compromis, en effet, emporte une véritable disposition, au moins conditionnelle, puisqu'il oblige celui qui le souscrit à abandonner le droit litigieux si les arbitres l'y condamnent. Ce seroit donc permettre de faire, par une voie indirecte, ce que la loi défend de faire directement, que d'autoriser à compromettre sur des droits dont on ne peut disposer; et certes on ne pouvoit rencontrer une pareille contradiction dans les lois de la France » (1).

III. Voyez aussi les observations de la section du Tribunat sur l'article suivant.

---

(1) Disc. de l'orat. du Trib. p. 244 et 245.

ARTICLE 1004.

On ne peut compromettre sur les dons et legs d'aliments, logement et vêtements; sur les séparations d'entre mari et femme, divorces*, questions d'état, ni sur aucune des contestations qui seroient sujettes à communication au ministère public.

I. Au Conseil, cet article a donné lieu à la discussion suivante :

« L'article 1074 est discuté.

1. « M. ** dit qu'on restreint trop la faculté de compétence en ne l'accordant pour aucune des affaires qui sont communiquées au ministère public. On pourroit réduire la prohibition au cas où l'affaire intéresse l'ordre public; car plusieurs de celles dont la communication est exigée y sont indifférentes. Cette disposition empêcheroit, par exemple, deux particuliers, dont l'un se seroit permis des voies de fait envers l'autre, de terminer leur différend par la voie de l'arbitrage.

2. « M. ** dit que l'article ne concerne pas les contestations purement civiles : chacun, dans ses affaires, est le maître de ses droits, et la communication au ministère public n'est pas forcée.

3. « M. LE MINISTRE DE LA JUSTICE dit que cependant la disposition peut être préjudiciable, même dans les cas où la communication est exigée. Il en seroit ainsi, par exemple, dans l'hypothèse où une

* *Voyez* la note sur l'art. 174.

famille, pour éviter des frais à son parent mineur, croiroit utile de faire un compromis, et le déclareroit par une délibération.

4. « M. le Président dit que quelques frais de plus seroient un inconvénient qu'on ne doit pas racheter au prix de l'inconvénient, bien plus grand encore, de laisser les intérêts d'un mineur à la discrétion de sa famille.

« *M. le Président* est d'avis que les contestations qui intéressent des femmes, des mineurs, en un mot des personnes auxquelles la loi n'accorde pas l'exercice de leurs droits, soient toujours décidées par les tribunaux.

1. « M. ** observe que l'article s'étend plus loin, qu'il embrasse toutes les affaires où il y a communication.

5. « M. ** dit qu'on a beaucoup resserré la nécessité de la communication.

1. « M. ** dit qu'il n'est pas d'affaire dont la communication ne puisse être réclamée par le ministère public.

2. « M. ** dit que l'article ne s'applique qu'à celles dont la communication est forcée.

« L'article est adopté » (1).

II. La section du Tribunat présenta aussi des observations sur le même sujet. Elle dit :

(1) Discuss. du C. d'État. Séance du 25 prairial an 13.

« *Ni sur toutes les contestations qui seront sujettes à communication au ministère public.*

« 1.° Cette dernière partie de l'article renverroit à l'article 76 (83 *du Code*), qui énumère les causes sujettes à communication.

« Cependant, le dernier numéro de l'article 76 parle des causes qui concernent les militaires, etc. ; et ces causes peuvent être évidemment l'objet d'un compromis.

« Il faut donc modifier sous ce rapport la dernière disposition de l'article en discussion.

« 2.° La section s'est occupée de la question du compromis sous le rapport des mineurs et des femmes mariées.

« A l'égard des mineurs, il ne peut y avoir aucune difficulté. Il est évident qu'ils ne peuvent compromettre en aucun cas, attendu que l'article 76 déclare expressément que les causes des mineurs sont sujettes à communication, sans exception.

« Pour ce qui est des femmes mariées, l'article 76 ne parle que des femmes non autorisées par leurs maris.

« Au premier coup d'œil, il paroîtroit résulter de la combinaison des articles 1074 et 1076 (1004 et 1006 *du Code*), que les femmes ne seroient empêchées de compromettre que lorsqu'elles ne seroient pas autorisées par leurs maris, et que conséquemment elles pourroient compromettre toutes les fois qu'elles auroient cette autorisation.

« Mais l'exception pour les femmes mariées sous le régime dotal se trouve suffisamment énoncée par l'article 1073 (1003 *du Code*).

« D'après ces motifs, la section propose de terminer ainsi l'article 1074 :

« *Ni sur toutes les autres contestations qui sont comprises dans l'article* 76 (83 du Code), *à l'exception du numéro 7 dudit article* » (1).

On a vu, dans les notes sur l'article 83, que la proposition du Tribunat relative aux militaires n'a pas été admise.

III. L'orateur du Conseil a dit sur cet article :

« *On ne peut compromettre sur les dons et legs d'aliments, logément et vêtement*, article 1004. Voilà une prévoyance bien sage et bien humaine; aussi, avions-nous déja la loi 8 *in principio* ff. *de transact.*, ainsi conçue : *Cùm hi quibus alimenta relicta erant facilè transigerent, contenti modico præsenti, D. Marcus oratione in senatu recitatâ effecit ne aliter alimentorum transactio rata esset, quàm si auctore prætore facta.*

« *On ne peut compromettre sur les séparations d'entre mari et femme, divorces, questions d'état, ni sur aucune des contestations qui seroient sujettes à communication au ministère public.* Des prin-

(1) Proc. verb. de la sect. de lég. du Trib. Observ. sur l'art. 1074 de la réd. comm.

cipes généraux nous persuadent la justesse de cette disposition, *de liberali causâ compromisso facto, rectè non compelletur arbiter sententiam dicere, quia favor libertatis est ut majores judices habere debeat.*

« *De liberali causâ*, dit le jurisconsulte. Or c'est bien à ce principe ou à un autre pareil qu'il faut rapporter les matières et causes susdites; c'est bien sous cet aspect qu'il faut les envisager : ne seroit-ce pas *de liberali causâ compromittere,* s'il s'agissoit de savoir si un homme est légitime, ou s'il ne l'est pas?

« L'importance de la cause, dit le jurisconsulte, exige *ut majores judices habeat.* C'est donc de ce principe qu'il résulte que toutes ces affaires dont la communication au ministère public est forcée, c'est-à-dire que, par force de la loi, elles doivent être communiquées au ministère public, sont d'une nature *ut majores judices habeant,* et par conséquent ne sont pas susceptibles de compromis » (1).

IV. L'orateur du Tribunat s'est exprimé ainsi :

« On doit trouver dans nos lois, et l'on voit dans le projet une prohibition formelle de compromettre sur les questions dont la décision intéresse plus ou moins l'ordre public. Le motif de cette prohibition sort encore de la nature même

---

(1) Exposé des motifs, p. 207 et 208.

du compromis. Les intérêts purement privés peuvent seuls faire la matière d'un contrat : on ne peut y insérer aucune stipulation qui toucheroit à l'ordre public.

« Quelque favorables que fussent les lois romaines aux arbitrages et aux compromis, elles les avoient interdits dans les causes importantes, telles que celles d'ingénuité et de liberté. Vous penserez sans doute que les lois françoises doivent l'interdire dans celles où il s'agit de l'état ou de l'honneur des citoyens, d'un divorce, d'une séparation de corps entre mari et femme, enfin de don ou de legs d'aliments. Ces causes touchent de trop près à l'ordre public pour que le jugement en puisse être abandonné à des arbitres, qui, quelque instruits, quelque sages qu'on les suppose, n'offrent jamais à la société la même garantie, la même indépendance que les juges institués par la loi, et investis par le chef de l'État de son autorité.

« D'ailleurs, puisque nous avons jugé utile d'établir près de nos tribunaux des officiers chargés de prendre connoissance de certaines contestations, ne seroit-ce pas une inconséquence que de permettre aux parties de soustraire à l'examen, et peut-être à la censure de ces officiers, des prétentions qu'elles soumettroient à des arbitres ? Des abus sans nombre pourroient naître d'une pareille tolérance. Le projet, plus prévoyant sur ce point que nos lois anciennes, que celle même du 24 août

1790, prévient ces abus, et nous paroît offrir, sous ce rapport, une grande amélioration » (1).

ARTICLE 1005.

Le compromis pourra être fait par procès-verbal devant les arbitres choisis, ou par acte devant notaire, ou sous signature privée.

La section du Tribunat a attaqué la disposition qui autorise les parties à nommer leurs arbitres par procès-verbal devant ces mêmes arbitres. Elle a dit :

« La section remarque que les arbitres n'ont aucune mission ni aucun caractère avant la rédaction du compromis; qu'ainsi ils ne peuvent contribuer à la rédaction de l'acte qui doit les constituer; que la faculté donnée par l'article pourroit entraîner les plus grands inconvénients.

« Elle propose de supprimer ces mots : *par procès-verbal devant les arbitres choisis;*

« Et de les remplacer par ceux-ci : *par procès-verbal devant un juge de paix* » (2).

Ces observations eussent sans doute été fondées si les arbitres pouvoient se donner mission par un procès-verbal qui ne fût signé que d'eux; mais une telle intention n'est jamais venue à la pensée des auteurs du projet : certes ils ont supposé que le

(1) Disc. de l'orat. du Trib. p. 245 et 246. — (2) Proc. verb. de la sect. de lég. du Trib. Observ. sur l'art. 1075 de la réd. comm.

procès-verbal contenant nomination des arbitres seroit signé par les parties; la disposition ne dit donc autre chose sinon que l'acte sous seing-privé, par lequel il est permis aux parties de compromettre, sera inséré au procès-verbal.

Voyez, au surplus, l'article suivant et les observations de l'orateur du Tribunat dans les notes sur cet article.

ARTICLE 1006.

Le compromis désignera les objets en litige et les noms des arbitres, à peine de nullité.

L'orateur du Tribunat a dit sur cet article :

« Si la loi exige, à peine de nullité, que le compromis précise l'objet en litige, et contienne les noms des arbitres, c'est que ceux-ci n'étant pas des juges, n'ayant aucun caractère public, il faut bien que le compromis leur donne un titre, et aux parties une garantie contre tout excès de pouvoir » (1)

ARTICLE 1007.

Le compromis sera valable, encore qu'il ne fixe pas de délai; et, en ce cas, la mission des arbitres ne durera que trois mois, du jour du compromis.

Cet article a été adopté sans discussion ni observations.

(1) Disc. de l'orat. du Trib. p. 247.

ARTICLE 1008.

Pendant le délai de l'arbitrage, les arbitres ne pourront être révoqués que du consentement unanime des parties.

L'orateur du Tribunat a dit sur cet article :

« Autant les parties auront de liberté dans les stipulations du compromis, autant elles seront rigoureusement obligées à son exécution.

« C'est un principe certain en droit, que les contrats obligent irrévocablement ceux qui les ont souscrits.

« Nous avons encore vu une juste conséquence de ce principe tutélaire, dans la défense qui sera faite aux parties de révoquer, de récuser les arbitres pendant le délai de l'arbitrage, et à ceux-ci de se déporter, si leurs opérations sont commencées » (1).

ARTICLE 1009.

Les parties et les arbitres suivront, dans la procédure, les délais et les formes établis pour les tribunaux, si les parties n'en sont autrement convenues.

I. L'article communiqué étoit terminé par ces mots : *Elles ne pourront renoncer au recours en cassation* (2).

---

(1) Disc de l'orat. du Trib. p. 249. — (2) Réd. comm. art. 1079.

La section du Tribunat dit sur cette disposition :

« La section adhère au principe; mais elle pense qu'il doit être placé à la fin du titre » (1)*.

II. L'orateur du Tribunat a dit :

« Toutes les clauses qui ne sont pas prohibées par la loi, et qui ne sont contraires ni aux bonnes mœurs ni à l'ordre public, peuvent être insérées dans le compromis.

« Ainsi, les parties pourront elles-mêmes régler les formes et les délais dans lesquels leurs arbitres devront procéder; elles pourront les autoriser à nommer un tiers, en cas de partage d'opinions, à prononcer comme amiables compositeurs; elles pourront enfin renoncer à l'appel.

« Si elles ne se sont pas expliquées, on présumera qu'elles s'en sont référées au droit commun, c'est-à-dire, qu'elles ont voulu que les arbitres suivissent les formes et délais établis par les lois; qu'en cas de partage, ils demandassent un tiers pour les départager; qu'ils appliquassent rigoureusement la loi, qu'enfin leurs jugements fussent, dans les cas de droit, sujets à l'appel » (2).

---

(1) Proc. verb. de la sect. de lég. du Trib. Observ. sur l'art. 1079 de la réd. comm. — (2) Disc. de l'orat. du Trib., p. 247.

* *Voyez* l'art. 1028.

ARTICLE 1010.

Les parties pourront, lors et depuis le compromis, renoncer à l'appel.

Lorsque l'arbitrage sera sur appel ou sur requête civile, le jugement arbitral sera définitif et sans appel.

I. Cet article ne faisoit pas partie du projet. Il a été ajouté par suite des observations que la section du Tribunat a présentées sur l'article 1023, et qui sont rapportées dans les notes sur cet article.

II. L'orateur du Tribunat a ainsi motivé l'article 1010 :

« Nous disons dans les cas de droit, parceque, quand un jugement arbitral sera rendu sur appel ou sur requête civile, il sera nécessairement définitif. Alors, en effet, les parties auront subi au moins deux degrés de juridiction, et la loi, dont l'intention bienfaisante est de mettre un terme aux procès, de rapprocher ce terme par la voie de l'arbitrage, ne peut permettre aux parties de reculer au-delà des bornes posées par le droit commun.

« Ces dispositions, presque toutes contraires à celles de la loi du 24 août 1790, et aux usages suivis jusqu'à ce jour, sont la conséquence immédiate de cette ancienne maxime, *que le retour au droit commun est toujours favorable*, *et doit toujours être présumé*. N'est-il pas, en effet, naturel et juste d'induire du silence des parties une soumission, plutôt qu'une dérogation au droit commun; et que, comme l'a dit un ancien jurisconsulte*, *les exceptions cessant, nous reprenions les règles générales?*

Ainsi, comme il est évident qu'encore que les arbitres ne soient pas des juges, ils exercent cependant les fonctions de juges, il l'est également qu'ils doivent remplir les devoirs imposés aux juges par les lois, à moins que les parties ne leur aient bien formellement accordé le pouvoir de s'en écarter.

« Ainsi, comme nous devons avoir deux degrés de juridiction dans les matières civiles ordinaires, quand les parties n'auront pas expressément déclaré qu'elles renoncent au second, leur comparution devant des arbitres ne tiendra lieu que du premier; elles conserveront le droit d'appeler du jugement arbitral.

« Si la loi, par de puissantes considérations, autorise dans quelques cas la renonciation à un droit généralement établi, du moins faut-il que cette renonciation soit écrite et bien expresse, et qu'elle ne puisse résulter d'une surprise ou d'une omission involontaire » (1).

ARTICLE 1011.

Les actes de l'instruction, et les procès-verbaux du

---

(1) Disc. de l'orat. du Trib. p. 247, 248 et 249.
* Le Maitre, 12.e plaidoyer.

ministère des arbitres, seront faits par tous les arbitres, si le compromis ne les autorise à commettre l'un d'eux.

L'article avoit été communiqué en ces termes :

Les requêtes seront répondues, et les actes et procès-verbaux du ministère des arbitres seront faits par tous les arbitres, si le compromis ne les autorise à commettre l'un d'eux (1).

La section du Tribunat dit :

« La section croit qu'il suffit de dire : *Les actes et procès-verbaux, etc.*, attendu que l'article ne vient qu'à la suite de celui où il est permis aux parties de convenir que les arbitres ne seront assujettis à aucune forme » (2).

Cette observation a fait rayer ces mots : *Les requêtes seront répondues.*

ARTICLE 1012.

Le compromis finit, 1.° par le décès, refus, déport ou empêchement d'un des arbitres, s'il n'y a clause qu'il sera passé outre, ou que le remplacement sera au choix des parties ou au choix de l'arbitre ou des arbitres restants ; 2.° par l'expiration du délai stipulé, ou de celui de trois mois s'il n'en a pas été réglé ; 3.° par le partage, si les arbitres n'ont pas le pouvoir de prendre un tiers-arbitre.

---

(1) Réd. comm. art. 1080. — (2) Proc. verb. de la sect. de lég. du Trib. Observ. sur l'art. 1080 de la réd. comm.

I. Je dirai dans les notes sur l'article 1017 comment le numéro 3 du présent article a été ajouté.

II. Dans le projet communiqué, le n.° 2 de l'article étoit ainsi rédigé : 1.° *Par le décès, refus, déport ou empêchement d'un des arbitres*, S'IL N'Y A CLAUSE DE LE SUBSTITUER OU PASSER OUTRE (1).

La section du Tribunat, s'arrêtant sur ces derniers mots, a dit :

« La section desire qu'on ne permette pas de pareilles stipulations, qui entraîneroient souvent des difficultés et même de nouveaux procès : il faut que ce soit uniquement les arbitres, qui ont été les premiers dans la pensée des parties, qui puissent les juger. Si l'un des arbitres désignés dans le compromis ne peut plus remplir cet office, il ne faut pas qu'il puisse s'élever de discussions sur son remplacement; si les parties persistent dans l'intention de compromettre, elles n'ont qu'à passer un nouvel acte » (2).

On a cru devoir se borner à rendre la rédaction plus claire. Sur le fond de la proposition, voyez dans les notes qui accompagnent l'article 1009, les principes posés par l'orateur du Tribunat touchant la liberté des stipulations.

---

(1) Réd. comm. art. 1081. — (2) Proc. verb. de la sect. de lég. du Trib. Observ. sur l'art. 1081 de la réd comm.

III. L'orateur du Tribunat a dit :

Le compromis demeurera sans effet, ou ses effets seront suspendus indépendamment de la volonté des parties dans certains cas, toujours par ce motif qu'un compromis est un contrat formé d'abord entre les parties, et que, dès qu'il est accepté entre celles-ci et leurs arbitres, il peut et doit être dissous, soit par le consentement unanime des contractants, soit par la survenance de causes qui en rendent, pour un temps ou pour toujours, l'exécution légalement impossible. Le projet contient l'énumération de ces causes, et distingue avec précision celles qui peuvent naître de la matière, et celles qui tiennent à la personne ou des parties ou des arbitres, en attribuant à chacune l'effet qu'elle doit produire » (1).

ARTICLE 1013.

Le décès, lorsque tous les héritiers sont majeurs, ne mettra pas fin au compromis ; le délai pour instruire et juger sera suspendu pendant celui pour faire inventaire et délibérer.

Cet article a été adopté sans discussion ni observations.

ARTICLE 1014.

Les arbitres ne pourront se déporter, si leurs opé-

---

(1) Disc. de l'orat. du Trib. p. 249 et 250.

rations sont commencées : ils ne pourront être récusés, si ce n'est pour cause survenue depuis le compromis.

I. La première rédaction de l'article portoit :

Les arbitres ne pourront être récusés, même pour cause survenue depuis le compromis (1).

Cette rédaction donna lieu à la discussion suivante :

« L'article 1083 est discuté.

1. « M. LE RAPPORTEUR dit qu'il y a eu des réclamations contre cet article. On a observé que les parties peuvent avoir été trompées dans leur choix et avoir donné leur confiance à des hommes que depuis elles en ont reconnus indignes.

2. « M. ** propose de n'admettre la récusation que pour causes survenues depuis la nomination.

3. « M. LE PRÉSIDENT dit qu'il ne faudroit permettre la récusation sous aucun prétexte aussitôt que les arbitres ont commencé leurs opérations, et que, depuis cet instant aussi, il ne fût pas permis aux arbitres de se déporter. Souvent la partie qui voit que leur jugement ne lui sera pas favorable, cherche à les dégoûter par des récusations.

« L'article est adopté avec l'amendement de *M. le président* » (2).

---

(1) 1.re réd. art. 1083. — (2) Discuss. du C. d'État. Séance du 25 prairial an 13.

II. En conséquence, l'article fut communiqué ainsi rédigé :

Les arbitres ne pourront se déporter, ni être récusés, même pour cause survenue depuis le compromis, si leurs opérations sont commencées (1).

La section du Tribunat dit :

« 1.° *Même pour cause survenue depuis le compromis, si leurs opérations sont commencées.*

« La section trouve cette disposition trop sévère à l'égard des parties. Il faudroit au moins distinguer les cas où la partie n'auroit eu connoissance des causes de récusation, que depuis que les opérations seroient commencées. La section croit qu'il ne faut comprêndre dans l'article que les cas antérieurs au compromis.

« 2.° Il faut bien régler les causes de récusation qui peuvent être proposées, et le mode de les décider.

« La section propose la rédaction suivante :

« *Les arbitres ne pourront se déporter ni être récusés pour cause antérieure au compromis, si leurs opérations sont commencées.*

« *Pour tous les autres cas relatifs à la récusation, les causes qui peuvent être proposées contre les juges, pourront l'être aussi contre les arbitres devant le tribunal de première instance dans le greffe duquel la minute du jugement devroit être*

(1) Réd. comm. art 1083.

déposée, et il sera procédé ainsi qu'il est dit dans le titre XXII *du livre II ci-dessus* » (1).

Le système qui a été définitivement adopté s'écarte également de celui qu'on avoit d'abord admis et de celui que proposoit la section du Tribunat.

III. L'orateur du Conseil a ainsi motivé l'article :

« Le compromis est un contrat comme tout autre quelconque ; il est donc obligatoire dès sa stipulation ; c'en est un principe bien incontestable.

« De là il résulte que, pendant le délai de l'arbitrage, les arbitres ne peuvent être révoqués que du consentement unanime des parties, et qu'ils ne peuvent être récusés, si ce n'est pour cause survenue depuis le compromis » (2).

ARTICLE 1015.

S'il est formé inscription de faux, même purement civile, ou s'il s'élève quelque incident criminel, les arbitres délaisseront les parties à se pourvoir, et les délais de l'arbitrage continueront à courir du jour du jugement de l'incident.

L'orateur du Conseil a dit sur cet article :

« L'on a fort bien remarqué qu'on ne peut mettre en arbitrage certaines causes que les lois et les bonnes mœurs ne permettent pas qu'on expose à

---

(1) Proc. verb. de la sect. de législ. du Trib. Observ. sur l'art. 1083 de la réd. comm. — (2) Exposé des motifs, p. 206.

un autre événement qu'à celui que doit leur donner l'autorité naturelle de la justice, et qu'on ne peut compromettre sur des matières criminelles, comme d'une fausseté et d'autres semblables, car ces sortes de causes renferment l'intérêt public qui y rend partie le ministère public, dont la fonction est de poursuivre la vengeance du crime, indépendamment de ce qui se passe entre les parties » (1).

ARTICLE 1016.

Chacune des parties sera tenu de produire ses défenses et pièces, quinzaine au moins avant l'expiration du délai du compromis; et seront tenus les arbitres de juger sur ce qui aura été produit.

Le jugement sera signé par chacun des arbitres; et dans le cas où il y auroit plus de deux arbitres, si la minorité refusoit de le signer, les autres arbitres en feroient mention, et le jugement aura le même effet que s'il avoit été signé par chacun des arbitres.

Un jugement arbitral ne sera, dans aucun cas, sujet à l'opposition.

I. L'article avoit été communiqué en ces termes: *Chacune des parties sera tenue de produire ses défenses et pièces, quinzaine au moins avant l'expiration du délai du compromis; et seront tenus les arbitres de juger sur ce qui aura été produit: leur jugement ne sera pas susceptible d'opposition* (2).

---

(1) Exposé des motifs, p. 209. — (2) Réd. comm. art., 1085.

La section du Tribunat dit :

« 1.° La section croit qu'il faut donner aux parties, pour produire, un délai d'un mois, au lieu de celui de quinzaine qui est proposé dans l'article.

« 2.° La section estime qu'il est indispensable d'énoncer que tous les arbitres seront tenus de signer le jugement.

« Il est également nécessaire de pourvoir au cas où il y auroit plus de deux arbitres, et où la minorité refuseroit de signer la décision résolue par la majorité.

« La section ne croit pas devoir prévoir le cas où il n'y auroit que deux arbitres; car alors il ne peut y avoir de décision que par le concours simultané et par la signature effective des deux arbitres.

« Mais lorsqu'il y a plus de deux arbitres, si la minorité refuse de signer, il ne faut pas que les parties soient privées du droit qui leur est acquis ».

A la suite de ces observations, la section proposa la rédaction qu'on trouve dans le Code, en portant néanmoins à un mois le délai pour produire, amendement qui n'a pas été adopté.

II. L'orateur du Tribunat a dit :

« Le projet contient quelques règles qui devront

---

(1) Proc. verb. de la sect. de législ. du Trib. Observ. sur l'art. 1085 de la réd. comm.

diriger les arbitres dans leurs opérations, et dont ils ne pourront même jamais s'écarter : précaution sage et nécessaire pour garantir soit les parties, soit les arbitres eux-mêmes, des erreurs et des abus auxquels les auroit exposés une trop grande indépendance.

« Ceux qui se soumettent à l'arbitrage, s'obligent, par cela seul, à mettre les arbitres en situation de prononcer en parfaite connoissance de cause; et les arbitres, en acceptant la commission qui leur est confiée, s'obligent également à prononcer un jugement équitable.

« Si les parties pouvoient méconnoître leurs obligations, les arbitres aussi pouvoient se faire une fausse idée de leur pouvoir. Il étoit donc d'une sage prévoyance de fixer d'une manière certaine leurs devoirs respectifs, d'autant sur-tout qu'à cet égard il n'y avoit, comme je l'ai déja observé, aucun principe généralement admis, et que les usages reçus dans les différentes parties de la France présentoient une grande diversité » (1).

ARTICLE 1017.

En cas de partage, les arbitres autorisés à nommer un tiers seront tenus de le faire par la décision qui prononce le partage : s'ils ne peuvent en convenir, ils le déclareront sur le procès-verbal, et le tiers sera

---

(1) Disc. de l'orat. du Trib. p. 250.

nommé par le président du tribunal qui doit ordonner l'exécution de la décision arbitrale.

Il sera, à cet effet, présenté requête par la partie la plus diligente.

Dans les deux cas, les arbitres divisés seront tenus de rédiger leur avis distinct et motivé, soit dans le même procès-verbal, soit dans des procès-verbaux séparés.

I. Au Conseil, cet article donna lieu à la discussion suivante :

« L'article 1086 est discuté.

1. « M. ** dit que dans aucun des articles de ce titre on n'a prévu le cas où les arbitres seroient divisés, et n'auroient pas le pouvoir de nommer un tiers-arbitre.

2. « M. LE RAPPORTEUR dit que, dans cette hypothèse, le compromis cesseroit.

1. « M. ** pense qu'il convient de l'exprimer.

3. « M. ** propose de porter cet amendement à l'article 1081 (1012 *du Code*).

« Cette proposition est adoptée » (1).

II. Le dernier alinéa de l'article a été ajouté sur la demande de la section du Tribunat, qui a dit :

« La section estime que chacun des arbitres doit motiver son avis ; ce qui est d'autant plus néces-

(1) Proc. verb. du C. d'État. Séance du 15 prairial.

saire, que, d'après l'article 1087 (1018 *du Code*), il pourra arriver que le tiers-arbitre prononce sans avoir conféré avec les arbitres divisés, s'ils refusent de déférer à la sommation » (1).

ARTICLE 1018.

Le tiers-arbitre sera tenu de juger dans le mois du jour de son acceptation, à moins que ce délai n'ait été prolongé par l'acte de la nomination; il ne pourra prononcer qu'après avoir conféré avec les arbitres divisés, qui seront sommés de se réunir à cet effet.

Si tous les arbitres ne se réunissent pas, le tiers-arbitre prononcera seul; et néanmoins il sera tenu de se conformer à l'un des avis des autres arbitres.

L'article avoit été communiqué en ces termes :

Le tiers-arbitre sera tenu de juger dans le mois du jour de son acceptation; il ne pourra prononcer qu'après avoir conféré avec les arbitres divisés, qui seront sommés à cet effet, et signeront la décision. S'ils refusent de signer, ou s'ils ne se présentent pas, le tiers-arbitre en fera mention, et signera seul; le tout à peine de nullité (2).

La section du Tribunat dit :

« 1.° D'après la contexture de l'article, la peine de nullité ne paroîtroit porter que sur le défaut de mention du refus de signer ou de se présenter.

(1) Proc. verb. de la sect. de lég. du Trib. Observ. sur l'art. 1086 de la réd. comm. — (2) Réd. comm. art. 1087.

Néanmoins, la peine de nullité doit porter aussi sur la première partie de l'article.

« 2.° L'article ne décide pas si le tiers sera astreint à suivre l'un des deux avis, ou s'il pourra en adopter un autre. Il ne dit pas non plus si les arbitres peuvent changer d'avis lorsqu'ils se réunissent au tiers.

« La section a cru qu'il étoit nécessaire de s'expliquer sur ces divers points.

« Elle pense qu'il faut distinguer le cas où les arbitres se réunissent effectivement avec le tiers pour conférer sur l'affaire, et le cas où ils ne se réunissent pas, et où conséquemment le tiers est obligé de juger seul.

« Lorsque les arbitres confèrent avec le tiers, il est juste, il est raisonnable que les arbitres ne soient pas liés par leur avis précédent. Il est possible, et l'expérience le prouve, que les observations du tiers-arbitre ramènent les arbitres à un nouvel avis; il est possible aussi que le tiers ramène un des arbitres à un parti mitoyen : il faut donc, dans ce cas, que les arbitres puissent changer d'avis ; et c'est souvent lorsqu'il s'agit de toute autre chose que d'un point de droit simple, et que les arbitres sont autorisés à prononcer comme amiables compositeurs, qu'il est important de leur laisser cette latitude.

« Mais, lorsque les arbitres ne se réunissent pas effectivement au tiers pour conférer et opérer, dans ce cas, le tiers n'a d'autre office que celui de départager les arbitres divisés, en optant pour l'un des deux avis. Il ne peut alors créer une décision émanée de lui seul; car la nature de l'arbitrage, lorsque des parties nomment deux arbitres, est que le jugement soit formé par deux opinions, ou au moyen de l'accord des deux arbitres, ou au moyen de la réunion du tiers à l'un des deux arbitres.

« Au surplus, la section entend que le tiers ne soit dispensé de se prononcer purement et simplement par l'un des deux avis, que lorsque tous les arbitres, sans exception, se sont effectivement réunis à lui, et ont opiné, et qu'ils ont tous ensemble opiné avec lui; car, si l'un des arbitres n'avoit pas déféré à la sommation qui lui auroit été faite de se réunir avec les autres pour conférer avec le tiers, lors même que tous les arbitres, à l'exception d'un seul, auroient pris part active à la délibération, dans ce cas, le tiers seroit tenu d'opter entre les opinions écrites; l'arbitre ou les arbitres présents ne pourroient former entre eux un nouvel avis.

« Le motif de la section est que, le partage ayant acquis aux parties un droit éventuel qui doit être irrévocablement fixé par la décision du tiers, ce tiers ne peut concourir à une autre décision qu'autant qu'elle sera l'ouvrage de tous les arbitres sans exception.

« Au reste, si tous les arbitres se sont effectivement réunis, la majorité doit faire la loi, et l'arbitre qui refuseroit de signer n'ôteroit pas à la décision le caractère que la loi lui imprime.

« La section propose la rédaction suivante :

« *Le tiers-arbitre sera tenu de juger dans le mois du jour de son acceptation ; mais il ne pourra le faire qu'après que les arbitres divisés se seront réunis pour conférer avec lui, ou qu'ils en auront été sommés.*

« *Si tous les arbitres divisés confèrent avec le tiers-arbitre, le jugement sera rendu à la majorité des voix ; et les arbitres divisés pourront, dans ce cas, se départir de leur premier avis.*

« *S'ils ne se réunissent pas tous au tiers, celui-ci ne pourra prononcer que conformément à l'un des avis des arbitres divisés.*

« *Si les arbitres et le tiers jugent ensemble, le jugement sera signé par tous les arbitres et par le tiers, sans préjudice de l'application de l'article* 1085 *pour le cas où un arbitre refuseroit de signer.*

« *Si le tiers-arbitre est obligé de juger seul, il signera seul, et fera mention de la sommation faite aux arbitres divisés, ou du refus de conférer.*

« *Le tout à peine de nullité* » (1).

Cette rédaction a amené celle du Code, qui cependant s'écarte dans des points très-importans du système du Tribunat.

(1) Proc. verb. de la sect. de législ. du Trib. Observ. sur l'art. 1087 de la réd. comm.

ARTICLE 1019.

Les arbitres et tiers-arbitre décideront d'après les règles du droit, à moins que le compromis ne leur donne pouvoir de prononcer comme amiables compositeurs.

L'orateur du Tribunat a dit sur cet article :

« Ce n'étoit pas seulement dans les formalités de l'instruction *, c'étoit dans le jugement des contestations soumises aux arbitres que l'on regrettoit de ne pas trouver cette uniformité si desirable, on peut même dire si nécessaire dans l'administration de la justice.

« Les anciennes ordonnances, la loi du 24 août 1790, étoient muettes sur ce point important, et les jurisconsultes n'avoient pas tous la même doctrine. Les uns avoient établi en principe que les arbitres étant choisis autant pour accommoder que pour juger les affaires, ils n'étoient pas tenus de prononcer avec la sévérité et l'exactitude prescrites aux juges ordinaires, parceque, disent-ils, les parties, en nommant des arbitres, annoncent assez qu'elles veulent se relâcher de ce qu'elles auroient pu espérer en justice, et faire remise, pour le bien de la paix, d'une partie de leurs intérêts. D'autres avoient pensé au contraire que *les arbitres devoient*

---

* *Voyez* les notes sur l'art. 1016.

donner leur sentence juste et équitable, suivant la rigueur du droit et l'ordre judiciaire. D'autres enfin avoient distingué entre les arbitres et les amiables compositeurs, voulant que les premiers fussent tenus de garder *dans leur instruction et jugement les formalités de justice*, *et de décider précisément des lois*, mais que les derniers pussent *accommoder les parties sans aucune formalité*, *et suivre dans leurs décisions l'équité plutôt que les règles du droit.*

« Cette distinction est admise par le projet qui nous occupe. Les arbitres y trouveront un guide unique et sûr, qui ne leur permettra pas de s'écarter de la voie qui leur aura été indiquée par les parties intéressées. Ils sauront qu'il est de leur devoir d'appliquer rigoureusement la loi si les parties ne leur ont pas demandé de prendre pour base de leurs décisions des considérations particulières, en leur donnant le pouvoir de prononcer comme amiables compositeurs.

« Ils pourront, dans ce cas, mais dans ce cas seulement, tempérer la sévérité de la loi, écouter l'équité naturelle, que l'orateur romain appelle *laxamentum legis*, et prononcer, comme a dit un ancien philosophe, *non prout lex*, *sed prout humanitas aut misericordia impellit regere.*

« La section du Tribunat, au nom de laquelle j'ai l'honneur de parler, n'a vu aucun inconvénient à donner cette latitude à d'amiables compositeurs, parcequ'une composition amiable emporte nécessairement l'idée de remises, de sacrifices respectifs, dont l'heureux résultat est le rétablissement de la paix et de la tranquillité entre des personnes dont le vœu principal est d'en recouvrer la jouissance inestimable.

« Dira-t-on qu'il est à craindre de voir naître quelques abus de l'exercice d'un si grand pouvoir? Mais cette crainte sera bientôt dissipée si l'on considère que l'on ne pourra plus à l'avenir, comme on l'a pu dans ces derniers temps, se soumettre à l'arbitrage *dans tous les cas et en toutes matières sans exceptions;* que cette voie est interdite dans toutes les causes sujettes à communication au ministère public; qu'enfin les jugements rendus par des arbitres ne peuvent faire autorité, ni être opposés à des tiers.

« D'ailleurs il nous est permis sans doute de présumer assez de ceux que l'estime et la confiance appelleront aux fonctions d'amiables compositeurs, pour ne pas appréhender que, suivant les expressions de M. d'Aguesseau, ils se mettent en révolte contre la règle, et osent combattre la justice sous le voile spécieux de l'équité. Ils sauront, comme le dit encore ce grand magistrat, que l'équité ne peut jamais être contraire à la loi même, et qu'elle consiste à en accomplir plus parfaitement le vœu.

« Nous ne pourrions donc voir dans la liberté qui sera accordée aux amiables compositeurs qu'un danger imaginaire, qui ne doit pas nous porter à renoncer aux avantages réels » (1).

ARTICLE 1020.

Le jugement arbitral sera rendu exécutoire par une ordonnance du président du tribunal de première instance dans le ressort duquel il a été rendu: à cet effet, la minute du jugement sera déposée dans les trois jours, par l'un des arbitres, au greffe du tribunal.

S'il avoit été compromis sur l'appel d'un jugement, la décision arbitrale sera déposée au greffe de la Cour royale, et l'ordonnance rendue par le président de cette Cour.

Les poursuites pour les frais du dépôt et les droits d'enregistrement ne pourront être faites que contre les parties.

La dernière disposition de l'article a été ajoutée sur la demande de la section du Tribunat, qui a dit :

« L'article veut que la minute du jugement soit déposée par l'un des arbitres : il faut empêcher que les arbitres ne soient recherchés ni pour le droit d'enregistrement, ni pour les frais du dépôt » (2).

---

(1) Disc. de l'orat. du Trib. p. 251 et suiv. — (2) Proc. verb. de la sect. de lég. du Trib. Observ. sur l'art. 1089 de la réd. comm.

ARTICLE 1021.

Les jugements arbitraux, même ceux préparatoires, ne pourront être exécutés qu'après l'ordonnance qui sera accordée, à cet effet, par le président du tribunal, au bas ou en marge de la minute, sans qu'il soit besoin d'en communiquer au ministère public; et sera ladite ordonnance expédiée ensuite de l'expédition de la décision.

La connoissance de l'exécution du jugement appartient au tribunal qui a rendu l'ordonnance.

I. Dans le projet communiqué, la dernière disposition de l'article formoit un article séparé (1).

La section du Tribunat dit:

« La section pense que c'est ici le lieu de parler du tribunal qui doit connoître de l'exécution du jugement arbitral. Elle propose d'y placer la disposition contenue dans l'article 1099 » (2).

II. L'orateur du Tribunat a dit sur cet article:

« Les arbitres, de quelque manière qu'ils procèdent, n'ont, en leur qualité, aucune partie de la puissance publique: leurs jugements ne pourront, par cette raison, être exécutés qu'en vertu d'ordonnances du président du tribunal qui auroit été

(1) Réd. comm. art. 1090. — (2) Proc. verb. de la sect. de législ. du Trib. Observat. sur l'art. 1090 de la réd. comm.

compétent pour connoître de l'objet litigieux; et c'est devant ce tribunal que sera suivie l'exécution du jugement définitif » (1).

ARTICLE 1022.

Les jugements arbitraux ne pourront, en aucun cas, être opposés à des tiers.

Cet article a été adopté sans discussion ni observations.

ARTICLE 1023.

L'appel des jugements arbitraux sera porté, savoir; devant les tribunaux de première instance, pour les matières qui, s'il n'y eût point eu d'arbitrage, eussent été, soit en premier soit en dernier ressort, de la compétence des juges de paix; et devant les Cours royales, pour les matières qui eussent été, soit en premier soit en dernier ressort, de la compétence des tribunaux de première instance.

I. L'article avoit été présenté en ces termes:

L'appel des jugements arbitraux sera recevable, s'il est intenté dans les délais et suivant les formes ci-devant réglés, et si les parties n'y ont renoncé lors ou depuis le compromis; et il sera porté au tribunal de première instance qui a dû ordonner l'exécution, si l'objet est de nature à y être jugé en dernier ressort, sinon au tribunal d'appel (2).

(1) Disc. de l'orat. du Trib. p. 253. — (2) 1.re réd. art. 1092.

Cette rédaction donna lieu à la discussion suivante :

« L'article 1092 est discuté.

1. « M. LE PRÉSIDENT dit que l'article 1088 (1019 *du Code*) obligeant les arbitres à juger conformément aux règles du droit lorsqu'ils n'ont pas été investis du pouvoir de prononcer comme amiables compositeurs, il seroit conséquent de ne pas permettre aux parties de renoncer dans ce cas à l'appel, mais que du moins on pourroit leur accorder le recours en cassation si les arbitres contreviennent aux lois.

« Au surplus, dans les cas où l'appel est autorisé, il conviendroit de le faire porter toujours devant la Cour d'appel, et jamais devant le tribunal de première instance.

2. « M. LE RAPPORTEUR dit que l'article ne renvoie devant le tribunal de première instance que pour les affaires sur lesquelles il eût prononcé en dernier ressort si les parties eussent suivi le cours ordinaire de la justice, et dont la Cour d'appel ne doit jamais connoître.

3. « M. ** dit que l'esprit de la loi est de faire juger tous les appels par les Cours; que ce n'est pas comme juges d'appel que les tribunaux de première instance prononcent définitivement sur certaines affaires.

« Le Conseil arrête que l'appel des jugements

arbitraux sera toujours porté devant les Cours d'appel » (1).

II. En conséquence de cette délibération, l'article fut communiqué dans les termes suivants :

L'appel des jugements arbitraux, si les parties n'y ont renoncé lors ou depuis le compromis, sera porté aux Cours d'appel, et intenté dans les délais et suivant les formes ci-devant réglés dans le titre des Cours d'appel (2).

La section du Tribunat dit :

« L'article pose en principe que tous les appels des jugements arbitraux ne pourront être portés que devant les Cours d'appel.

« Mais il ne s'explique pas sur la question de savoir si les parties seront recevables à faire appel indistinctement de toutes sortes de jugements arbitraux.

« Les arbitres peuvent avoir prononcé sur un objet dont la connoissance auroit appartenu au juge de paix : les juges de paix jugent, en certains cas, en dernier ressort ; dans d'autres, ils jugent à charge de l'appel.

« Des arbitres peuvent aussi prononcer sur l'appel d'un jugement rendu par un juge de paix.

« Ils peuvent prononcer sur un objet dont la

---

(1) Discuss. du C. d'Etat. Séance du 25 prairial an 13. — (2) Réd. comm. art. 1092.

connoissance appartient à un tribunal de première instance : ces tribunaux jugent aussi en dernier ressort certaines matières, et d'autres à la charge de l'appel.

« Les arbitres peuvent être appelés à statuer sur l'appel d'un jugement rendu par un tribunal de première instance.

« Enfin ils peuvent être chargés de juger une requête civile. Faut-il que, dans tous les cas, les parties soient reçues à faire appel des jugements arbitraux si elles n'y ont pas renoncé ?

« Mais, lorsque les arbitres ont prononcé sur une contestation qui, portée devant un tribunal compétent, n'auroit pas été susceptible d'appel, dans ce cas, l'appel ne peut être reçu : autrement c'est multiplier les degrés de juridiction ; c'est s'éloigner du but de l'arbitrage, qui est d'abréger les procédures et de diminuer les frais.

« Il s'agit d'une cause que le juge de paix auroit pu juger en dernier ressort : ne seroit-il pas bizarre que le jugement des arbitres pût fournir matière à une instance d'appel ?

« Il s'agit d'une cause qu'un tribunal de première instance auroit pu également juger en dernier ressort : lorsque les parties se sont donné des juges volontaires, leur décision ne doit-elle pas produire le même effet que celui qui est attribué au jugement d'un tribunal ?

« Enfin, lorsque des parties compromettent sur un appel, n'est-il pas raisonnable que la décision des arbitres, qui a été substituée au jugement que le tribunal d'appel auroit rendu, ait la même autorité que celle qui est attribuée par la loi aux jugements des tribunaux d'appel?

« Lors donc qu'il sera question d'apprécier l'effet que doit avoir un jugement arbitral, pour savoir s'il est ou s'il n'est pas susceptible de l'appel, il faudroit examiner quel étoit l'état des choses sous le point de vue de la juridiction, lorsque le compromis a été passé.

« Ou il y avoit un compromis, ou il n'y en avoit pas : s'il y avoit un jugement, la décision des arbitres ne sera pas sujette à l'appel, attendu que, dans aucune cause, il ne doit y avoir plus de deux degrés de juridiction.

« S'il n'y avoit pas eu de jugement, de deux choses l'une : le juge de paix ou le tribunal de première instance, s'ils avoient été nantis, auroient prononcé en premier ou en dernier ressort.

« Dans le premier cas, le jugement des arbitres seroit susceptible de l'appel, à moins que les parties n'y eussent renoncé.

« Dans le second cas, s'il s'agit d'une matière de la compétence en dernier ressort ou des juges de paix ou des tribunaux de première instance, l'appel ne seroit pas recevable.

« Toute cette théorie est fondée sur ce que les jugements des arbitres doivent avoir la même prérogative que les jugements des tribunaux de première instance.

« Un des points qui ont le plus occupé la section, c'est celui qui est relatif à certains objets dont la connoissance appartient en premier ressort aux juges de paix, tels que les actions possessoires, qui souvent sont de la plus grande importance.

« Mais d'après les explications données, il résultera du système de la section, que, si la cause n'a pas déja reçu un jugement devant la justice de paix, la décision des arbitres sera susceptible de l'appel, et que l'appel ne cesseroit d'avoir lieu qu'autant que les arbitres auroient eux-mêmes prononcé sur un appel d'un jugement rendu par la justice de paix. Dans ce dernier cas, il est tout simple que l'appel ne soit pas recevable, puisque les arbitres n'auront fait que remplir l'office du tribunal de première instance, dont la décision n'auroit pas été sujette à l'appel.

« L'article seroit ainsi rédigé :

« *L'appel des jugements arbitraux ne sera pas recevable, si la matière n'en étoit pas susceptible, d'après les règles de compétence.*

« *Il sera recevable, si la matière étoit susceptible d'appel, d'après les règles de compétence, et que les parties n'y aient pas renoncé.*

« *Dans tous les cas, il sera porté exclusivement aux Cours d'appel, et intenté dans les délais et suivant les formes ci-devant réglées dans le livre III* des Tribunaux d'appel » (1).

La première partie de cette proposition a fait ajouter l'article 1010.

Quant à la rédaction de l'article 1023, elle a été combinée d'après les principes mêmes que la section du Tribunat a exposés, et dont elle n'avoit pas tiré toutes les conséquences dans la rédaction qu'elle proposoit.

ARTICLE 1024.

Les règles sur l'exécution provisoire des jugements des tribunaux sont applicables aux jugements arbitraux.

ARTICLE 1025.

Si l'appel est rejeté, l'appelant sera condamné à la même amende que s'il s'agissoit d'un jugement des tribunaux ordinaires.

Ces deux articles ont été adoptés sans discussion ni observations.

ARTICLE 1026.

La requête civile pourra être prise contre les jugements arbitraux, dans les délais, formes et cas ci-de-

(1) Proc. verb. de la sect. de législ. du Trib. Observ. sur l'art. 1092 de la réd. comm.

vant désignés pour les jugemenis des tribunaux ordinaires.

Elle sera portée devant le tribunal qui eût été compétent pour connoître de l'appel.

I. Dans la première rédaction, le dernier alinéa de l'article formoit un article séparé qui étoit ainsi conçu :

La requête civile sera portée au tribunal de première instance saisi de l'exécution, si l'objet étoit de nature à être jugé en dernier ressort ; sinon elle le sera au tribunal d'appel (1).

Cet article fut renvoyé à la section pour être rédigé conformément au système adopté sur l'article 1092 (1023 *du Code*) (2).

II. En conséquence il fut reproduit et communiqué en ces termes :

La requête sera portée à la Cour d'appel du ressort (3).

Cette rédaction devant être réformée d'après les changements faits à celle de l'article 1023, la disposition a été ajoutée à l'article 1026.

ARTICLE 1027.

Ne pourront cependant être proposés pour ouvertures,

(1) 1.re réd. art. 1098. — (2) Discuss. du C. d'Etat. Séance du 25 prairial an 13. — (3) Réd. comm. art. 1098.

1.° L'inobservation des formes ordinaires, si les parties n'en étoient autrement convenues, ainsi qu'il est dit en l'article 1009;

2.° S'il a été prononcé sur choses non demandées, sauf à se pourvoir en nullité, suivant l'article ci-après.

Cet article a été adopté sans discussion ni observations.

ARTICLE 1028.

Il ne sera besoin de se pourvoir par appel ni requête civile dans les cas suivants:

1.° Si le jugement a été rendu sans compromis, ou hors des termes du compromis;

2.° S'il l'a été sur compromis nul ou expiré;

3.° S'il n'a été rendu que par quelques arbitres non autorisés à juger en l'absence des autres;

4.° S'il l'a été par un tiers sans en avoir conféré avec les arbitres partagés;

5.° Enfin s'il a été prononcé sur choses non demandées.

Dans tous ces cas, les parties se pourvoiront par opposition à l'ordonnance d'exécution, devant le tribunal qui l'aura rendue, et demanderont la nullité de l'acte qualifié *jugement arbitral.*

Il ne pourra y avoir recours en cassation, que contre les jugements des tribunaux rendus, soit sur requête civile, soit sur appel d'un jugement arbitral.

I. Le dernier alinéa de l'article ne se trouvoit pas dans le projet communiqué (1).

---

(1) Réd. comm. art. 1099.

La section du Tribunat, rappelant l'observation qu'elle avoit faite sur l'acticle 1079 (1009 *du Code*), proposa d'ajouter :

« *Les parties ne pourront renoncer au recours en cassation, qui pourra toujours avoir lieu, même dans le cas où les parties auroient renoncé à l'appel* (1).

II. Cette proposition n'a pas été admise, ou plutôt, on y a substitué le système contraire, par des raisons que l'orateur du Tribunat a exposées en ces termes :

« Le projet établit quelques autres différences entre les jugements arbitraux et ceux rendus par les tribunaux ordinaires. Ceux-là, comme ceux-ci, pourront bien être attaqués, dans les cas de droit, par appel ou par requête civile ; mais ils ne pourront l'être par le recours en cassation. Au lieu de cette voie longue et difficile, le projet en ouvre une courte et facile pour empêcher l'exécution de ces jugements, quand ils ont été rendus sans pouvoir, ou par excès de pouvoir.

« Les arbitres reçoivent des parties qui les choisissent un véritable mandat : ils doivent en observer les termes avec scrupule. S'ils les excèdent, ce

(1) Proc. verb. de la sect. de lég. du Trib. Observ. sur l'art. 1099 de la réd. comm.

n'est plus comme arbitres qu'ils agissent, c'est en usurpateurs. L'acte qu'ils qualifient jugement, est une entreprise téméraire sur l'ordre des juridictions, une violation manifeste du contrat formé entre eux et les parties.

« Un tel acte est radicalement nul, et le juge ordinaire a naturellement l'autorité nécessaire pour en prononcer la nullité » (1).

---

(1) Disc. de l'orat. du Trib. p. 254.

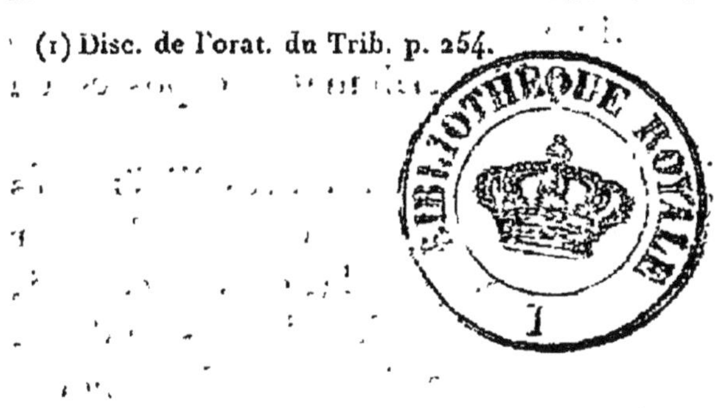

FIN DU QUATRIÈME VOLUME.

TABLE

DES TITRES CONTENUS DANS CE VOLUME.

II.e PARTIE.

PROCÉDURES DIVERSES.

FIN DE LA TABLE DES TITRES.

ERRATA.

Pages.	Lignes.	
70.	24 et 25	compulsion. *Lisez :* compulsoire.
76.	19 et 22.	l'article 853. *Lisez :* l'article en discussion.
118.	11.	Force. *Lisez :* Forme.
175.	16 et 17.	qui l'admet. *Lisez :* qui l'admettra.
240.	17.	Vacation. *Lisez :* Vocation.
283.	22.	seront. *Lisez :* sont.
336.	5.	sur. *Lisez :* sous.
337.	22.	inutile. *Lisez :* utile.
372.	2.	le titre XXII du livre II. *Lisez :* le titre XXI du livre II de la I.re partie du présent Code.

ESPRIT

DU

CODE DE PROCÉDURE CIVILE.

www.ingramcontent.com/pod-product-compliance
Ingram Content Group UK Ltd.
Pitfield, Milton Keynes, MK11 3LW, UK
UKHW020259230726
13925UKWH00001B/129